인공지능 사물인터넷을 위한

MySQL 데이터베이스와 클라우드

김경신, 하성재 공저

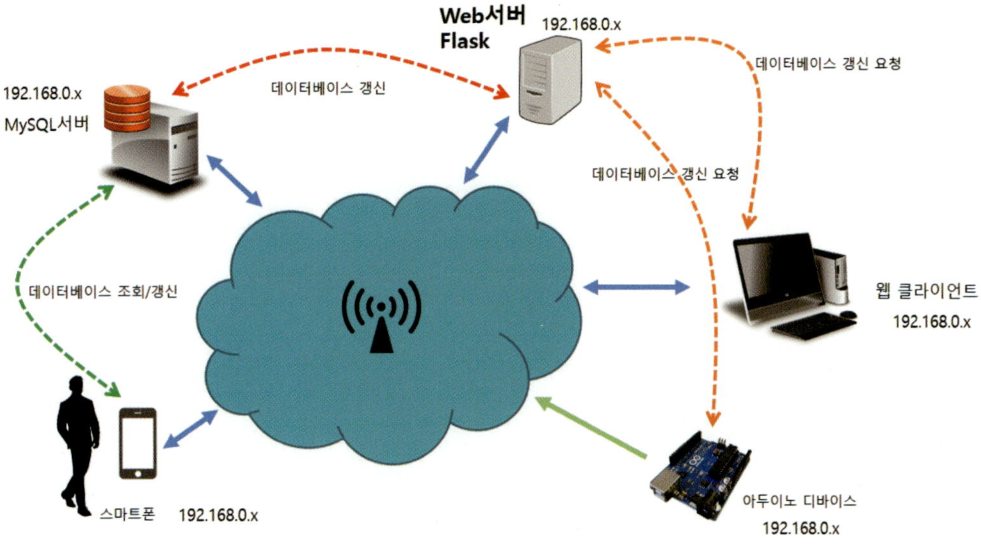

복두출판사

머리말

다 아는 바와 같이, 지금 시기를 인공지능 중심의 4차산업혁명 시기로 분류하는 것은 19세기 영국과 유럽에서 일어난 산업혁명을 기준으로 하고 있습니다. 2차 산업혁명은 1930년대 에디슨과 테슬라가 주도한 전기중심의 혁명적 혁신이고, 3차 산업혁명은 90년대 컴퓨터와 인터넷이 일으킨 혁신적 결과를 말합니다.

혁명이란 단어가 그렇듯이, 산업혁명을 먼저 선점한 서양은 그렇지 못했던 다른 모든 나라와 민족들에게 큰 위협과 모욕을 주고, 영토와 재산을 갈취 하였습니다. 과학기술을 등한시하고 오직 중국만 바라보던 조선도 큰 고난을 겪었고, 결국 나라를 송두리째 빼앗기고 일본의 식민지가 되는 뼈아픈 일을 당하고 말았습니다.

1839년 발생한 아편전쟁이 그 분수령이었습니다. 증기기관 엔진을 탑재한 최초의 철제 군함 네메시스호는 청나라를 무력으로 압도하여 전쟁을 승리로 이끌었으며, 영토를 빼앗고 막대한 전리품을 챙기는데 큰 기여를 하였습니다. 이러한 압도적인 결정적 한방을 우리는 스모킹건이라고 부릅니다.

4차산업혁명이라고 일컬어지는 지금 시기의 스모킹건은 무엇일까요? 많은 사람들이 인공지능을 탑재한 자율로봇을 현대판 스모킹건이라고 생각하고 있습니다. 영화에서 본 것처럼 스스로 판단하고 행동하는 터미네이터와 같은 인공지능 자율로봇의 등장은 육해공을 포함한 모든 전쟁터에서 스모킹건으로 작용할겁니다. 이에 대한 대비가 필요합니다.

우리가 사물인터넷과 인공지능 시스템의 개발을 목표로 학습하는 것은 산업적으로 군사적으로 가장 치명적인 기술일 수 밖에 없는 인공지능으로 작동하는 시스템을 구축하기 위함입니다. IoT디바이스, Wi-Fi 무선랜, 클라우드 서버와 데이터베이스로 연결된 시스템은 인공지능과 사물인터넷 시대에 가장 필요한 기반 기술이기 때문입니다.

많은 사람들이 현재 가장 필요한 지식은 융합이라고 말합니다. 아두이노와 라즈베리파이 같은 IoT디바이스에서 MySQL 데이터베이스 서버까지 연동하여 작동하는 시스템을 구축할 수 있는 지식을 부여하는 것이 이 책의 집필 목적입니다.

이 책이 가지고 있는 주요 내용은 다음과 같습니다.

- MySQL 데이터베이스 관리시스템
- 아두이노와 라즈베리파이에서 인터넷 클라우드 접속 기술
- 파이썬과 플라스크 웹 서버 프레임워 활용 능력
- 라즈베리파이 GPIO 프로그래밍
- HTML, CSS를 이용한 사물인터넷 제어용 웹 앱(WebApp)

데이터베이스 개론에서는 일반적인 데이터베이스 시스템과 관련된 지식을 소개하고, MySQL 데이터베이스에서는 윈도우 PC에 MySQL 데이터베이스를 설치하고, 데이터를 조회하고, 삽입하고, 삭제하고, 갱신하는 데이터베이스 관리시스템(DBMS)을 배웁니다.

아두이노와 라즈베리파이에서 Wi-Fi 무선랜 네트워크를 이용하여 인터넷에 있는 서버에 접속하고 데이터를 송신하고 수신하는 양방향 통신 시스템의 구축을 실습합니다.

파이썬을 설치하고 기본 문법을 학습한 후, 파이썬 플라스크 프레임워을 이용하여 인공지능과 사물인터넷 시스템의 중심이 되는 웹 서버 시스템을 배웁니다.

로봇이나 사물인터넷 시스템의 제어를 위한 웹 앱을 개발하기 위해 HTML과 CSS 프로그래밍을 배우고 실습합니다. 학습이 끝나면 간단한 웹앱(Web APP) 프로그래밍이 가능해집니다.

인공지능과 사물인터넷 서버시스템의 구축을 위한 필수 HTML을 50여개의 태그를 중심으로 학습합니다.

이 책을 필요로 하는 사람은 인공지능과 사물인터넷 시스템을 구축하면서 웹서버와 데이터베이스 서버를 구축하고 싶은 사람, 사물인터넷과 인공지능 시스템의 사용자 GUI 프로그램인 웹앱(Web APP)을 가장 쉽게 만들고 싶어 하는 사람, 아두이노 보드의 기초를 맛본 경험을 가지고 리눅스 라즈베리파이에서 파이썬으로 GPIO코딩과 웹서버, MySQL 데이터베이스 등의 전체 시스템을 구축하고 싶은 사람, 파이썬이라는 강력한 프로그래밍 언어의 기초를 학습하고 싶어하는 사람입니다.

작은 나라 대한민국. 그러나 세계를 선도하는 나라가 되기 위해서는 과학기술과 창의력이 높은 개발자가 필요합니다. 과학기술 발전 말고 이 나라를 강하게 할 것은 그리 많지 않습니다. 여기서 배운 종합적인 시스템 구축 능력은 거의 모든 IT 분야에 응용 가능합니다. 이 작은 책자를 통하여, 아두이노 라즈베리파이에 웹서버, 데이터베이스 기술을 접목한 종합적인 인공지능 사물인터넷 시스템을 설계하고 구축할 수 있는 사람들이 많이 배출되기를 바랍니다.

2021년 1월

김경신, 하성재

CONTENTS

Chapter 1. 데이터베이스 개론 | 1

1.1 데이터와 정보 그리고 데이터베이스 시스템 ······ 1
1.2 데이터베이스 시스템의 발전 ······ 4
1.3 데이터베이스 시스템 구성 ······ 6
1.4 데이터베이스 기능과 모델 ······ 8
1.5 관계형 데이터 모델과 데이터베이스 ······ 11

Chapter 2. MySQL 데이터베이스 | 17

2.1 MySQL 특징과 APM ······ 19
2.2 MySQL 설치와 실행 ······ 21
2.3 간단한 홈페이지 프로그래밍 ······ 26
2.4 MySQL-Front 사용하기 ······ 28
2.5 SQL ······ 37

Chapter 3. 파이썬 플라스크 | 45

3.1 파이썬 설치 ······ 45
3.2 플라스크 설치 ······ 48
3.3 플라스크 웹 프로그래밍 ······ 53

Chapter 4. 플라스크와 MySQL Database 개발 | 63

4.1 채팅 앱 토폴로지 ········ 63
4.2 윈도우 채팅 앱 구축 ········ 65
4.3 삭제기능 추가 ········ 73
4.4 조회기능 추가 ········ 75

Chapter 5. 아파치와 MySQL 데이터베이스 | 81

5.1 아파치 HTML MySQL 접속 ········ 81
5.2 파이썬 MySQLdb 라이브러리 활용 ········ 86
5.3 HTML 테이블 프로그래밍 ········ 89

Chapter 6. 아두이노 클라우드 서버 연결 | 93

6.1 와이파이 실드 이용 연결 ········ 94
6.2 ESP8266 WEMOS와 Node MCU 연결 ········ 111

Chapter 7. 라즈베리파이와 클라우드 서버 연결 | 121

7.1 라즈베리파이 기초 ········ 121
7.2 라즈베리파이 헤드리스 모드 접속 ········ 124
7.3 라즈베리파이 리눅스 명령어 ········ 129
7.4 라즈베리파이 웹서버 플라스크 ········ 135
7.5 라즈베리파이 제어용 웹앱 제작 ········ 139
7.6 라즈베리파이 MySQL 연동 ········ 145
7.7 채팅 앱 제작 ········ 150

Chapter 8. 파이썬 프로그래밍 기초 | 157

8.1 파이썬 소개 ··· 157
8.2 Hello World ··· 159
8.3 작성된 파이썬 프로그램을 유틸리티로 사용 ··· 164
8.4 계산기 프로그래밍 작성 ··· 164
8.5 파이썬 문법 Basics ··· 168
8.6 연산자와 수식 ··· 175
8.7 흐름 제어 (Flow Control) ··· 181
8.8 함수 (Function) ··· 189
8.9 자료구조 (Data Structure) ··· 198
8.10 파이썬 고급 학습 ··· 210

Chapter 9. 파이썬 GPIO 프로그래밍 기초 | 211

9.1 파이썬 GPIO 라이브러리 설치 ··· 211
9.2 저항값 계산 ··· 213
9.3 GPIO 출력 : LED ON ··· 214
9.4 GPIO 입력 : 버튼 읽기 ··· 219

Chapter 10. 파이썬 GPIO 프로그래밍 응용 | 227

10.1 초음파센서를 활용한 레이더 제작 ··· 227
10.2 PIR센서를 이용한 인간 동작감지기 ··· 230
10.3 파이캠을 이용한 사진 동영상 촬영 ··· 233

Chapter 11. DB시스템 구축용 필수 HTML 태그 50 | 241

11.1 HTML 개요 ··· 241
11.2 HTML 기본 ··· 247
11.3 HTML 응용 ··· 262

Chapter 12. 도메인, 호스팅 그리고 홈페이지 구축 | 295

12.1 도메인 등록 295
12.2 호스팅 311
12.3 호스팅공간 홈페이지 구축 320

Chapter 13. Thingspeak를 활용한 클라우드 접속 | 329

13.1 Thingspeak 설정 330
13.2 아두이노에서 접속 및 양방향 통신 332

Chapter 14. 사물인터넷 개발용 CAD : fritzing | 337

14.1 fritzing 설치 337
14.2 fritzing 실행 339
14.3 보드와 센서의 배치 344
14.4 새로운 부품의 추가 347

1 데이터베이스 개론

CHAPTER

1.1 데이터와 정보 그리고 데이터베이스 시스템

가. 데이터와 정보

지금 시대는 데이터의 홍수 혹은 정보의 홍수 시대란 말을 매스컴을 통해 많이 듣고 있고 개인적으로도 실감하고 있다. 여기서 데이터와 정보란 무엇일까? 이 단어들은 무슨 차이가 있으며 어떻게 구분할까? 얼핏 비슷해 보이는 이 단어들은 매우 큰 차이점을 가지고 있다. 자세히 알아보자.

데이터는 관찰의 결과 혹은 측정에 의해 얻어진 실제적인 값을 말하고, 정보는 이 데이터에 어떤 의미를 부여한 것이다. 예를 들어보자,

키가 매우 큰 어떤 사람이 있다고 하자. 측정해본 결과 그 사람의 키가 290cm라고 한다면, 이 290cm는 데이터가 된다. 그런데 이 키가 현재 생존하는 인간들 중에서 가장 큰 키라고 한다면 이것은 정보가 된다. 한술 더 떠서, 인간의 역사 이래 이보다 더 큰 인간이 존재한 적이 없다고 한다면 이것은 지식이 된다.

이 책에서 말하고자 하는 데이터베이스는 이러한 데이터와 정보를 저장하는 대표적인 기술이다. 데이터베이스가 무엇인지 정의해 보자.

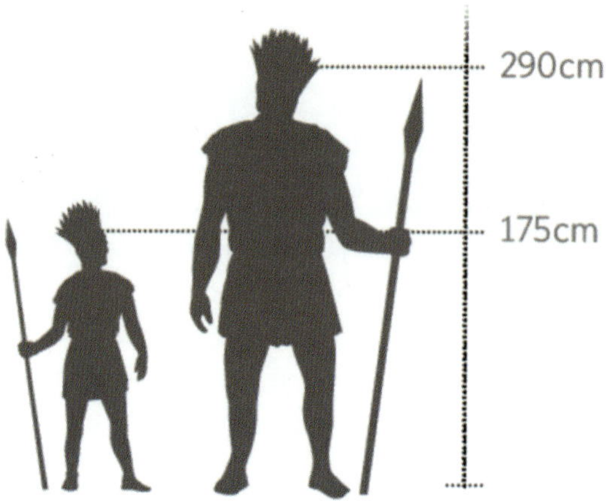

그림 1-1 거인의 키

나. 데이터와 데이터베이스 그리고 데이터베이스 시스템

데이터베이스는 무엇일까? 데이터베이스란 "목적에 필요한 정보를 얻기 위해 여러 개의 데이터를 모아, 논리적으로 연관된 구조로 만들어 놓은 것"이라고 정의할 수 있다.

데이터베이스 시스템은 좀더 구체적인 단어로써, 이 데이터베이스 내에서 데이터를 저장하고 검색하고, 바꾸고, 지우는 등과 같은 검색, 변경/편집 작업을 수행하는 컴퓨터 소프트웨어를 지칭한다. 여기서 변경 이란 시간에 따란 계속 변하는 데이터를 데이터베이스에 반영하기 위해 수행하는 삽입, 삭제, 수정 등의 작업을 말한다.

데이터와 데이터베이스를 설명하기 위해 학교에서 필요한 학사관리 시스템을 예를 들어 설명해보자.

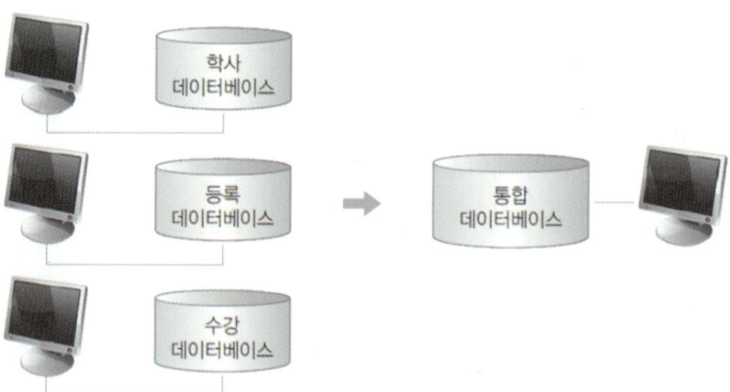

그림 1-2 학사관리 시스템

위 그림에서는 컴퓨터 저장장치에 저장된 학사 데이터, 등록 데이터, 수강데이터를 통합하였으며 학교의 관리자들이 학교의 운영을 용이하게 하기 위해서 위와 같은 데이터베이스를 구축하여 사용하고 있다.

당연한 말이지만, 이러한 데이터베이스가 제대로 구축되기 위해서는 중복된 데이터가 없어야 하고 필요에 따라서 사용자가 원하는 형태의 의미 있는 정보를 찾아내기 좋은 방식으로 구축되어야 한다. 즉, 데이터베이스로서 요구되는 특징을 다음과 같이 들 수 있다.

다. 데이터베이스의 특징

데이터베이스의 특징은 다음과 같다.

① **실시간 접근성** : 데이터베이스는 실시간으로 서비스 된다. 사용자가 데이터를 요청하면 수 초 내에 결과를 서비스한다.
② **계속적인 변화** : 데이터베이스에 저장된 내용은 한 순간의 상태이지만, 데이터 값은 시간에 따라 항상 바뀐다.
③ **동시 공유** : 데이터베이스는 서로 다른 업무와 여러 사용자에게 동시에 공유된다. 이 말은 데이터와 업무처리용 프로그램이 병행(Pparallel) 처리됨을 말한다.
④ **내용에 따른 참조** : 데이터베이스에 저장된 데이터는 물리적인 위치가 아니라 값에 따라 참조된다.

예를 들어, 우리가 어떤 쇼핑몰 웹사이트에 로그인을 한다고 할 때, 아이디와 비밀번호를 입력한 후 로그인 버튼을 누르게 되면 즉시 서버로부터 응답을 받을 수 있다. 로그인 이후 어떤 물건을 구매하려고 하는 경우에, 그 물건의 구매 가격은 계속해서 변화하며 그 물건에는 동시에 여러 사람이 구매를 위해 접근할 수 있다. 또한, 우리는 어떤 데이터가 메모리의 어느 주소에 저장되어있는지 몰라도 특정내용을 검색할 수 있다. 예를 들어 '바나나'라는 키워드로 검색하면, 이 쇼핑몰에서 바나나의 값과 이미지 등을 찾을 수 있어야 한다.

다. 데이터베이스의 구성

데이터베이스는 다음과 같이 구성된다.

① DBMS : 사용자와 데이터베이스를 연결시켜주는 소프트웨어
② 데이터베이스 : 데이터를 모아둔 데이터 집합(덩어리)

③ **데이터 모델** : 데이터가 저장되는 기법에 관한 내용

간단하게 설명하면, 일반적으로 데이터들은 데이터베이스에 저장이 되어있다. 그런데 그러한 데이터를 저장하는 방식이 데이터 모델이고, 개발자가 데이터베이스로부터 데이터를 꺼내오기 위해서 데이터베이스와 연결을 시켜주는 소프트웨어가 데이터베이스 관리시스템(DBMS, DataBase Management System)이다. 데이터베이스 관리시스템은 줄여서 데이터베이스 시스템이라고 불러도 된다.

연습문제 1-1

(1) 데이터와 정보를 비교하여 설명하세요.
(2) 정보와 지식을 비교하여 설명하세요.
(3) 데이터베이스와 데이터베이스관리시스템을 비교하여 설명하세요.

1.2 데이터베이스 시스템의 발전

가. 파일시스템

파일 시스템은 서버에 하나의 파일을 두고 여러 개의 클라이언트가 그 파일에 접근하는 방식이다. 하지만 이러한 파일 시스템은 데이터의 중복 저장과 일관성 훼손이라는 치명적인 단점을 갖게 된다.

A, B, C 세 개의 사용자가 도서에 관한 파일서버의 파일에 데이터를 추가하는 상황을 예로 들어보자. A, B, C 모두 〈보안학개론〉이라는 책을 추가하려고 한다면, 동일한 정보가 중복되어 저장될 것이다. 혹은 A가 〈보안학개론〉이라는 책에 대해 400페이지의 분량의 내용을 저장하고, 이어서 B사용자가 10페이지를 추가하여 410페이지의 내용을 저장한다면, 파일 시스템에는 A가 저장한 400페이지의 책과 데이터가 사라지고 B가 수정한 내용만 남게 된다. 즉, 데이터의 일관성이 훼손되는 것이다. 혼자서 사용하는 것이 아니고 동시에 여러 사용자가 사용하는 경우라면 아무래도 큰 혼란이 발생한다.

파일 시스템의 구조를 그림으로 나타내면 아래와 같다.

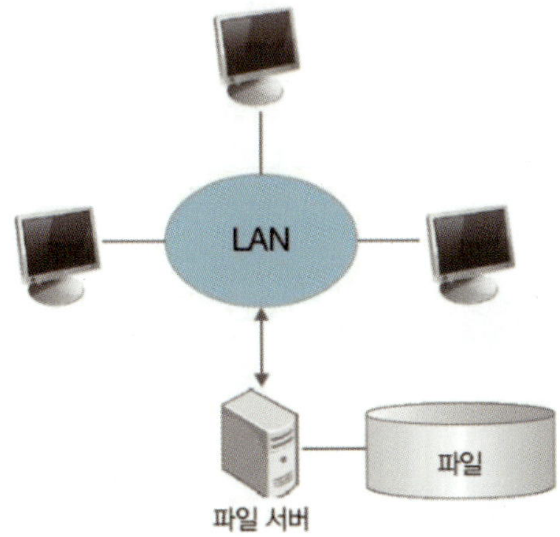

그림 1-3 파일 시스템

나. 데이터베이스 시스템

데이터베이스 시스템은 파일과 데이터의 공유를 위해 클라이언트와 서버라는 개념을 사용한다. 클라이언트는 데이터베이스 서버에 있는 데이터를 얻기 위해 서버로 요청을 하고 서버는 이 요청에 응답하는 방식을 사용하는데 이때 사용되는 데이터베이스 서버가 DBMS 서버이다.

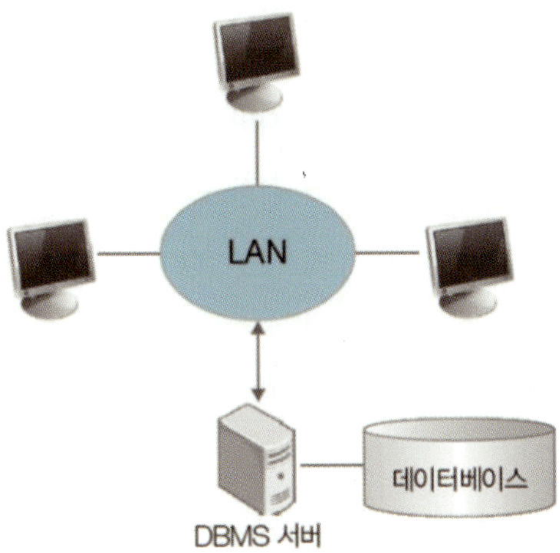

그림 1-4 데이터베이스 시스템

다. 웹 데이터베이스 시스템

기존의 데이데베이스 시스템은 LAN으로 연결된 컴퓨터만 접근가능 했다면 웹 데이터베이스시스템은 인터넷을 통해서 LAN으로 연결되어 있지 않은 클라이언트들도 데이터베이스로 접근가능하다는 장점을 갖게 된다. 물론 이때 클라이언트는 웹 브라우저를 사용하여 데이터베이스를 서비스 받게 된다. 이것은 불특정 다수의 고객을 상대로 하는 온라인 상거래나 공공 민원 서비스 등에 광범위 하게 사용된다. 현재는 데이터베이스 시스템과 웹 데이터베이스 시스템을 같은 의미로 사용하고 있다.

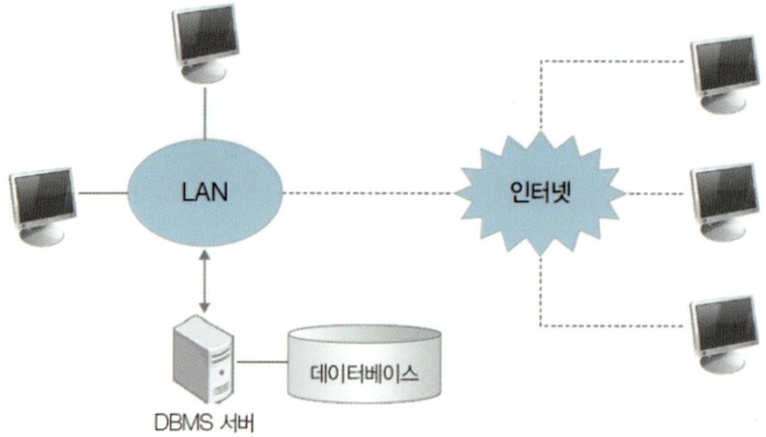

그림 1-5 웹 데이터베이스 시스템

라. 분산 데이터베이스 시스템

클라이언트의 수가 많아지면서 하나의 데이터베이스 서버가 이 모든 것을 감당하기에 버거운 수준까지 도달한다면 여러 개의 데이터베이스 서버로 분리하여 서버끼리의 동기화를 유지하며 운영하는 방법을 사용하게 된다. 이것이 분산 데이터베이스 시스템이다.

1.3 데이터베이스 시스템 구성

데이터베이스 사용자는 일반사용자, 응용프로그래머, SQL사용자, DBA 등 크게 4가지로 나눌 수 있다.

가. 일반 사용자

일반사용자는 그 프로그램을 사용하는 모두 사람을 말한다. 일반사용자는 데이터베이스가 어떻게 구성되어 있고, 어떻게 설계되어 있는지에 대해 몰라도 되며, 구현된 기능을 통해 원하는 데이터를 얻을 수 있다. 예를 들어 우리가 텔레그램이나 카카오톡 같은 스마트폰 메신저를 사용한다고 할 때, 우리는 사용자들에 대한 정보가 어떤 테이블로 어떻게 저장되어 있는지 몰라도 상대방에게 실시간으로 메시지를 보내고 받을 수 있다.

나. 응용 프로그래머

일반 사용자가 자세한 데이터베이스에 대해서 알지 못해도 원하는 업무를 수행할 수 있는 것은 응용 프로그래머 덕분이다. 응용 프로그래머는 일반 사용자가 데이터베이스를 사용할 수 있도록 UI를 만들고 필요한 기능을 만드는데, 여기서 UI란 User Interface로 사용자가 사용하는 컴퓨터 화면이라고 이해하면 된다.

다. SQL 사용자

일반적으로 기업에서는 응용 프로그래머와 SQL 사용자를 따로 분리한다. SQL 사용자는 Select, Insert, Delete 등과 같은 Query문(쿼리문)을 사용하여 원하는 데이터를 추가하거나 필요한 테이블을 추가적으로 생성 가능하고, 응용 프로그래머는 이러한 SQL 명령어와 결합된 응용 프로그램(애플리케이션, APP)을 개발한다.

라. 데이터베이스 관리자 (DBA)

실제 대규모의 프로젝트를 진행하다 보면 테이블의 개수가 10개, 20개가 넘어가게 되면서 데이터베이스 시스템을 설계하는 것도 여간 복잡한 일이 아니므로, DBA를 따로 둬서 데이터베이스의 설계를 담당하게 한다.

구분	주요 역할
일반 사용자	프로그래머가 작성한 프로그램을 사용하여 업무를 수행한다.
응용 프로그래머	일반 사용자를 위하여 UI와 기능을 제작함으로써 업무를 수행가능토록 한다.
SQL 사용자	Select, Insert, Delete 등과 같은 Query문(쿼리문)을 사용하여 원하는 데이터를 데이터베이스에 추가하거나 수정가능하게 한다.
데이터베이스 관리자	데이터베이스 설계를 전담한다.

1.4 데이터베이스 기능과 모델

가. DBMS의 기능

DBMS(DataBase Management System)는 데이터베이스 관리 시스템이다. 데이터를 특별한 형태로 저장하고 있다가 사용자의 요구에 의해 가장 빠르고 정확한 방법으로 응답해주는 역할을 한다. DBMS는 이러한 가능을 수행하기위해 데이터를 정의하는 기능과 데이터를 조작하는 기능 그리고 데이터를 추출하고 제어하는 기능을 가진다.

① **데이터 정의(Definition)** : 데이터의 구조를 정의하고 데이터 구조에 대한 삭제 및 변경 기능을 수행함
② **데이터 조작(Manipulation)** : 데이터를 조작하는 프로그램이 요청하는 데이터의 삽입, 수정, 삭제 작업을 지원함

데이터 정의와 데이터 조작은 비슷해 보이지만 아래와 같은 차이가 있다. 데이터 정의는 데이터 구조(Table)에 대해서 작업을 하는 것이고 데이터 조작은 Table에 들어있거나 혹은 Table에 넣을 데이터에 대해서 작업을 하는 것이다. 여기서 말하는 테이블 혹은 Table이란 단어는 이후에 학습하게 된다.

③ **데이터 추출(Retrieval)** : 사용자가 조회하는 데이터 혹은 응용 프로그램의 데이터를 추출한다.
④ **데이터 제어(Control)** : 데이터베이스 사용자를 생성하고 모니터링하며 접근을 제어함. 백업과 회복, 동시성제어 등을 지원한다.

나. 데이터 모델

데이터베이스에서 사용하는 데이터 모델은 다음과 같은 종류가 있다.

① 계층 데이터 모델(hierarchical data model)
② 네트워크 데이터 모델(network data model)
③ 관계 데이터 모델(relation data model)
④ 객체 데이터 모델(object data model)
⑤ 객체-관계 데이터 모델(object-relational data model)

실제로 가장 많이 사용되는 모델은 관계 데이터 모델이다. 관계데이터모델은 서로 연관된 데이터들을 테이블 형태로 모아두는 구조인데, 오늘날 객체지향 프로그래밍언어와는 모델이 맞지 않아서 ORM(Object Relational Mapping)을 사용하는 경우가 많다.

이러한 다양한 모델 중에서 현재까지 가장 많이 사용되는 관계형 데이터베이스에 관해서는 다음 섹션에서 자세히 학습한다.

> **잠깐 !** **ORM(Object Relation Mapping)이란?**
>
> ORM이란 객체(Object)와 DB의 테이블을 Mapping시켜 RDB 테이블을 객체지향적으로 사용하게 해주는 기술이다. RDB 테이블은 객체지향적 특성(상속, 다형성,레퍼런스) 등이 없어서 Java와 같은 객체지향적 언어로 접근하는 것이 쉽지 않다. 이러한 상황에서 ORM을 사용하면 보다 객체지향적으로 RDB를 사용할 수 있다. Java에서 사용하는 대표적인 ORM으로는 MyBatis와 Hiberante가 있다. MyBatis는 Java 코드와 직접 작성한 SQL 코드를 Mapping 시켜주는 반면 Hibernate는 SQL을 직접 작성하지 않고 표준 인터페이스 기반으로 처리한다는 점에서 다르다. Google Trend 조사에 따르면 전 세계적으로 MyBatis보다 Hibernate를 많이 사용하는 추세이다. 하지만 우리나라에서는 아직까지도 MyBatis를 사용하는 곳이 상당히 많다.

다. 데이터베이스 구조 그리고 스키마(Schema)

데이터베이스를 학습하거나 사용할 때 가장 많이 듣거나 사용하는 용어가 스키마(Schema)이다. 쉽게 설명하자면, 특정 대상을 컴퓨터에 저장하는 표현 방식이라고 말할 수 있고, 어렵게 말하면 물리적인 장치로부터 논리적인 데이터베이스 레코드(Database Record)를 매핑(Mapping)하는데 사용되는 표현 방식이라고 말할 수도 있다.

스키마는 사용자의 관점에 따라 외부스키마, 개념스키마, 내부스키마로 나눠진다.

데이터베이스에 필요한 정보를 추상화하는 모델을 데이터 모델(Data Model)이라고 한다. 사용 주체나 응용에 따라서 이 데이터 모델을 표현하는 구조가 방식이 다를 수 있으나 다음과 같이 설명할 수 있다.

외부스키마란 사용자에게 보여지는 스키마로, 겉으로 보이는 DB, Table의 형태를 의미한다.

누군가는 Front와 같은 GUI를 이용해서 볼 수 있고, 누군가는 Select문을 이용하여 조회할 수 있는데 이 때 우리가 보게 되는 것을 외부스키마라고 이해하면 된다.

추상한 결과를 기술한 것을 **개념스키마(Conceptual Schema)**라고 한다.
개념스키마란, 개발하는데 필요한 모든 데이터베이스를 정의해 놓은 것이라고 보면 된다. 그렇기에 우리에게 필요한 데이터만을 추출해 보는 외부스키마는 개념스키마의 부분집합이 될 수 밖에 없다. 개념스키마는 데이터베이스에서 매우 중요한 비중을 차지하기 때문에 하나만 존재하며 이를 DBA가 관리한다.

내부스키마(Internal Schema)는 개념스키마를 컴퓨터의 세계로 구축 또는 매핑한 결과이다.
내부스키마란, 실제 구현에 관한 것이다. 특정 속성이 어떠한 형태(Integer 혹은 Text 혹은 Varchar 등)이며 어느 정도의 크기(몇 바이트)를 갖는지 등에 관해서 구체적으로 기술한 스키마를 의미한다.

각 이용자 자신의 데이터베이스를 구축하는 데는 개념스키마를 어떻게 구성하는가가 가장 중요하다. 이용자의 데이터 시점에서 공통 항목을 추출해서 개념스키마에 반영시키는 것이 필요하다. 개념스키마의 설계가 완료되면 구체적으로 내부스키마를 완성하는 순서로 데이터베이스 설계를 완료한다.

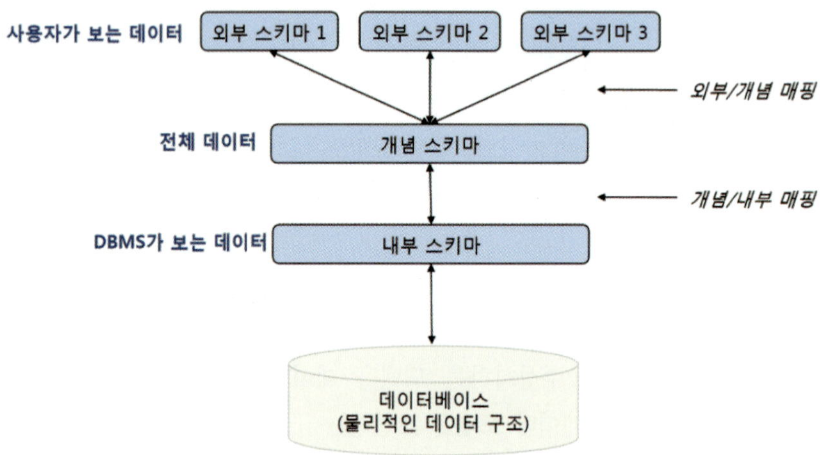

그림 1-6 데이터베이스 구조

요약하면 다음과 같다.

외부 스키마 = 사용자 뷰(View)
개념 스키마 = 전체적인 뷰(View)
내부 스키마 = 저장 스키마

연습문제 1-2

(1) 외부스키마, 개념스키마, 내부스키마를 사용자 관점에서 비교하여 설명하세요.
(2) ORM에 관하여 간단하게 설명하세요.
(3) 데이터 정의 기능과 데이터 조작 기능을 비교하여 설명하세요.

1.5 관계형 데이터 모델과 데이터베이스

관계형 데이터베이스는 데이터를 다음과 같은 테이블 형태로 정의하고 활용한다. 다음과 같이 도서번호, 도서이름, 출판사, 가격 등의 속성(칼럼)으로 구성되는 〈도서 테이블〉의 예를 들어 설명한다. 여기에서 관계형(Relation)이라는 말은 릴레이션, 즉 열과 행으로 이루어진 테이블이라는 뜻이다.

도서번호	도서이름	출판사	가격
1	과학의 역사	복두출판사	7,000
2	과학의 이해	한국미디어출판사	6,000
3	과학의 미래	도서출판 과학	20,000
4	위대한 과학자	서울출판사	14,000
5	골프와 인간	부산출판사	12,000

가. 칼럼(열)

위의 표에서 칼럼(Column)이란 도서번호, 도서이름, 출판사, 가격처럼 위에서 아래로 표기된 내용(칸)을 말한다. 한국어로는 열이라고 번역되며, 속성(Attribute)이라고도 불린다. 어떠한 테이블을 정의하는 주요 요소이다.

위 그림에서 도서번호 칼럼에는 (1,2,3,4,5)라는 데이터가 들어있고,

도서번호
1
2
3
4
5

도서이름 칼럼에는 (과학의 역사, 과학의 이해, 과학의 미래, 위대한 과학자, 골프와 인간) 이라는 내용으로 구성된다.

도서이름
과학의 역사
과학의 이해
과학의 미래
위대한 과학자
골프와 인간

나. 레코드(행)

위 그림에서 횡으로 나타낸 데이터의 집합을 레코드라고 한다. 데이터베이스 용어로는 튜플(Tuple)이라고도 한다. 첫 번째 레코드(행)는 (1, 과학의 역사, 복두출판사, 7,000)이고

1	과학의 역사	복두출판사	7,000

두 번째 레코드는 (2, 과학의 이해, 한국미디어출판사, 6,000)이다.

2	과학의 이해	한국미디어출판사	6,000

세 번째 레코드는 (3, 과학의 미래, 도서출판 과학, 20,000)이다.

3	과학의 미래	도서출판 과학	20,000

다. 스키마(Schema)

테이블 혹은 다른 말로 릴레이션이 어떻게 구성되는지, 어떤 정보를 담고 있는지에 대한 기본적인 구조를 스키마라고 한다. 위 〈도서 테이블〉은 도서번호, 도서이름 등 4개의 열(칼럼 혹은 속성) 과 5개의 레코드(행, 혹은 튜플)로 구성된 스키마를 가지고 있다. 이때, 차수(속성의 수)는 4가 되고, 카디널리티(행의 수)는 5가 된다.

정리하면, 스키마의 구성요소는 **속성**(Attribute), **도메인**(Domain), **차수**(Degree)이다. 속성은 릴레이션 스키마의 열, 도메인은 속성이 가질 수 있는 값의 범위 혹은 집합, 차수는 속성의 개수를 말한다.

라. 키(Key)

그런데 이러한 테이블이나 릴레이션에서 중복되는 튜플이 존재한다면 데이터를 처리하는데 곤란해질 수 있다. 그러므로 각각의 튜플에 포함된 속성들 중 어느 하나(혹은 하나 이상)는 값이 달라져야 하고 각각의 튜플을 식별하는 역할을 키(Key)가 담당하게 된다. 일반적으로 키는 단일 속성으로 지정하지만 그렇지 못하는 경우에는 두 개 이상의 속성을 묶어 키로 사용하는 경우도 있다. 키는 레코드 혹은 튜플을 구분하는 중요한 역할을 한다. 학생들을 구분하는 키는 학번이고, 군인을 구별하는 키는 군번이 될 수 있다. 학생이나 군인의 이름이 키가 되는 것은 문제가 많다. 왜냐하면, 이름은 중복가능하기 때문이다.

마. 슈퍼키(Super Key)

레코드나 튜플을 식별 할 수 있으면 모든 키는 슈퍼키가 된다. 그런데 하나의 속성이나 칼럼으로 튜틀을 식별할 수 없다면 하나 이상의 속성을 슈퍼키로 지정하면 된다. 앞에서 예로 들었던 위 테이블에서는 도서번호, 도서이름, 출판사, 가격 등 여러 개의 속성을 슈퍼키로 지정 가능하다.

바. 후보키

단일 속성으로 튜플을 유일하게 식별 가능하다면 그 단일 속성은 모두 후보키이다. 만일, 단일 속성으로 튜플을 유일하게 식별하는 것이 불가능할 때, 2개의 속성을 합한(예를 들어, 도서번호 + 도서이름) 속성도 후보키가 될 수 있다. 이렇게 2개 이상의 속성으로 이루어진 키를 복합키(Composite Key)라고 부른다.

사. 기본키

후보키가 하나뿐이라면 그 후보키를 기본키(Primary Key)로 사용하면 되고, 후보키가 여러 개 존재하면 릴레이션의 특성을 반영하여 그중 하나를 선택한다. 릴레이션 스키마를 표현할 때 기본키는 밑줄을 그어 표시한다. 도서 테이블의 경우에는 (도서번호, 도서이름, 출판사, 가격)처럼 표시하면 된다.

잠깐 ! **기본키 선정 시 고려사항**

1. 릴레이션 내 튜플을 식별할 수 있는 고유한 값을 가져야 함
2. NULL값은 허용하지 않음
3. 키 값의 변동이 일어나지 않아야 함
4. 최대한 적은 수의 속성을 가져야 함
5. 향후 키를 사용하는데 있어서 문제 발생 소지가 없어야 함

아. 대체키

대체키(Alternate Key)는 기본키로 선정되지 않은 후보키를 말한다. 도서 테이블에서 도서번호와 도서이름 중 도서번호를 기본키로 정하면 도서이름이 대체키가 된다.

자. 외래키

외래키(Foreign Key)는 다른 테이블이나 릴레이션의 기본키를 참조하는 속성이다. 키는 테이블 간의 관계를 맺는데 활용될 수 있다고 하였는데, 외래키(Foreign Key)가 바로 그런 경우이다. 예를 들어서 설명해보자.

차. 기본키 외래키의 관계

다음과 같이 고객 테이블과 도서테이블 그리고 주문테이블 스키마를 완성했다. 고객 테이블은 고객을 표현하는 스키마로 되어있고, 도서 테이블과 주문 테이블도 각각의 목적을 위해 다음과 같은 스키마로 데이터베이스를 설계하였다.

고객 테이블

고객번호	이름	주민번호	주소	전화번호
1	이순신	000000-1000000	서울시 중구	1111-1111
2	이도	000000-1000000	서울시 중구	2222-2222
3	이성계	000000-1000000	함경북도 영흥	3333-3333
4	계백	000000-1000000	충청남도 부여	4444-4444
5	김유신	000000-1000000	충청북도 진천	5555-5555

주문 테이블

주문번호	고객번호	도서번호	판매가격	주문일자
1	1	1	7,000	2021-3-2
2	1	1	7,000	2021-3-2
3	2	2	6,000	2021-3-3

도서 테이블

도서번호	도서이름	출판사	가격
1	과학의 역사	복두출판사	7,000
2	과학의 이해	한국미디어출판사	6,000
3	과학의 미래	도서출판 과학	20,000
4	위대한 과학자	서울출판사	14,000
5	골프와 인간	부산출판사	12,000

주문 테이블에서 우리는 고객 테이블의 기본키인 고객번호와 도서 테이블의 기본키인 도서번호를 참조하여 쓰는데 주문 테이블에서는 고객번호와 도서번호가 외래키가 되고 주문번호가 기본키(Primary Key)가 된다.

이 내용을 다음 그림과 같이 표시할 수 있다.

도서번호	도서이름	출판사	가격
1	과학의 역사	복두출판사	7,000
2	과학의 이해	한국미디어출판사	6,000
3	과학의 미래	도서출판 과학	20,000
4	위대한 과학자	서울출판사	14,000
5	골프와 인간	부산출판사	12,000

기본키

고객번호	이름	주민번호	주소	전화번호
1	이순신	000000-1000000	서울시 중구	1111-1111
2	이도	000000-1000000	서울시 중구	2222-2222
3	이성계	000000-1000000	함경북도 영흥	3333-3333
4	계백	000000-1000000	충청남도 부여	4444-4444
5	김유신	000000-1000000	충청북도 진천	5555-5555

기본키

외래키 외래키

주문번호	고객번호	도서번호	판매가격	주문일자
1	1	1	7,000	2021-3-2
2	1	1	7,000	2021-3-2
3	2	2	6,000	2021-3-3

기본키

그림 1-9 데이터베이스 구조와 외래키 기본키 관계

연습문제 1-3

(1) 여러 개의 후보키 중에서 선정된 키로써, 테이블의 튜플(레코드)을 정확하게 식별가능한 키를 무슨 키라고 하나요?

(2) 외래키에 관하여 간결하게 설명하세요.

(3) 후보키 중에서 기본키로 선정되지 않은 키를 무엇이라고 부르나요?

note

2 MySQL 데이터베이스

CHAPTER

데이터베이스란 말은 누구나 흔히 듣는 단어 중의 하나다. 데이터의 집합? 데이터의 기초? 데이터 덩어리? 등이 연상될 것이다. 굳이 정의하자면 여러 사람에 의해 공유되어 사용될 목적으로 통합하여 관리되는 데이터의 집합을 말한다. 사람이 만들거나 혹은 아두이노와 같은 로봇이 만들 수도 있다. 생성된 자료항목의 중복을 없애고 자료를 구조화하여 저장함으로써 자료 검색과 업데이트의 효율을 높이기 위해 고안되었다. 현대적인 의미의 데이터베이스 개념을 확립한 사람은 당시 제너럴일렉트릭(GE)에 있던 C.바크만으로 그는 1963년 IDS(Integrated Data Store)라는 데이터베이스 관리시스템을 만들었다. 여기서는 MySQL DBMS와 SQL에 관해 알아보고, 그 사용법을 학습한다.

그림 2-1 찰스 바크만 (1924~2017)

현재 가장 많이 사용되는 유명한 데이터베이스를 꼽으면 오라클, MySQl, MS-SQL 등이 있다. 여기서는 무료로 사용이 가능하면서도 그 기능이 매우 막강하여 많은 사용자를 가지고 있는 MySQL 데이터베이스를 사용하여 학습한다.

데이터베이스를 생성하고 유지하기 위해서는 아래와 같은 몇 가지 특성을 알고 있어야 한다. 학술적으로 이는 정규화(Normalization)라는 이름으로 연구되기도 한다.

첫째, 똑같은 자료를 중복하여 저장되지 않는 통합된 자료이며, 둘째, 컴퓨터가 액세스하여 처리할 수 있는 저장장치에 수록된 자료이며, 셋째 어떤 조직의 기능을 수행하는 데 없어서는 안 되며 존재 목적이 뚜렷하고 유용성 있는 운영 자료이기 때문에 임시로 필요해서 모아 놓은 데이터나 단순한 입출력 자료가 아니라는 점이며, 넷째, 한 조직에서 가지는 데이터베이스는 그 조직 내의 모든 사람들이 소유하고 유지하며 이용하는 공동 자료로서 각 사용자는 같은 데이터라 할지라도 각자의 응용 목적에 따라 다르게 사용할 수 있다는 점이다.

잠깐 ! **정규화(Normalization)**

데이터베이스를 잘못 설계하면 불필요한 데이터 중복이 발생하여 데이터의 삽입, 수정, 삭제 연산을 수행할 때 부작용들이 발생할 수 있다. 이러한 부작용을 이상(anomaly) 현상이라 한다. 이상 현상을 제거하면서 데이터베이스를 올바르게 설계해 나가는 과정이 정규화다. 아래에 간단히 각각의 정의를 나열하였다. 자세한 사항은 데이터베이스 전문 자료를 참고하면 된다.

스키마로 정의된 모든 속성의 도메인이 원자 값(atomic value)으로만 구성되어 있으면 제1정규형에 속한다.

스키마로 정의된 모든 속성이, 제1정규형에 속하고, 기본키가 아닌 모든 속성이 기본키에 완전 함수 종속되면 제2정규형에 속한다.

스키마로 정의된 모든 속성이, 제2정규형에 속하고, 기본키가 아닌 모든 속성이 기본키에 이행적 함수 종속이 되지 않으면 제3정규형에 속한다.

제4정규형은 릴레이션이 보이스/코드 정규형을 만족하면서, 함수 종속이 아닌 다치 종속(MVD;MultiValued Dependency)을 제거해야 만족할 수 있다.

제5정규형은 릴레이션이 제4정규형을 만족하면서 후보키를 통하지 않는 조인 종속(JD;Join Dependency)을 제거해야 만족할 수 있다.

출처 : 네이버백과사전(데이터베이스)

2.1 MySQL 특징과 APM

MySQL은 세계에서 가장 많이 쓰이는 오픈소스 관계형 데이터베이스 관리시스템(RDBMS)중의 하나다. 표준 데이터베이스 질의 언어인 구조화 질의 언어(SQL : Structured Query Language)를 지원하고 특히 무료로 사용이 가능한 공개소프트웨어이다. 현재 오라클이 소유하고 있다.

그림 2-2 MySQL 로고

이것은 매우 빠르고, 유연하며, 사용하기 쉬운 특징이 있다. 다중 사용자, 다중 스레드(thread)를 지원하고, C, C++, 에펠(Eiffel), 자바, 펄, PHP, 파이선(Python) 스크립트 등을 위한 응용 프로그램 인터페이스(API)를 제공한다.

잠깐 ! **데이터베이스 관리 시스템(DBMS)**

응용 프로그램들이 직접 데이터베이스를 조작하는 것이 아니라 데이터베이스를 조작하는 별도의 소프트웨어가 있는데 이를 데이터베이스 관리 시스템(DBMS : DataBase Management System)이라 한다.
즉 데이터베이스 관리 시스템이란 데이터베이스를 관리하며, 타 응용 프로그램들이 데이터베이스를 편리하게 사용할 수 있는 환경을 제공하는 소프트웨어다.

유닉스나 리눅스, 윈도우 운영 체제 등에서 모두 사용할 수 있다. 램프(LAMP), 즉 리눅스 운영 체계와 아파치(Apache) 서버 프로그램, MySQL, PHP 스크립트 언어 구성은 상호 연동이 잘되면서도 공개 소스(오픈 소스)로 개발되는 무료 프로그램이어서 홈 페이지나 쇼핑몰 등 일반적인 웹 개발에 널리 이용되고 있다. 본 교재에서는 APMsetup 이라는 윈도우용 MySQL 프로그램을 중심으로 학습한다.

MySQL은 공개 소스 라이선스를 따르기는 하나, 상업적으로 사용할 때에는 상업용 라이선스를 구입해야 한다. 공식 사이트는 www.mysql.com이다.

웹 서버 프로그램인 아파치(Apache)와 웹 프로그래밍 언어인 PHP를 포함하여 APM(Apache, PHP, MySQL)이라고 부른다.

다음 그림은 APM의 동작원리이다.

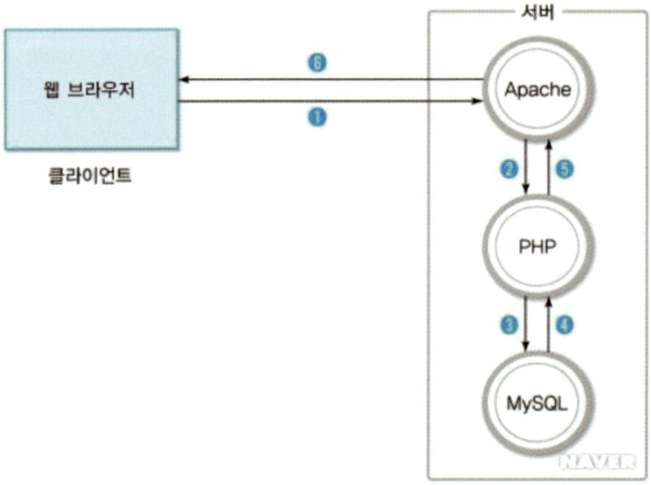

그림 2-3 APM 작동원리

APM을 사용하는 웹 서비스 환경에서 클라이언트와 서버의 구조는 위 그림과 같다. 먼저 클라이언트 기능을 수행하는 웹 브라우저는 웹 서버 기능을 수행하는 아파치와 연결을 설정하여 필요한 웹 문서를 요청한다(①). 문서의 내용이 HTML만으로 구성되었으면 PHP, MySQL과의 연동 과정을 생략하고, 아파치 서버가 바로 웹 브라우저에 문서 내용을 회신한다(⑥).

웹 문서에 PHP와 MySQL 기능을 사용하는 코드가 있으면 PHP에 해당 코드를 전송하여 처리하도록 요청한다(②). MySQL 데이터베이스에 저장된 데이터와 접속이 필요하면 해당 질의어를 MySQL에 보내(③) 원하는 데이터를 받아야 한다(④). PHP가 아파치 서버에 정보를 회신할 때는(⑤) 모든 정보가 HTML로 번역되므로 PHP 코드, MySQL 처리를 위한 질의어 등이 웹 브라우저에 회신되는 경우는 발생되지 않는다(⑥). 이는 PHP 코드를 웹 브라우저에 회신하지 않음으로써, 어렵게 개발한 PHP 코드의 노출을 방지하는 장점을 제공한다.

2.2 MySQL 설치와 실행

가. APM과 MySQL 설치

MySQL을 윈도우나 리눅스에 설치하는 방법은 여러 가지이다. 리눅스에서는 yum install mwsql-server 명령을 사용하여 설치할 수 있고 윈도우에서도 mysql.com 사이트에서 설치파일을 다운로드하여 손쉽게 설치가 가능하다.

사물인터넷 시스템을 구축하기 위한 MySQL 데이터베이스를 가장 쉽게 설치하는 방법은 네이버나 다음 또는 구글 검색창에서 APMsetup을 검색하여 설치하는 방법이다. 검색결과를 보면 수도 없이 많은 참고자료가 나올 것이다.

앞 절에서 설명한 것처럼 APM이란 Apache, PHP, MySQL을 일컫는 말이다. 아파치는 웹서버기능을, PHP는 웹 프로그래밍을 그리고 데이터베이스 관리시스템인 MySQL을 하나로 합쳐서 편리하게 사용하게끔 제공하는 소프트웨어이다.

웹에서 다운로드 후 APMsetup.exe파일을 실행시키면 다음과 같은 절차로 설치가 진행된다.

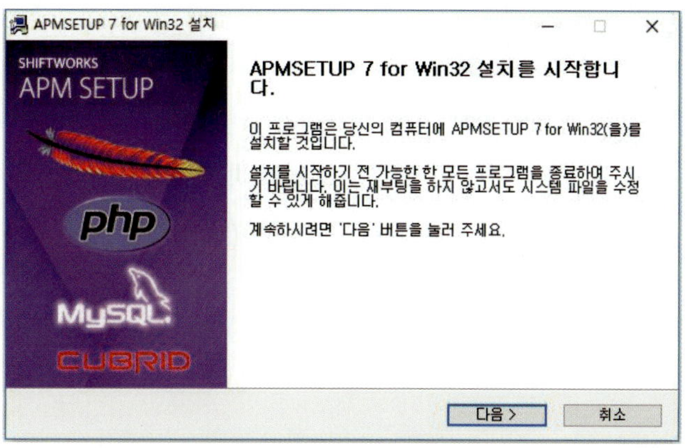

그림 2-4 설치화면 (1)

위 그림에서 다음 버튼을 눌러서 진행을 하면 된다.

아래 그림은 설치프로그램을 묻는 윈도우이다. 여기서 CUBRID DBMS는 선택을 하지 말고, APMsetup7만 선택한 후 다음 버튼을 클릭하면 된다.

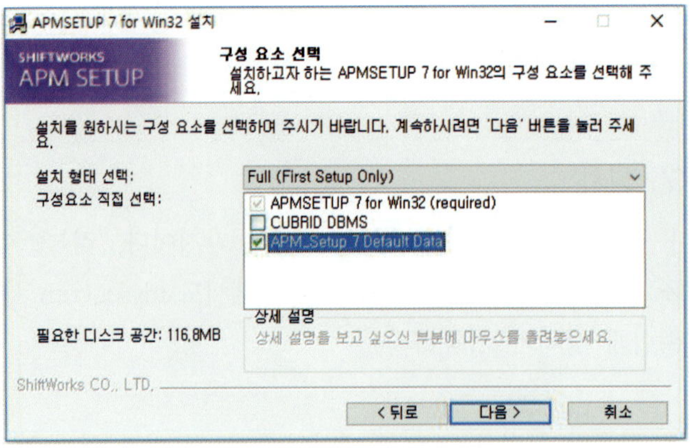

그림 2-5 설치화면 (2)

설치가 완료되면 다음과 같은 화면이 뜬다. 이 상태에서 마침 버튼을 누르면 MySQL 설치가 종료된다.

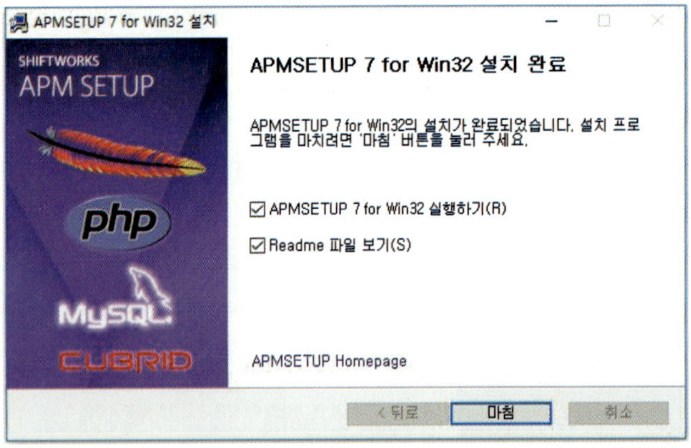

그림 2-6 설치화면 (3)

다음 화면은 APMsetup 모니터 화면이다. 이 화면은 MySQL과 Apache 프로그램의 시작과 종료를 제어하는 기능을 한다.

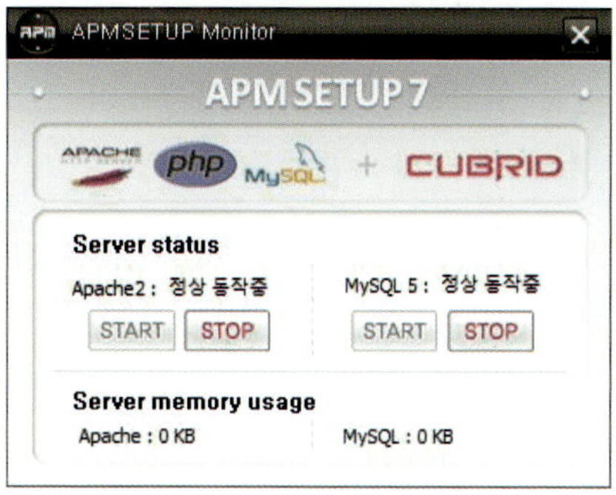

그림 2-7 APM Setup 모니터 화면

나. 실행 점검

APM이 잘 설치되었는지 점검하는 가장 빠르고 좋은 방법은 크롬이나 인터넷 익스플로러와 같은 웹 브라우저를 이용하여 접속해 보는 것이다. 설치된 PC의 웹 브라우저 주소창에서 http://127.0.0.1 혹은 http://localhost라고 입력한다.

이때 다음과 같은 화면이 나타나면 정성적으로 APM이 설치된 것이다.

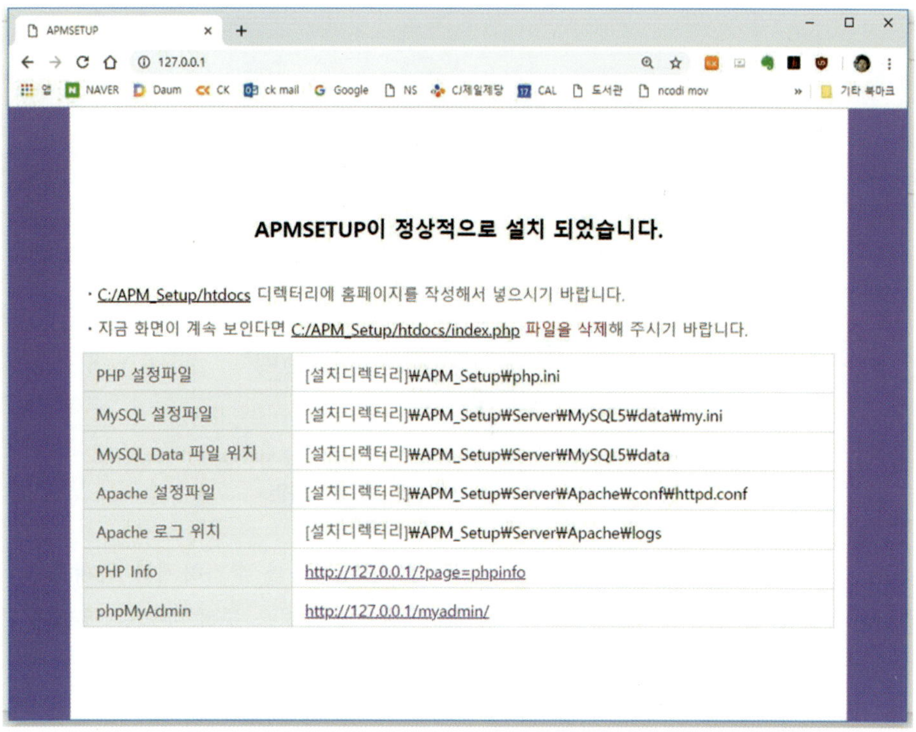

그림 2-8 APM 실행 점검

위 그림 좌측 상단에 표기된 것처럼 C:₩APM_Setup₩htdocs에 표현하고 싶은 html 파일로 된 홈페이지 문서를 올려놓으면 접속하는 모든 브라우저에 그 내용을 나타낼 수 있다. 즉, 홈페이지 서비스가 가능해 진다.

다. MySQL의 실행 및 어드민 화면

NySQL 데이터베이스가 정상적으로 설치되었는가를 알아볼 수 있다. PC의 웹 브라우저에서 다음과 같이 입력하여 MySQL이 정상 작동하는지 알아본다.

```
http://127.0.01/myadmin
```

이때 사용자명은 root 암호는 apmsetup을 입력하면 된다.

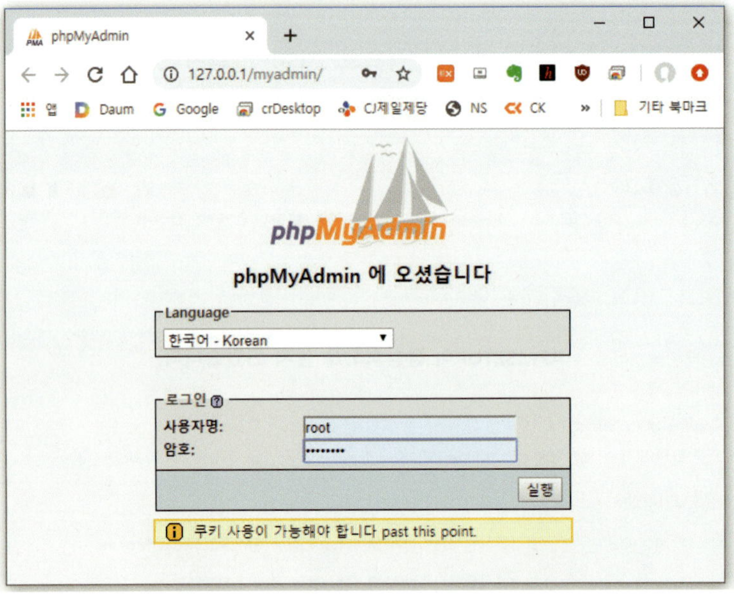

그림 2-9 MySQl 어드민 로그인 화면

정상적으로 로그인이 이루어지면 아래 화면처럼 데이터베이스를 추가하거나 삭제하고 테이블과 필드를 조작할 수 있는 어드민 화면으로 이동한다. 이 화면을 통해 우리는 우리가 원하는 데이터베이스를 맘대로 생성하고, 삭제하고, 조작 가능하다.

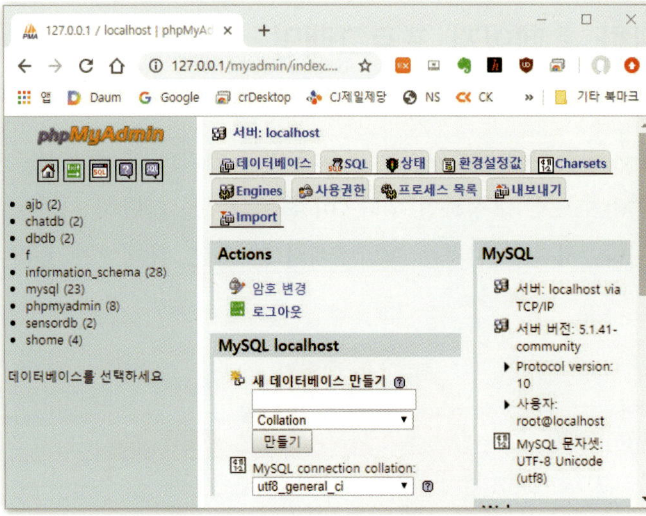

그림 2-10 MySQl 어드민 로그인 화면

라. 유틸리티 MySQL-Front 사용

MySQL을 사용하여 데이터베이스를 조작하고 데이터베이스 프로그래밍을 할 때 앞 절에서 살펴본 myadmin 보다 더 많이 사용되는 유틸리티가 있다. MySQL-Front라는 유틸리티 프로그램이다. MySQL 데이터베이스를 다루는 거의 모든 프로그래머가 이 유틸리티를 이용하여 작업을 수행한다. 이제부터 이 Front 유틸리티 사용법을 학습한다.

네이버와 같은 검색 사이트에서 MySQL-Front를 검색한 후 자신의 PC에 설치하면 된다. 설치한 후 Front를 실행하면 다음과 같다. 자세한 사용법은 2.4절에서 다룬다.

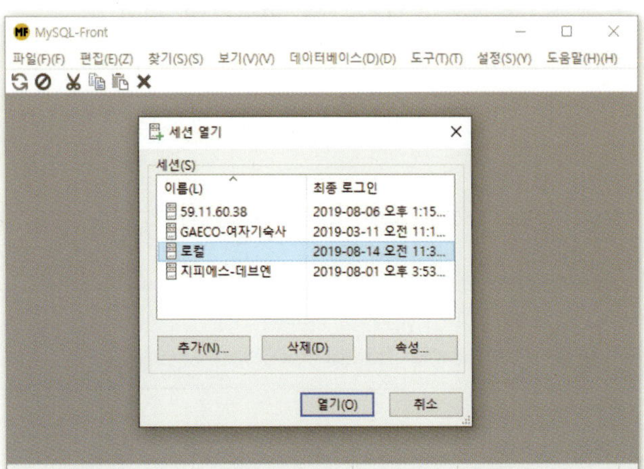

그림 2-11 MySQL-Front 실행화면

2.3 간단한 홈페이지 프로그래밍

C:₩APM_Setup₩htdocs폴더에 메모장으로 다음과 같이 간단한 홈페이지를 작성해 본다. 홈페이지는 당연히 HTML코드로 구성하면 된다. 이 홈페이지는 간단히 사과 이미지만 보여주는 단순한 홈페이지이다. 사과 이미지는 인터넷에서 검색 후 홈페이지 폴더에 다운로드한다.

그림 2-12 웹 브러우저에서 이미지를 다운로드

사과이미지를 다운로드 받는 방법은 구글이나 다음 혹은 네이버등을 이용하여 웹 브라우저에 적당한 사과그림을 검색하여 띄어 놓는 것부터 시작한다. 검색되는 이미지 중 적절한 것을 골라 선택한다. 이후 위 그림처럼 마우스 오른쪽 버튼을 클릭 한 후 〈이미지를 다른 이름으로 저장〉을 선택하여 홈페이지폴더에 apple.jpg로 저장하면 된다.

다음으로 아래와 같은 아주 간단한 html 코드를 메모장으로 입력한다.

```
〈br〉
〈a href="http://www.naver.com"〉Go Naver...〈/a〉
〈br〉
〈img src="apple.jpg “ width="400" height="300"〉
```

이렇게 메모장으로 입력한 간단한 html 코드를 start.html로 저장한다. 물론 C:₩APM_Setup₩htdocs폴더에 저장되어야 한다. 당연히 apple.jpg도 이 폴더 내에 있어야 한다.

이제 잘 실행되는지 점검해보자.

웹 브라우저의 주소창에서 http://127.0.0.1/start.html을 입력하고 엔터키를 누르면 다음과 같이 웹 브라우저에 홈페이지 내용이 표현된다.

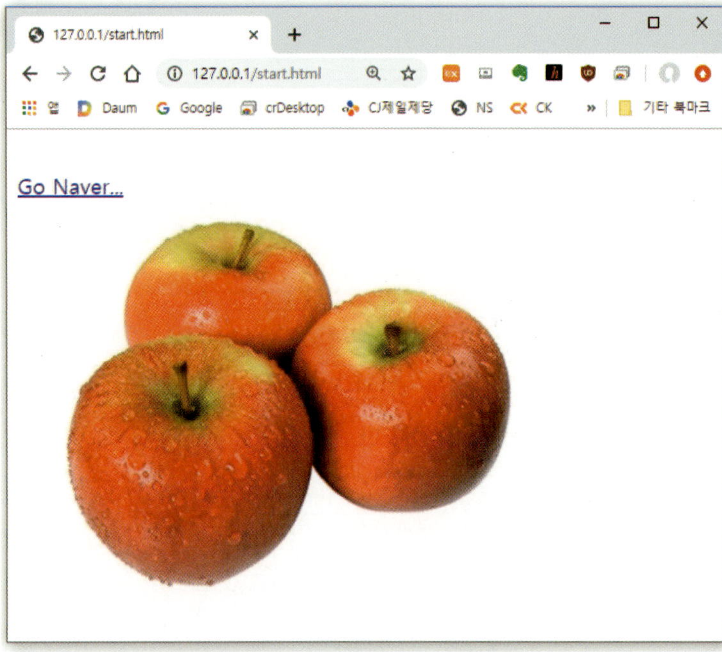

그림 2-13 간단한 홈페이지 작성과 실행

간단한 홈페이지 프로그래밍이 끝났다.

더 자세한 html 태그와 코드의 사용법은 이 교재의 마지막 부분 〈DB구축에 필수적인 HTML태그 50〉을 참고하거나 다른 전문 교재를 이용하여 학습하면 된다.

> **잠깐 !**
>
> **localhost 혹은 127.0.0.1**
>
> localhost는 컴퓨터 네트워크에서 사용하는 루프백 호스트명으로, 자신의 컴퓨터를 의미한다. IPv4에서의 IP 주소는 127.0.0.1이며, IPv6에서는 ::1(0:0:0:0:0:0:0:1의 약자)로 변환된다.
>
> 로컬 컴퓨터를 원격 컴퓨터인 것처럼 통신할 수 있어, 테스트 목적으로 주로 사용된다.
>
> 혹시, 현재 사용하는 컴퓨터의 인터넷이 잘 안될 경우, 제일 먼저 윈도우 명령어 창에서 ping localhost를 입력하면 된다. 이상 없이 응답이 되면, 이 컴퓨터의 문제는 아닌 것이다.

2.4 MySQL-Front 사용하기

여기서는 위 절에서 설치한 MySQL-Front의 사용법을 알아본다.

가. 세션 만들기

Front의 파일 메뉴에서 세션열기를 선택한다. 여기서 추가 버튼을 눌러서 새로운 세션을 생성해보자.

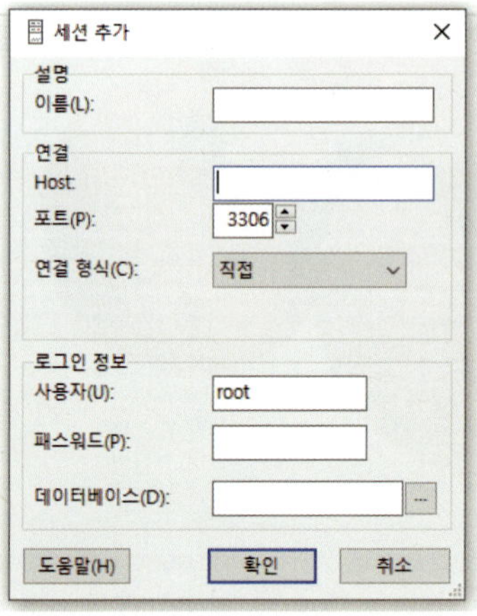

그림 2-14 Front 세션열기

접속하려는 데이터베이스 세션을 만들어보자. 우선 현재 MySQL이 설치된 PC에 접속하기 위한 세션을 만들면 된다.

위 그림의 맨 상단 이름 칸에는 구별해서 알아보기 쉬운 적당한 세션의 이름을 기입한다. 여기서는 〈로컬PC서버〉로 하자.

Host는 127.0.0.1(현재 이 PC를 나타내는 주소), 포트는 3306(MySQL의 기본 포트주소), 연결 형식은 직접, 사용자는 root 패스워드는 apmsetup 그리고 마지막으로 데이터베이스는 아직 안 만들었기 때문에 공백으로 둔다.

이제 확인을 누르면 지정한 이름 〈로컬PC서버〉라는 이름으로 세션이 만들어진다.

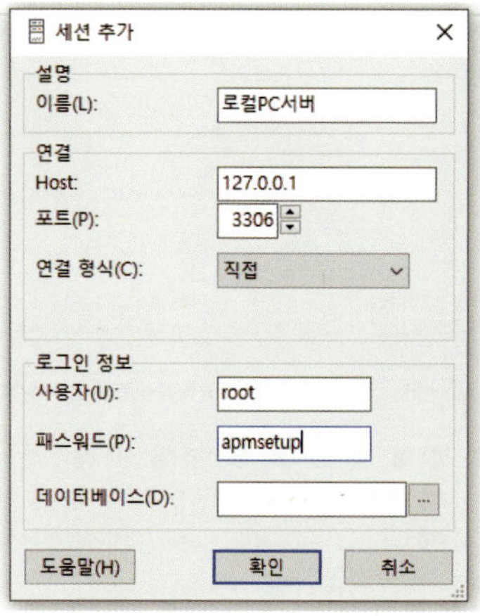

그림 2-15 Front 세션열기

이제 세션 열기창에서 만든 〈로컬PC서버〉를 선택하고 열기 버튼을 누르면 MySQL 데이터베이스에 접속이 가능하다.

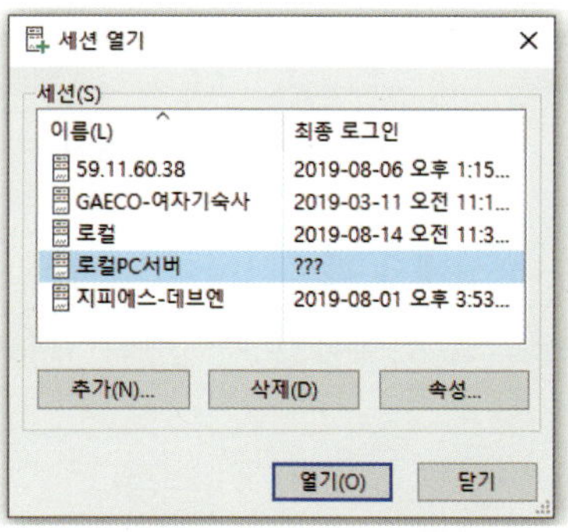

그림 2-16 Front 세션열기

위 그림처럼 세션열기 창에 있는 로컬PC서버의 최종로그인 정보에 ???가 뜬다. 이것은 데이터베이스에 최초로 접속한다는 의미이다. 이후에는 최종 접속시간정보가 표시된다.

나. 데이터베이스 만들기

MySQL의 데이터 속성은 크게 데이터베이스, 테이블, 레코드(행), 필드(열), 타입으로 구성된다. 데이터베이스는 데이터를 담을 큰 창고나 교실로 보면 된다. 그 창고 안에는 여러 개의 테이블이 놓여있다고 하자. 그 각각의 테이블에는 많은 정보가 들어있는데 이 테이블을 다른 말로 파일이라고 부른다. 테이블은 필드와 타입 그리고 데이터로 구성된다. 여러 개의 필드가 모여서 이루어진 1건의 데이터 뭉치를 레코드라고 부르고, 필드는 열(컬럼)로 불리우기도 한다.

데이터베이스를 배운다는 것은 이처럼 테이블을 만들고 이 테이블이 모여 있는 데이터베이스 창고를 만든다는 것이다.

데이터베이스를 만들어 보자.

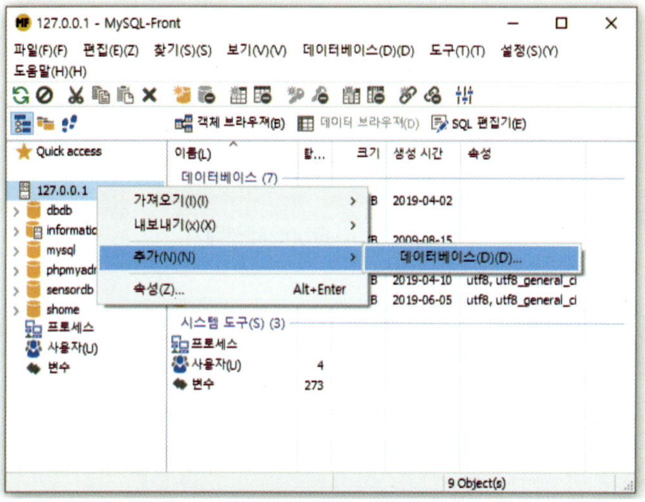

그림 2-17 Front DB 만들기

위 그림처럼 화면 왼쪽의 메뉴 섹션에서 데이터베이스 서버 주소부분(127.0.0.1)을 마우스 우클릭 한 후 추가 - 데이터베이스를 선택하면 데이터를 담을 큰 창고, 즉, 데이터베이스를 만들 수 있다.

새롭게 시작한다는 의미로 newdb라는 이름의 데이터베이스를 생성시켜보자.

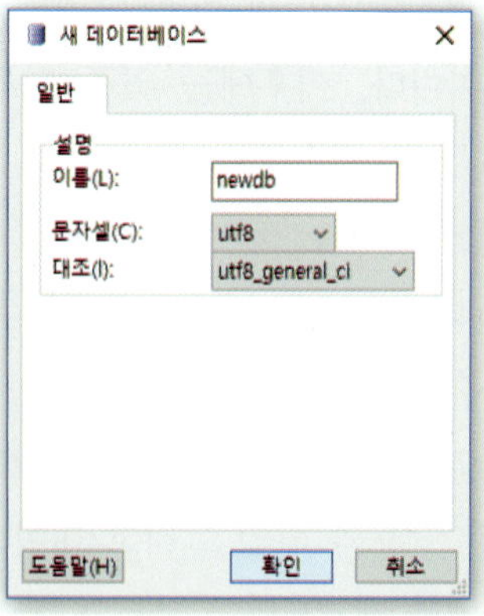

그림 2-18 Front DB와 문자셋

데이터베이스의 이름칸에 newdb를 입력하고, 문자셋은 한글을 나타내는 utf8을 선택하고 확인 버튼을 누르면 된다.

이제 새로 만든 newdb에 접속 해보자. 메뉴바의 파일 - 세션열기를 선택한다.
세션열기 창에서 위에서 만든 〈로컬PC서버〉를 선택하고 우측의 속성 버튼을 클릭한다.

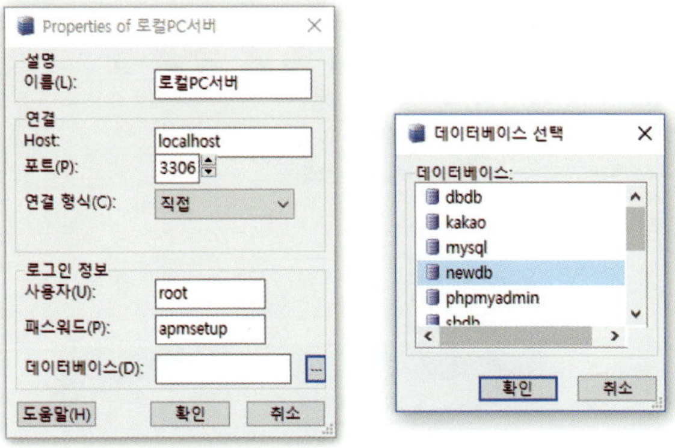

그림 2-19 Front 데이터베이스 선택

데이터베이스를 선택하는 칸의 우측에 ... 버튼을 선택하여 방금 전에 생성한 newdb를 선택하고 확인 버튼을 누른다.

이제 newdb 데이터베이스를 사용하면 된다.

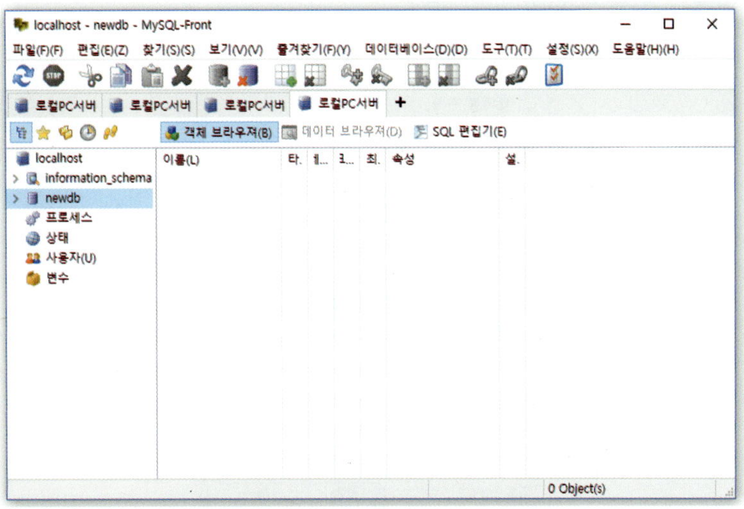

그림 2-20 Front 데이터베이스 열기

다. 테이블 만들기

테이블은 MySQL에서 데이터베이스를 구성하는 가장 중요한 데이터 단위중 하나이다. 하나의 데이터베이스는 작게는 수개, 많게는 수백 수천 개의 테이블로 구성된다.

앞에서 만든 newdb 데이터베이스에 테이블을 만들어 보자.

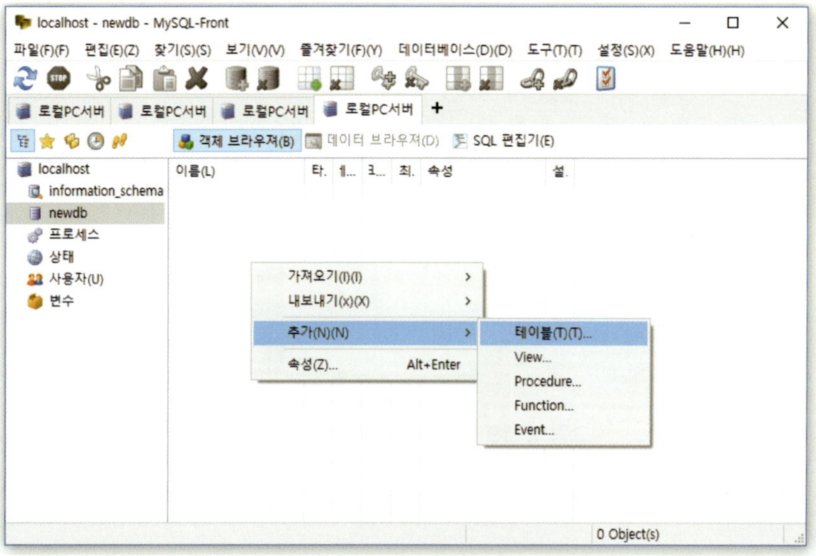

그림 2-21 Front 테이블 생성

위 그림처럼 newdb를 선택한 후, 오른쪽 창의 흰 여백부분을 마우스 우클릭 한 후 테이블을 생성한다. 테이블의 이름은 tab1으로 하자.

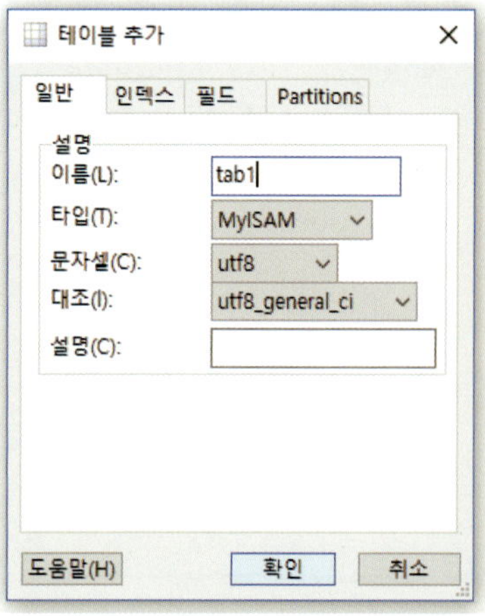

그림 2-22 Front 테이블 이름 기입

앞 단계에서 데이터베이스 문자셋을 utf8로 했기 때문에 같은 데이터베이스 내의 테이블은 utf8로 자동 설정된다. 필요시 하단에 있는 설명 란에 이 테이블의 용도를 기입해도 된다. 확인버튼을 누르면 newdb 데이터베이스 내의 첫 번째 테이블인 tab1의 생성이 완료된다. 이때 newdb를 마우스로 더블클릭하면 아래 그림처럼 생성한 tab1이 화면에 보인다.

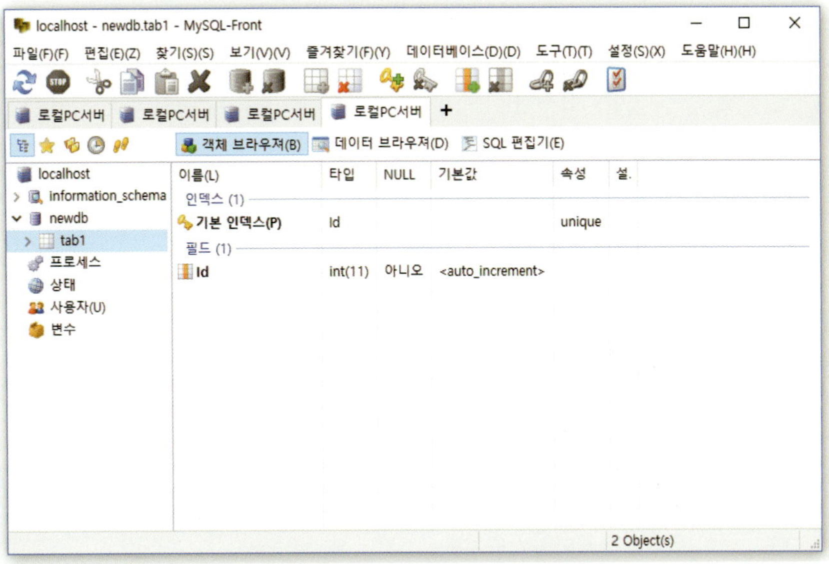

그림 2-23 Front 테이블 구성하기

위 그림처럼 테이블 tab1을 보여주는 메뉴는 3개이다. 현재는 객체 브라우저가 보이고, 그 옆에 데이터 브라우저, SQL편집기가 보인다.

객체 브라우저는 해당 객체의 구성 요소를 보여준다. 데이터베이스를 선택하면 데이터베이스를 구성하는 테이블을 보여주고, 테이블을 선택하면 테이블을 구성하는 필드를 보여주는 기능이다. 데이터 브라우저는 테이블 속에 들어있는 데이터를 보여주는 기능이다. 실제로 이 테이블에 어떤 데이터가 들어있는가를 보여준다. SQL편집기는 SQL 명령어를 입력하여 수행시키는 일종의 명령어 창이라고 보면 된다.

MySQL-Front에서 테이블을 생성하면 기본적으로 Id라는 필드가 자동으로 생성된다. 위 그림을 보아도 tab1 테이블의 객체 브라우저에서 Id라는 필드가 보이는 것을 확인할 수 있다. 그림을 통해서 Id 필드의 내용을 보면, 타입은 정수형(int) 11자리, NULL값은 존재하지 않게 되어있고, 기본값은 Auto Increment(자동증가)속성을 가지고 있다. 이제 데이터베이스와 테이블을 만들 수 있게 됐다. 이 테이블 tab1에 필드를 추가해보자.

> **잠깐 !**
>
> **AUTO_INCREMENT 속성**
>
> 자동으로 1부터 증가하는 값을 입력한다. 특정 열을 AUTO_INCREMENT로 지정할 때는 반드시 PRIMARY KEY(기본키) 또는 UNIQUE(유일한 값)로 설정해야 한다.
> 데이터 형식이 숫자인 열에만 사용 가능하다.
> AUTO_INCREMENT로 지정된 열은 INSERT 문에서 NULL 값으로 지정하면 자동으로 값이 입력된다.

라. 필드 만들기

tab1에 필드 3개를 추가해보자.

```
tname, 이름, varchar(10)
twhere, 장소, varchar(20)
tvalue, 값, Integer(5)
tdate, 시간, datetime
```

가장 먼저 tname필드를 만들어 보자, 위 제시된 타입에 맞도록 필드를 생성한다.

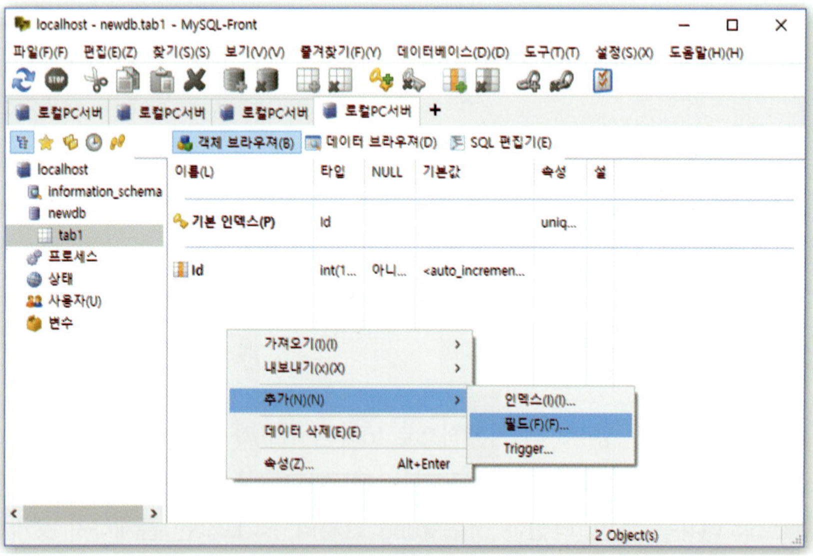

그림 2-24 Front 테이블 구성하기

위 그림처럼 tab1의 객체 브라우저 흰 여백을 마우스로 우클릭하고 필요한 필드를 추가한다.

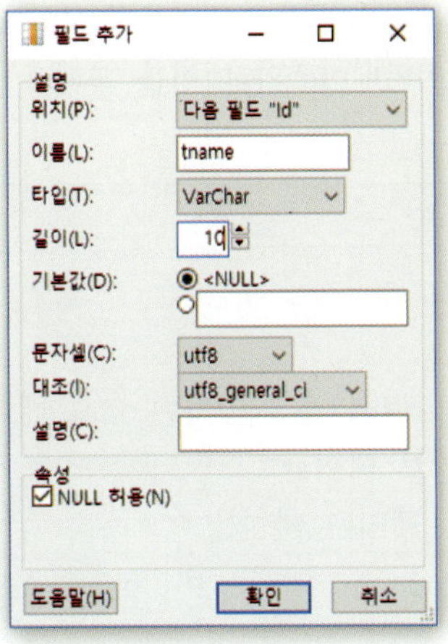

그림 2-25 Front 테이블 구성하기

필드 추가 창에서 이름 타입, 길이 등을 입력하면 된다.

같은 방식으로 나머지 필드인 twhere, tvalue, tdate를 모두 생성시킨다. 위에 제시된 조건대로 완성된 필드의 모습이다. Id 필드를 포함해서 총 5개의 필드가 tab1 테이블에 생성되었다.

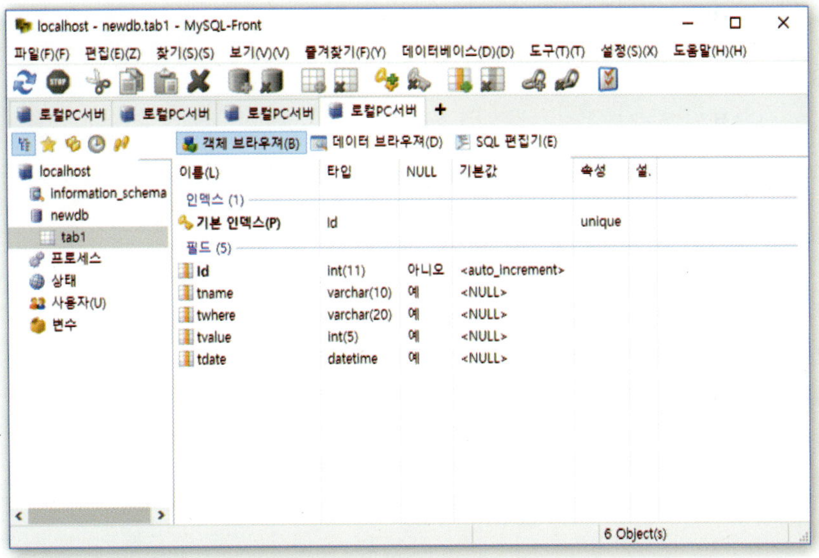

그림 2-26 Front 테이블 구성하기

연습문제 2-1

출입감시 시스템을 개발하고 있다. 아두이노에게서 자동으로 보고되는 센서데이터를 저장할 데이터베이스를 만들고 있다. 다음과 같이 데이터베이스와 테이블 그리고 필드를 생성해보세요.

DB명 : watchrobot

테이블

watch-log : 센서로부터 감지된 데이터를 저장하는 로그 테이블
room : 출입감시 대상 room 정보 테이블
status : 각 room 별 최종 정보 데이터 테이블

필드 Spec

(1) watch-log 테이블
- Id : 자동증가, int
- wroom-id, varchar(10)
- wvalue, Int(5)
- wdate, date time

(2) room 테이블
- rname, varchar(10)
- rwhere, varchar(20)
- rdate, datetime

(3) status 테이블
- sroom-id, varchar(10)
- scnt, Int(5)

2.5 SQL

SQL은 표준화된 질의 언어라는 뜻으로 Structured Query Language의 약자이다. 우리는 앞에서 데이터베이스를 관리할 DBMS 소프트웨어로 MySQL을 설치하고, 유틸리티 프로그램 Front를 사용하여 데이터베이스와 테이블 그리고 필드를 생성하는 내용을 학습하였다.

SQL은 이렇게 생성된 데이터베이스와 테이블에 데이터를 집어넣거나 데이터를 꺼내어 보거나, 데이터를 가공하는 기능을 수행하는 표준화된 질의 명령이다.

SQL은 여기서 사용하는 MySQL DBMS에만 적용되는 것이 아니라 우리가 알고 있는 모든 상용화 데이터베이스(예를 들어, 오라클, MS-SQL, Cubrid, Informix, Sybase, Tmax 등)에도 똑같이 적용되는 일종의 표준화된 컴퓨터 언어라고 이해하면 된다.

가. SQL의 종류

SQL은 다른 말로 구조화 질의어라고도 한다. 데이터 정의어(DDL)와 데이터 조작어(DML)를 포함한 데이터베이스용 질의언어(query language)의 일종이다. 특정한 데이터베이스 시스템에 한정되지 않아 널리 사용된다. 초기에는 IBM의 관계형 데이터베이스 시스템에서만 사용되었으나 지금은 다른 모든 DBMS에서 널리 사용한다.

SQL 명령을 분류하자면, 다음과 같이 나눌 수 있다.

DML(Data Manupulation Language) 데이터 조작어

데이터를 검색 및 삽입, 수정, 삭제하는데 사용하는 언어
SELECT, INSERT, UPDATE, DELETE 등

DDL(Data Definition Language) 데이터 정의어

데이터베이스 테이블, 뷰, 인덱스를 생성, 삭제, 변경하는데 사용하는 언어
CREATE, DROP, TRUNCATE, ALTER 등

DCL(Data Control Language) 데이터 제어어

사용자에게 어떤 권한을 부여하거나 빼앗을 때 사용하는 언어
GRANT, REVOKE, DENY 등

하나씩 학습해보자.

나. DML

데이터를 검색, 삽입, 수정하거나 혹은 삭제하는데 사용하는 SELECT, INSERT, UPDATE, DELETE 등과 같은 명령이다.

(1) INSERT

테이블에 데이터를 삽입하는 명령어이다.

```
INSERT INTO 테이블이름 (필드1, 필드2, ...) VALUES (값1, 값2, ...)
```

예)

필드의 개수와 순서가 동일할 경우

```
INSERT INTO table1 VALUES (1, '아파트옥상');
```

필드를 특정해서 삽입할 경우

```
INSERT INTO table1 (id, userName) VALUES (2, '아두이노1');
```

필드의 순서를 바꾸어 입력하는 경우

```
INSERT INTO table1 (userName, age, id) VALUES ('아두이노2', 14, 3);
```

(2) UPDATE

테이블에 입력되어 있는 현재 값을 수정하는 명령어

```
UPDATE 테이블이름 SET 열1=값1, 열2=값2, … WHERE 조건;
```

Id가 22번인 데이터만 수정할 경우

```
UPDATE table1 SET twhere = '아파트지하실 ‘ WHERE Id = 22;
```

전체 테이블의 내용을 수정하고 싶을 때는 where절을 생략한다.

```
UPDATE table1 SET twhere = '아파트지하실 ';
```

(3) DELETE

테이블에 데이터를 행(레코드) 단위로 삭제하는 명령어

```
DELETE FROM 테이블이름 WHERE 조건;
```

twhere 필드가 '아두이노1'으로 된 레코드만 삭제한다.

```
DELETE FROM table1 WHERE twhere = '아두이노1';
```

where 절을 생략하면 테이블 내의 모든 데이터가 삭제된다.

```
DELETE FROM table1;
```

다. DDL

데이터베이스에서의 테이블, 뷰, 인덱스를 생성, 삭제, 변경하는데 사용하는 CREATE, DROP, TRUNCATE, ALTER 등의 명령어이다.

(1) DROP

DELETE로 테이블 전체를 삭제할 때는 시간이 많이 소요된다. DROP 명령을 사용하는 것이 좋다. 테이블의 모든 것이 삭제되므로 신중해야 한다.

```
DROP table1;
```

(2) TRUNCATE

데이터를 삭제할 때 테이블의 구조를 남겨놓고 싶은 경우에는 TRUNCATE 명령을 사용한다.

```
TRUNCATE table1;
```

(3) CREATE

테이블을 생성하는데 사용한다.

Id, name, where라는 필드(열)를 가진 테이블 table2를 생성

```
CREATE TABLE table2 (Id int, name varchar(10), where varchar(20), age int);
```

(4) ALTER

테이블에 있는 필드(칼럼)를 추가하거나 삭제한다.

```
ALTER TABLE table2 ADD Birthday DATE;
ALTER TABLE table2 DROP COLUMN Birthday;
```

라. DCL

사용자에게 어떤 권한을 주거나 뺏을 때 사용하는 GRANT, REVOKE, DENY 명령을 말한다.
GRANT는 유저에 대한 권한을 허용한다.
DENY는 유저에 대한 권한을 차단한다.
REVOKE는 유저에 부여된 권한을 회수하여, GRANT도 DENY도 아닌 상태로 만든다.

따라서 GRANT가 부여되지 않으면 권한에 대한 허용이 없다고 판단하고 작업을 할 수 없다. 또한 GRANT가 부여된 권한을 REVOKE하면 유저는 해당 개체에 대해 작업을 할 수 없다.

(1) GRANT

다음 명령은 IP주소 192.168로 시작하는 root 사용자에게 모든 권한을 부여하는 명령어이다.

```
GRANT ALL PRIVILEGES ON *.* TO 'root'@'192.168.%';
```

(2) REVOKE

아래처럼 특정 사용자에게 특정 권한을 제한하는 명령어이다. 본 교재의 범위를 초과하므로 생략한다.

```
REVOKE [ GRANT OPTION FOR ] 〈permission〉 [ ,...n ] ON
    [ OBJECT :: ][ schema_name ]. object_name [ ( column [ ,...n ] ) ]
        { FROM | TO } 〈database_principal〉 [ ,...n ]
    [ CASCADE ]
    [ AS 〈database_principal〉 ]
```

(3) DENY

아래처럼 특정 사용자의 특정 권한을 제한하는 명령어이다. 본 교재의 범위를 초과하므로 생략한다.

```
DENY EXECUTE ON OBJECT::HumanResources.uspUpdateEmployeeHireInfo
    TO Recruiting11;
GO
```

잠깐 !

Grant 명령어

실제로 학습과 실습을 하는 동안 다른 사용자가 내 데이터베이스 서버에 대해 접속이 가능하게 하려면 아래와 같은 명령어를 자신의 SQL편집기를 통해 수행한다.

```
INSERT IGNORE INTO mysql.user (host,user,password, x509_issuer, x509_subject)
VALUES ('192.168.%','root',password('apmsetup'),'','');
GRANT ALL PRIVILEGES ON *.* TO 'root'@'192.168.%';
FLUSH PRIVILEGES;
```

이때 접속IP주소를 바꾸려면
192.168 대역에서 10.10으로 바꾸고 싶으면
10.10.%으로 수정하고

또, 사용자 ID도 root를 임의로 다른 Id로 바꾸어 사용가능하다.

연습문제 2-2

다음의 SQL 문장을 해석하세요. (별지에 작성후 제출하거나 이메일로 제출)

(1) insert

```
Insert into tab1 values('111', 'number1', '302ho');
Insert into tab1 (id, name, where) values('222', 'number2', '303ho');
Insert into tab1 select * from tab2 where condition;
Insert into tab1 (id) values('123456');
```

(2) update

```
Update tab1 set pw = 'sample';
Update tab1 set pw = 'sample' where pw is null;
Update tab1 set pw = 'sample2' where id = '111';
```

(3) select

```
Select * from tab1;
Select * from tab1 where (id = '11');
Select id, name, where from tab1;
```

(4) delete

```
Delete from tab1 where id = '11'; 아이디 11인 레코드만 삭제
Delete from tab1;  테이블 tab1의 모든 레코드 삭제
```

(5) create

```
Create table tab2 (
Id varchar2(10)
, pw varchar2(10)
, name varchar2(10)
```

(6) alter

```
Alter table tab2 modify (id text(20));
Alter table tab2 modify (id number);
```

(7) drop

```
Drop table tab2;
```

(8) 다양한 SQL Sample

```
insert into rawdata (rname, rwhere, rdate) values("센서01", "남학생 옥상", NOW());
insert into finaldata (fname, fwhere, fdate) values("센서02", "여학생 옥상", NOW());
update finaldata set fdate=NOW() where fname="센서01";
update finaldata set fwhere="운동장", fdate=NOW() where fname="센서01";
delete from finaldata where fname = "센서01";
```

note

3 파이썬 플라스크

CHAPTER

플라스크(Flask)란 파이썬 웹(Web) 어플리케이션을 만드는 프레임워크다. 파이썬 웹 프레임워크 중에 가장 유명한 것은 아마도 여기서 학습하는 플라스크와 장고일 것이다. 플라스크는 여러 Web 프레임워크들 중에서도 매우 심플하고 강력하다. 여기서는 파이썬 프로그래밍 언어와 플라스크를 설치한 후, MySQL DBMS와 연동하는 아주 쉬운 방법을 학습한다.

그림 2-1 플라스크 Web 프레임워크

3.1 파이썬 설치

파이썬 프로그래밍 언어를 사용하려면 파이선 언어와 IDLE(Integrated Develop and Learning Environment)을 PC에 설치해야 한다.

www.python.org 사이트로 이동해서 메뉴 - 다운로드를 선택하면, 윈도우 버전의 가장 최신 파이썬을 손쉽게 다운로드 받을 수 있다.

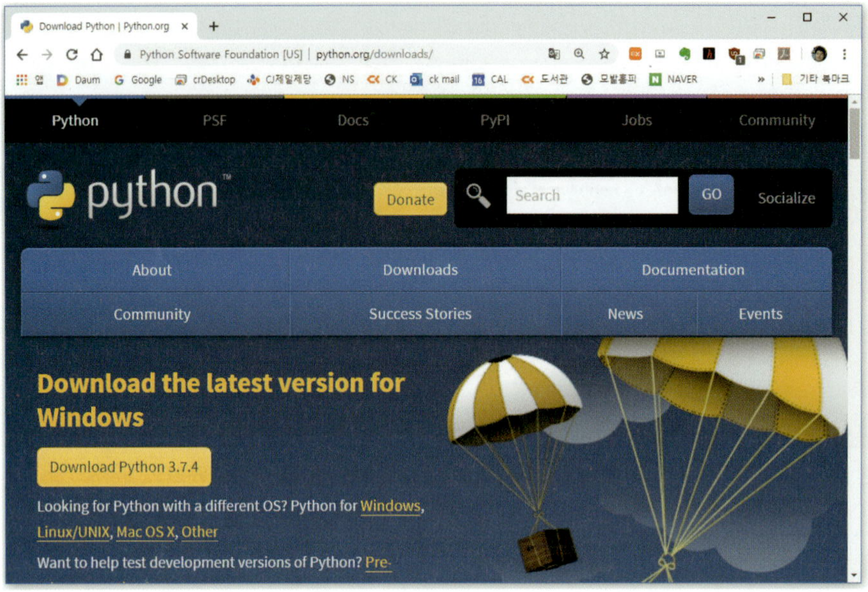

그림 3-2 파이썬 다운로드 (1)

위 그림을 보면, 이 책을 집필하는 2019년 10월 현재, 파이썬 3.7.4버전이 최신인 것을 확인할 수 있다.

다운로드가 완료되면, 웹 브라우저의 좌측 맨 하단에 있는 콤보 버튼을 클릭하여 다운로드 폴더로 이동한다. 다운로드 폴더에서 python-3.7.4.exe 실행파일을 더블클릭한다. 이후 다음 그림과 같은 과정으로 파이썬을 윈도우에 설치하면 된다.

그림 3-3 파이썬 다운로드 (2)

이때 잊지 말아야 할 것이 있다. 위 그림처럼, 창의 맨 아래 부분에 있는 □Add Python 3.7 to PATH를 마우스로 클릭하여 선택하는 것을 잊으면 안 된다. 이 옵션을 선택하지 않으면, 윈도우 명령어 창에서 python이라고 입력했을 때, 파이썬을 실행할 수가 없게 되고 이후 PATH를 추가하는 복잡한 과정을 거쳐야 한다. 따라서 이 옵션을 선택하는 것은 매우 중요하다. 단, 3.7.5 이후의 버전은 이 부분이 수정될 수도 있으므로 설치할 때 확인해야 한다.

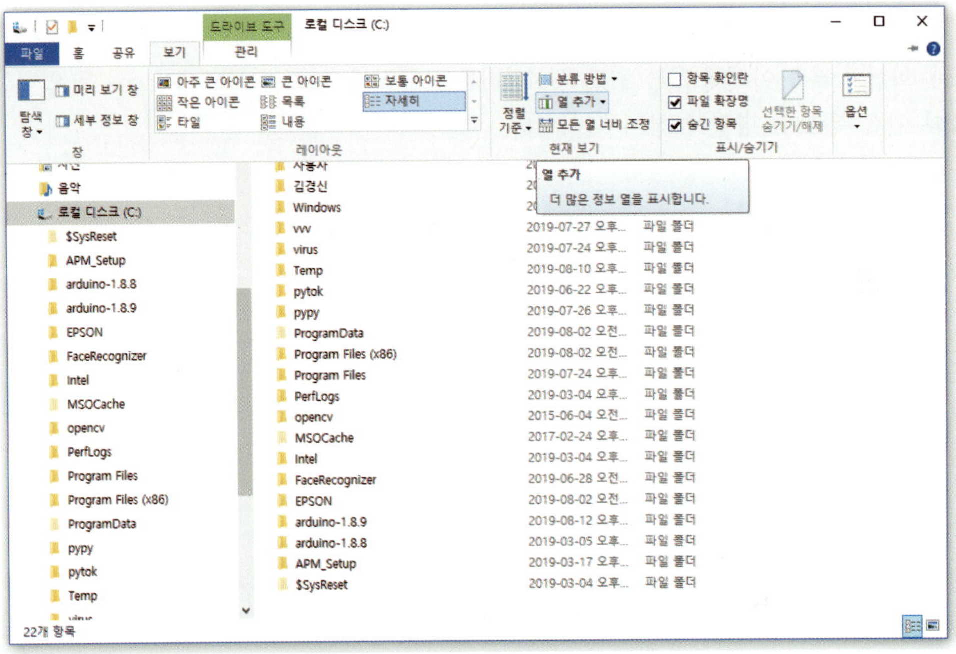

그림 3-4 파일탐색기 보기속성 수정

그리고 파일보기 속성도 수정해 주어야 한다.

위 그림처럼 파일 탐색기에서 보기 메뉴 - □파일확장명과 □숨긴항목에 클릭 선택이 되어있어야 한다. 이것도 매우 중요하다.

3.2 플라스크 설치

가. 파이썬 설치 확인

파이썬이 설치되고 파일탐색기에서 파일확장명 보기 및 숨긴항목 보기 속성을 수정하고 나서, 파이썬의 작동실험을 해야 한다.

윈도우 화면의 좌측 아래에 있는 윈도우 시작버튼을 클릭해 놓고, 키보드에서 cmd를 입력하면 아래와 같은 윈도우 명령어 창이 나타난다.

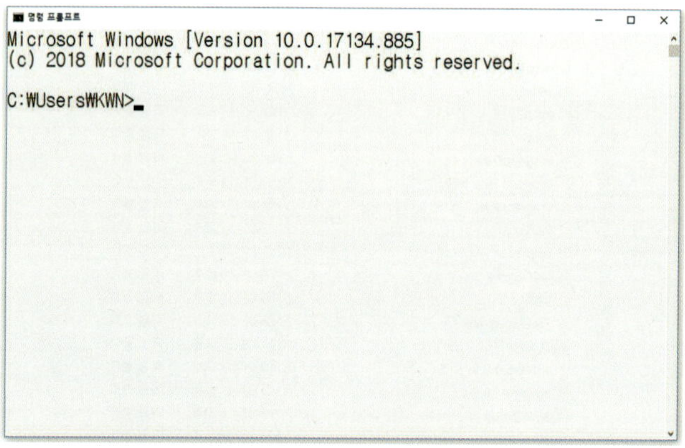

그림 3-5 윈도우 명령어 창

윈도우 명령어창의 색깔이 이 그림과 다르면 다음과 같은 과정으로 명령어창의 색깔과 글자의 크기를 조정하면 된다.

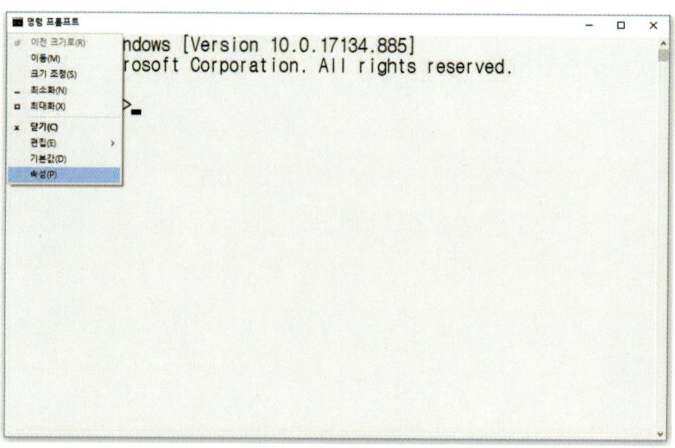

그림 3-6 윈도우 명령어 창 속성

위 그림처럼 명령어창의 좌측 최상단의 버튼을 누르고 속성을 선택한다.

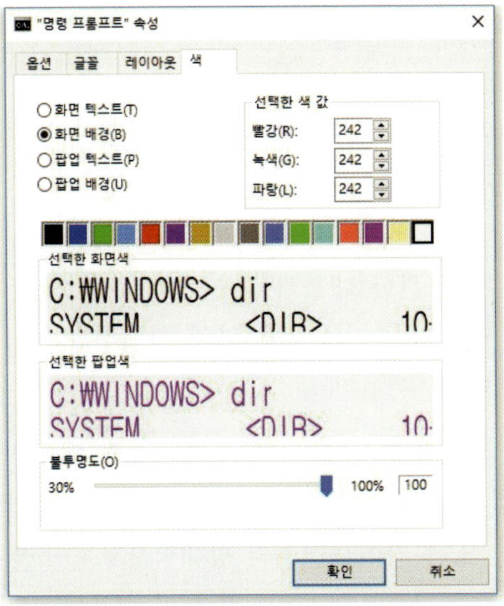

그림 3-7 윈도우 명령어 속성 변경

위 그림과 같은 속성창에서 색, 글꼴을 수정한다. 색 탭에서 배경은 흰색으로 텍스트는 검정색 그리고 글꼴 탭에서 28을 선택하면 된다.

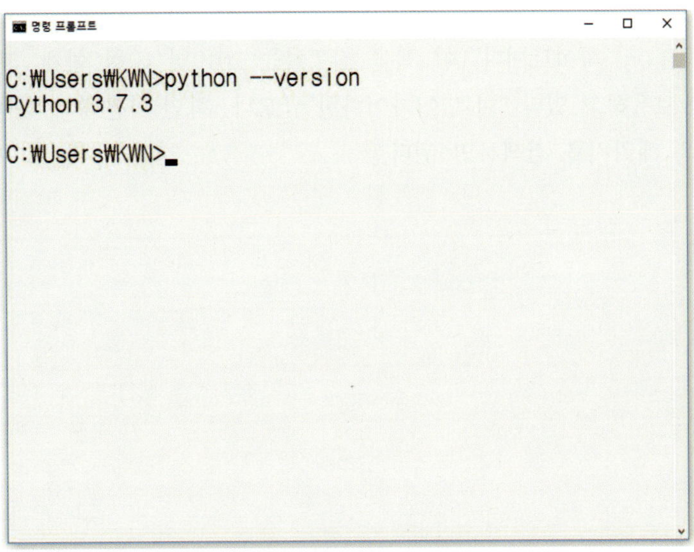

그림 3-8 파이썬 실행 점검

설치된 파이썬의 작동여부와 버전을 확인할 수 있는 명령어를 아래와 같이 입력한다.

```
〉python —version
```

정상적으로 파이썬이 설치되면 위 그림처럼 파이썬 버전이 디스플레이 된다.
이제 파이썬 설치가 끝났다.

보다 더 자세한 파이썬 설치에 관한 내용과 파이썬의 기본 문법에 관한 것은 뒤에서 다시 학습한다. 여기서 부터는 파이썬 플라스크에 관해 학습한다.

나. 플라스크 설치

파이썬은 그 문법의 단순함과 이해하기 좋은 몇 가지 특성으로 단기간 내에 가장 인기 있는 프로그래밍 언어가 되었다. 또한 라이브러리의 방대함으로도 유명하다. 파이썬은 약 20만개 이상의 라이브러리(패키지)를 제공한다고 한다. 지금 이 순간에도 지속적으로 파이썬 라이브러리는 추가되고 있다고 보면 된다.

pip는 파이썬으로 작성된 패키지 소프트웨어를 설치하고 관리하는 패키지 관리 시스템이다. Python Package Index(PyPI)에서 많은 파이썬 패키지를 찾을 수 있다.

아래 그림은 pypi.org 사이트이다. 이 책을 집필하는 2019년 10월 현재, 파이썬 패키지는 19만 8천여개를 보유하고 있다. 실로 어마어마한 규모다. 화면 가운데의 검색창에서 필요한 라이브러리 혹은 패키지를 검색하면 된다.

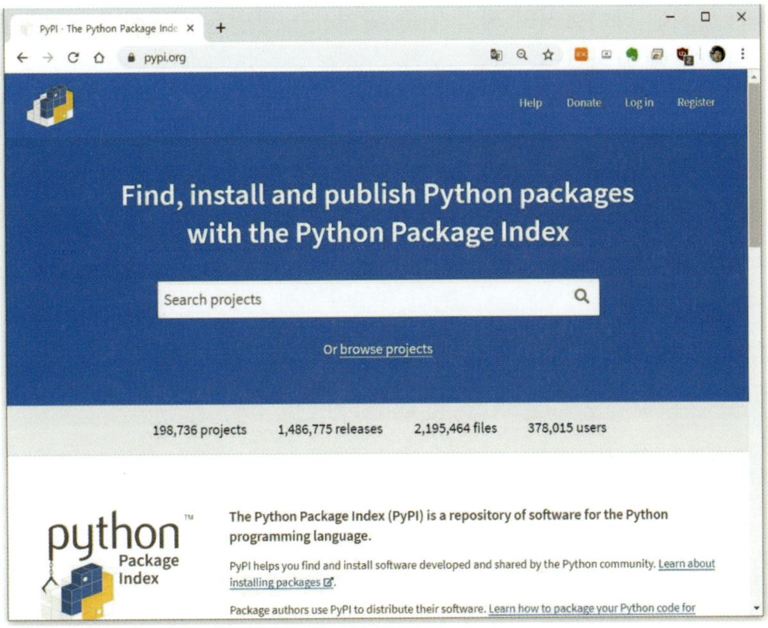

그림 3-9 파이썬 패키지 검색 및 활용 사이트

pip를 설치하는 명령어는

```
>python -m pip install --upgrade pip
```

이다.

pip 설치가 끝났으면 pip를 이용하여 플라스크를 설치해보자.
플라스크를 설치하는 pip 명령은

```
>pip install Flask
```

이다.

명령어 윈도우 창에서 아무런 메시지 없이 정상적으로 명령이 완료되면 잘 설치된 것이다. 기존에 Flask가 설치되어 있는 윈도우에서는 다음과 같은 메시지가 뜬다.

```
>python install Flask

Requirement already satisfied :
>
```

pip를 이용하여 설치된 라이브러리(패키지)를 확인하는 방법은 간단하다. 파이썬을 실행시키고 해당 라이브러리를 불러오면 된다.

먼저, 파이썬을 실행시켜 보자.
윈도우 시작버튼을 클릭한 후, cmd하고 입력하여 명령어 윈도우를 띄운 후 python을 입력하면 파이썬 3.7.4가 구동된다.

이때 다음과 같은 명령을 입력한다.

```
>>> import flask
>>>
```

import flask라고 입력했을 때 위와 같이 깨끗하게 실행되면 flask 라이브러리(패키지)가 정상적으로 설치된 것이다. 그러나 >>> 기호가 나오기 전에 다른 에러 메시지가 뜬다면 플라스크가 정상적으로 설치되지 않은 것이다. 이 경우는 재설치하면 된다. 플라스크를 재설치해도 똑같은 증상이면, 파이썬을 모두 삭제(제어판)하고 다시 설치한다.

다음 절에서는 파이썬 플라스크 웹 서버 프로그래밍을 시작해 보자.

연습문제 3-1

(1) 파이썬 설치 프로그램을 실행할 때, 가장 필수적인 옵션은 무엇인가?

(2) 파이썬 설치 이후, 파일탐색기의 보기메뉴에서 처리해야할 작업은 무엇인가?

3.3 플라스크 웹 프로그래밍

가. 웹 서버 프로그래밍

pip로 플라스크 라이브러리가 설치 완료되면, 바로 웹 서버 기능을 하는 웹 서버 프로그래밍을 해보자.

다음 파이썬 코드를 메모장을 이용하여 작성한다. 자신의 노트북이나 PC에 임시로 c:₩pycode 폴더를 만들고 그 폴더에서 프로그래밍을 시작하자.

프로그램 명 : hello.py

```
from flask import Flask
app = Flask(__name__)

@app.route('/')
def hello():
        return 'hello!'
if __name__ == '__main__':
        app.run(host='0.0.0.0')
```

이때 주의할 것은 Tab키의 사용이다.
def hello(): 줄의 바로 아래 줄 코드를 입력할 때, 키보드에서 Tab키를 입력한 후 return 'hello! Python!' 이라고 입력하면 된다.

또한 위 프로그램의 맨 아래줄 코드도 Tab 키를 입력한 후, app.run(host='0.0.0.0')을 입력해야 한다.

Tab키는 이후 파이썬 프로그램을 학습할 때 몇 번 더 언급한다. 코드에서 Tab키나 스페이스키를 이용하여 공백을 사용하는 것은 이 언어의 큰 차별점이다. 파이썬은 C언어 등에서 주로 사용하는 { } 기호 대신 Tab키나 스페이스키를 사용해서 구간, 블록 등을 선언하는 특징을 가지고 있다. 블록을 선언하기 위해 공백을 줄 때 스페이스키보다 탭키를 더 많이 사용한다.

c:₩pycode에 작성한 hello.py를 실행시켜 웹 서버를 구동시켜 보자. 다음은 파이썬을 파워쉘 명령어 창에서 실행하는 방법이다.

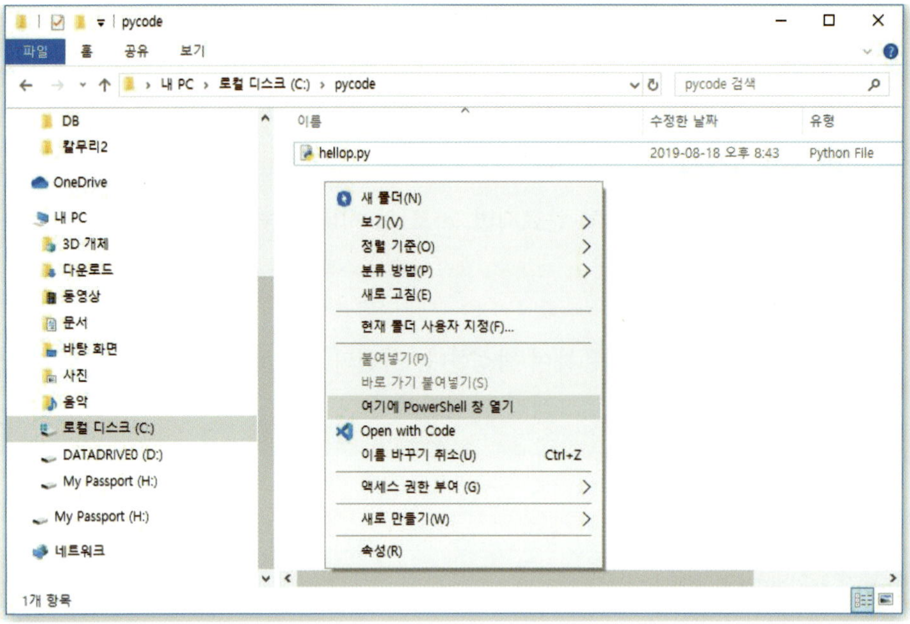

그림 3-10 윈도우 파워쉘 실행

위 그림처럼 PowerShell 창열기 메뉴가 보이려면, 왼쪽 Shift키를 누른 상태에서 파일탐색기의 흰색 여백 부분을 마우스 우클릭하면 된다.

```
>python hello.py
```

파워쉘 명령어 창에서 위 명령어를 입력하면 파이썬 플라스크로 작성한 웹서버 프로그램이 실행된다. 아래 그림은 프로그램이 실행된 모습이다. 실행이 안 된다면 그것은 프로그램 hello.py내에 오타가 포함되어 있기 때문이다. 잘 찾아보기 바란다.

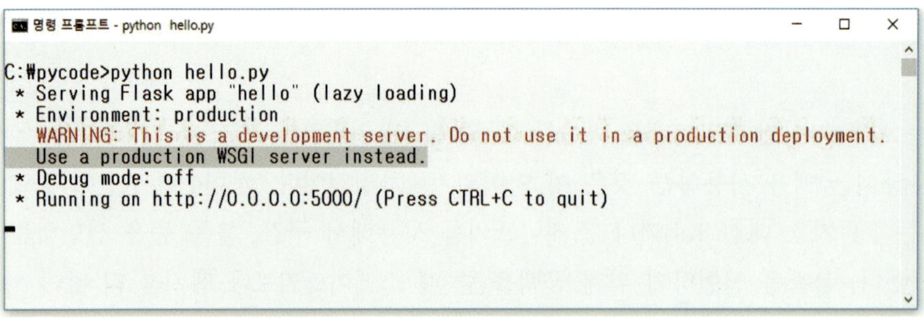

그림 3-11 웹서버 프로그램 실행

프로그램 코드 안에서 특별히 실행할 포트를 지정하지 않으면 위 그림의 맨 아래처럼 5000번 포트로 웹서버가 실행된다.

이 상태에서 크롬이나 인터넷 익스플로러 등의 웹 브라우저 주소창에서 localhost:5000을 입력하면 아래 그림처럼 파이썬 플로스크로 작동하는 웹서버에 접속 가능하다.

아래 그림처럼 웹브라우저 주소창에 주소를 입력했을 때 브라우저 화면에 hello! Python!이라는 문장이 나타나면, 작성한 웹서버 프로그램이 잘 작동한 것이다. 파이썬 코드 return 'hello!'는 클라이언트의 웹브라우저에 hello! 문장을 표시하라는 의미이다.

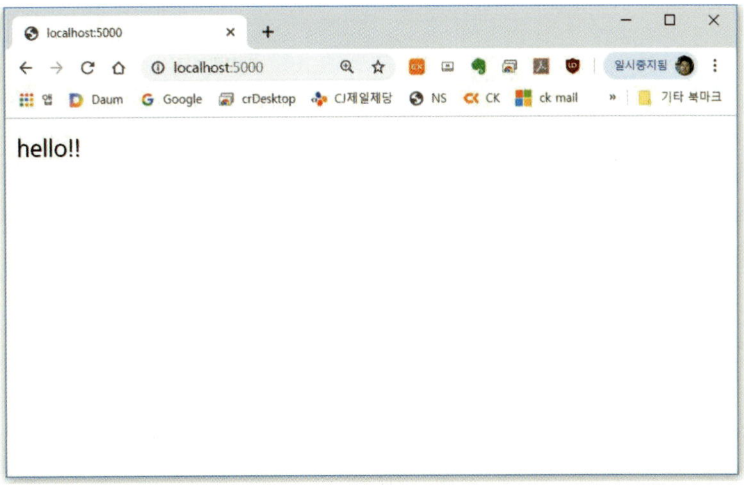

웹서버 프로그램 hello.py를 중지시키는 방법은 파이썬 실행 화면에서 Ctrl-C하면 된다.

웹서버를 구동하는 옵션에 대해서 자세히 알아보자.
위 hello.py 코드에는

```
app.run(host='0.0.0.0')
```

라고만 되어있다. app.run의 옵션은 debug, port, host로 구성된다.

```
app.run(debug=TRUE, port=7777, host='0.0.0.0')
```

debug : TRUE 혹는 True로 설정할 경우, 작성한 코드가 수정되면, 이 코드가 저장된 순간 프로그램이 재실행된다. 디버그 단계에서 편리한 기능이다.

port : 웹서버 프로그램의 접근 포트주소이다. 생략할 경우 5000번으로 접속된다. 참고로 아파치 웹서버 프로그램의 경우 기본 포트주소는 80번이다. 위 예처럼 port=7777이면 웹브라우저 주소창에서 IP주소:7777로 접속한다.

host : 일종의 방화벽이다. 위 코드처럼 0.0.0.0은 모든 클라이언트를 허용, 만일 192.168.0.0이면 192.168로 시작하는 IP주소를 갖는 클라이언트만 허용하라는 의미이다.

연습문제 3-2

파이썬 플라스크를 이용한 웹서버 프로그램을 작성하라. 접속포트주소는 9000번으로 하고, 접속하면 Welcome Python!이라는 문장을 표시하면 된다. 디버그 모드는 False로 하고, 100.100.0.0으로 시작하는 IP주소만 접속 가능하다.

작성할 프로그램의 이름은 hello2.py로 한다.

나. MySQL 연동 웹 프로그래밍

데이터베이스와 연동하는 웹 프로그램의 작성은 매우 중요하다. 아두이노와 같은 디바이스 혹은 웹 브라우저에서 데이터가 발생하고, 그 데이터를 데이터베이스에 저장하고 저장된 데이터를 다시 검색하는 과정이 인터넷에서는 항상 지속적으로 일어나고 있기 때문이다.

이 교재에서 사용하고 있는 데이터베이스는 MySQL이다. 1장에서 간단하게 학습하였다. MySQL은 무료로 사용가능한 다기능의 데이터베이스이다. 파이썬 플라스크에서 MySQL 데이터베이스에 접속한 후, 데이터베이스를 완벽하게 핸들링하는 방법을 다음처럼 코드를 작성해 보면서 알아보자.

(1) import pymysql

MySQL 라이브러리를 설치하는 명령어는 pip install이다. MySQL에 접속가능하게 도와주는 파이썬 라이브러리 중에서 가장 많이 사용되는 것이 pymysql이다.
pip install pymysql을 사용해보자.

명령어 터미널에서 아래 명령을 입력한다.

```
>pip install pymysql
```

특별한 메시지 없이 명령이 실행되면 잘 설치된 것이다.

파이썬에 pymysql 라이브러리가 정상적으로 설치된 것을 확인하는 방법은, 파이썬 모드에서 import 명령을 사용하면 된다.

```
$python

>>>import pymysql
>>>
```

import명령을 입력했을 때 위처럼 특별한 메시지 없이 실행되면 설치가 성공한 것이다.
이제 MySQL연동 플라스크 프로그램을 작성한다.

```
import pymysql
from flask import Flask, render_template, request
```

첫째 줄은 pymysql DB라이브러리를 호출(import)한다.
둘째 줄은 데이터베이스에 데이터를 삽입하고, 조회하고, 삭제하고, HTML프로그램을 제공하는 기능을 가지는 플라스크, 랜더템플릿, 리퀘스트 라이브러리를 호출한다.

(2) DB 연결 (Connect)

기 작성된 데이터베이스 서버에 접속하는 코드이다.

```
db = pymysql.connect(host="localhost", port=3306, user="root", passwd="apmsetup",
db="dbdb", charset='utf8')
```

host : 접속하려는 데이터베이스 서버의 IP주소
port : 포트주소 (MySQL의 기본 포트주소는 3306)
user : 사용자 ID
passwd : 비밀번호
db : 데이터베이스 이름
charset : 언어 설정, utf8은 한국어를 지원하는 캐릭터셋트이다.

이상은 데이터베이스 정보를 이용하여 특정 데이터베이스 서버에 접속한 후, 그 접속 정보를 차후 이용하기 위해 변수 db에 저장하는 코드이다.

(3) 라우트와 델리게이터

플라스크에는 라우트와 델리게이터라는 개념이 있다. 라우트는 웹 클라이언트가 접속해 올 때 주소창에서 어떤 내용을 입력했는가를 알려주는 기능이고, 델리게이터는 주소창에 입력한 내용에 따라서 적절한 서비스를 제공하는 기능이다.

```
app = Flask(__name__)
@app.route('/input')
def input_to_database():
    name=request.args.get('name')
    where=request.args.get('where')
    cur = db.cursor()
    sql = "insert into tab2 (tabname, tabwhere) values('%s', '%s')" % (name,
        where)
    cur.execute(sql)
    db.commit()
    return "OK DB inserted."
```

첫째 줄은 현재 작성한 웹서버 프로그램의 이름을 app이라는 변수에 기록한다.
둘째 줄은 라우트 명령이다. @app.route('/input')의 의미는 클라이언트가 웹브라우저의 주소창에 http://127.0.0.1/input이라고 입력한 것을 알아차리고, 세째줄의 input_to_database()라는 함수와 연결을 시켜준다. 즉, app.route가 주소를 해석하여 특정 함수에 전달해주는데. 이 기능을 델리게이터라고 부른다.

위 코드는 클라이언트가 주소창에서 IP주소/input? 이라고 입력한 요청을 input_to_database() 함수에 처리토록 할당한다.

> **잠깐 !** **GET Request**
>
> http 프로토콜에서 GET방식은 웹 주소를 이용하여 데이터를 전달하고 수신하는 방식이다. 예를 들어 사용자가 웹 브라우저 크롬의 주소창에서
>
> http://127.0.0.1/input?name=트럼트&where=뉴욕
>
> 이라고 입력하면, 127.0.0.1서버의 웹 서버 프로그램은 input이라는 주소창의 마지막 문자열을 인식 한 후, 델리게이터를 통해 처리를 하게 되는데 ?이후에 나오는 키=데이터 쌍의 데이터를 활용할 수 있게 된다.
>
> 키가 2개 이상이 될 때는 키와 키를 &기호를 사용하여 연결한다. 위 주소창의 데이터는 name 값과 where 값을 묶어서 보낸 것이다.
>
> 데이터를 수신하는 서버에서는 함수 구별자(input)와 ? 그리고 키=데이터&키=데이터 등을 파싱(문자열을 올바르게 잘라서 쓰다)하여 적절히 사용한다.

(4) SQL 실행

위에서 말한 대로 inout_to_database라는 함수는 델리게이터와 연동하여 역할을 수행한다. 이 델리게이터와 처리함수에서 MySQL을 핸들링하는 각종 함수가 포함된다.

```
def input_to_database():
    name=request.args.get('name')
    where=request.args.get('where')
    cur = db.cursor()
    sql = "insert into tab2 (tabname, tabwhere) values('%s', '%s')" % (name,
            where)
```

```
cur.execute(sql)
db.commit()
return "OK DB inserted. "
```

만일, 웹 클라이언트가 브라우저에서 다음과 같이 입력했다고 가정하자.

```
http://127.0.0.1/input?name=트럼트&where=뉴욕
```

app.route 명령은 위 주소창에서 /input?이라는 스트링을 잘라낸다.

```
input?name=트럼트&where=뉴욕
```

이렇게 잘라낸 스트링을 input_to_database() 함수에게 전달한다.

```
name=request.args.get('name')
where=request.args.get('where')
```

request.args.get('name') 명령은 위 스트링에서 name이라는 키의 데이터 '트럼프'를 name 변수에 저장한다.

request.args.get('where') 명령은 위 스트링에서 where라는 키의 데이터 '뉴욕'을 where 변수에 저장한다.

```
cur = db.cursor()
```

이 명령은 데이터베이스 접속 코드에서 저장한 접속 정보 db를 이용하여 데이터베이스에 접속하는 명령이다. 이때 접속 포인터가 cur 변수에 기록된다.

```
sql = "insert into tab2 (tabname, tabwhere) values('%s', '%s')" % (name, where)
cur.execute(sql)

db.commit()
```

sql이라는 변수에 데이터베이스에 데이터를 삽입하는 SQL 명령어 insert into를 조립하여 저장한다. 이 글을 번역하면, tab2라는 테이블에 name이라는 변수와 where 변수의 값을 이용하게 insert하라는 의미이다.

cur.execute(sql)은 이 sql명령을 실행하라는 의미이다.
db.commit()은 확인명령이다. 이로써 데이터베이스에 sql 명령이 처리완료 된다.

(5) 플라스크 실행

이 부분은 작성한 플라스크 웹서버 프로그램을 실행시키는 부분이다. 앞에서 설명한대로 debug, host, port가 선언되어있다.

맨 마지막 줄의 db.close() 함수는 사용자가 ctrl-c를 누른다거나 정상적으로 데이터베이스를 종료할 때, 데이터베이스 커넥터 db를 종료하는 코드이다.

```
if __name__ == '__main__':
        print('Webserver ready...')
        app.run(debug=False, host='0.0.0.0', port=8888)
        print('Webserver shutting down...')
        db.close()
```

여기서 if __name__ == '__main__':은 이 파이썬 프로그램이 자체적으로 혹은 독립적으로 수행될 때만 이 프로그램을 실행하라는 의미이다. 즉, 이 프로그램이 다른 프로그램에게 호출을 받아서 실행될 경우에는 실행하지 말라는 뜻이다.

파이썬에는 이렇게 혹시 모를 오류를 방지하는 보안장치가 많이 있다.

이렇게 작성한 완전한 웹 서버 프로그램 소스코드는 아래와 같다.

```
import pymysql
from flask import Flask, render_template, request
db = pymysql.connect(host="localhost", port=3306, user="root", passwd=
            "apmsetup", db="dbdb", charset='utf8')
app = Flask(__name__)
@app.route('/input')
def input_to_database():
        name=request.args.get('name')
        where=request.args.get('where')
        cur = db.cursor()
        sql = "insert into tab2 (tabname, tabwhere) values('%s', '%s')" % (name,
            where)
        cur.execute(sql)
        db.commit()
        return "OK DB inserted. "
if __name__ == '__main__':
    print('Webserver ready...')
    app.run(debug=False, host='0.0.0.0', port=8888)
    print('Webserver shutting down...')
    db.close()
```

잠깐 ! **if __name__ == '__main__':이란?**

파이썬 실행 프로그램의 이름이 __main__ 일 때만이라는 의미이다.

연습문제 3-3

다음에 관하여 요약 정리하세요.

(1) 파이썬 플라스크 프레임웍에서 라우트와 델리게이터

(2) HTTP에서 GET 방식과 POST방식의 차이점

4 플라스크와 MySQL Database 개발

CHAPTER

플라스크 웹서버 프로그램을 통해 각종 데이터를 MySQL데이터베이스에 저장하고, 조회하고, 삭제하는 실습을 학습한다. 여기서 저장이란 새로운 데이터를 생성하거나 기존의 존재하던 데이터를 업데이트하는 것이다. 어떤 기업이나 개인이 자신의 업무를 전산화한다는 의미는 자신들이 가지고 있는 데이터를 데이터베이스화한다는 말과 같다. 기업의 데이터를 엑셀이나 파일형태로 활용하고 있는 것은 엄밀한 의미에서는 전산화 되어있지 않다는 말이다. 왜냐하면 이런 형태의 데이터는 조회, 삽입, 삭제, 수정 등을 편리하게 또는 안전하게 할 수 없기 때문이다.

그림 4-1 MySQL 데이터베이스

4.1 채팅 앱 토폴로지

카카오톡이나 위챗 등과 같은 채팅 혹은 매신저 앱은 대표적인 데이터베이스 활용 제품이다. 데이터베이스를 중심으로 다수의 사용자가 데이터를 송신하고 수신하고, 저장하는 프로그램이기 때문이다.

다음 그림은 이러한 플라스크 서버와 데이터베이스서버를 중심으로 한 서버 네트워크 다이어그램이다.

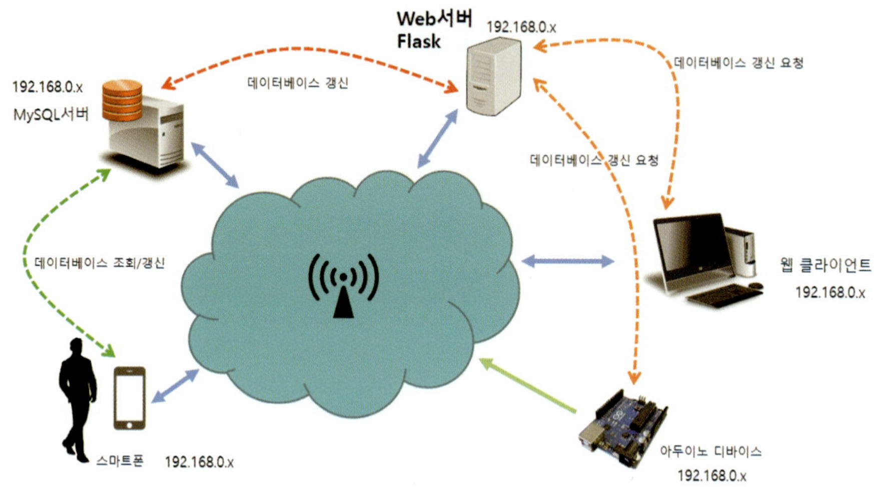

그림 4-2 채팅 앱 토폴로지(Topology)

위 그림과 같은 서버/네트워크 토폴로지를 보면 인터넷 네트워크상에 플라스크 웹서버와 데이터베이스 MySQl서버가 위치해있고, 스마트폰과 웹 클라이언트 그리고 아두이노 디바이스가 데이터를 발생시키거나 데이터를 수신하고 조회한다.

가. Flask 웹 서버

웹서버는 아파치나 플라스크를 사용하여 구축한다. 여기서는 파이썬 플라스크를 이용하여 웹서버를 구축하는 실습을 한다.

웹서버는 서버와 네트워크로 구성된 컴퓨터 네트워크 토폴로지에서 가장 중요한 역할을 한다. 농구에서 가드가 하는 역할과 같고, 축구에서 미드필더가 하는 역할과 같다. 접속된 모든 클라이언트를 상대로 데이터를 송신하고 수신하고 교통정리까지 하는 역할이기 때문이다.

물론, 당연히 옆에 있는 데이터베이스서버에게 데이터를 저장하거나 가져오도록 지시도 한다. 지금까지는 아파치 웹서버가 많이 사용되었다. 아파치는 APMsetup을 이용하여 간편하게 설치되는 프로그램 중의 하나이다. 내부에는 PHP프로그램이 작동하고 있다.

이에 비해 플라스크는 파이썬을 사용하여 웹서버 프로그램을 수행한다. 플라스크 웹서버 프로그램은 아파치 PHP에 비해 단순하고 구축이 편리하다는 장점이 있다.

단점은 거의 없다. 단지 파이썬이나 플라스크 라이브러리를 새로 배워야 한다는 것 정도. 그러나 이것은 매우 단순하고 어렵지 않다.

나. 데이터베이스 MySQL 서버

앞에서 언급한대로 MySQL은 관계형 데이터베이스 중에서 가장 많이 사용되는 데이터베이스 중의 하나이다. 고도의 보안성이 요구되는 금융이나 국가기간 전산망을 제외하면 거의 대부분의 쇼핑몰이나 기업용, 개인용 업무의 데이터베이스로 널리 사용되므로 참고자료를 찾기 쉽고, 또한 SQL을 완벽히 지원하므로 사용하기에도 편하다.

특히, 사물인터넷 구축에 적절하다. PHP나 파이썬 등에 관련한 라이브러리가 풍부하여 프로그래밍과 개발에 편리하다. 여기서는 파이썬에서 pymysql 라이버러리를 이용하여 플라스크와 연동시켜보자. 다음 장에서는 아파치 서버와 MySQLdb 라이브러리를 이용한 방식도 학습한다.

4.2 윈도우 채팅 앱 구축

먼저, 사용이 편리한 윈도우 환경하에서 카카오톡 채팅 앱을 만들어 보자.
다음과 같은 환경으로 구축한다.

플라스크 웹서버 프로그래밍 폴더 : 윈도우 C:₩pykakao **DB서버** : 윈도우 APMsetup **웹 클라이언트** : 윈도우 크롬 웹 브라우저 혹은 스마트폰 웹 브라우저 **네트워크** : 와이파이 망 혹은 유선망

가. 윈도우 Flask 구조

먼저, pykakao 폴더를 생성하고, 거기에 아래 그림처럼 폴더 2개를 생성한다.
pykakao 폴더에는 플라스크 웹서버 프로그램이 들어간다. 프로그램의 이름은 web_mysql_kakao.py이다.

index_chat.html이 들어갈 폴더는 templates, style.css가 들어갈 폴더는 static이다.

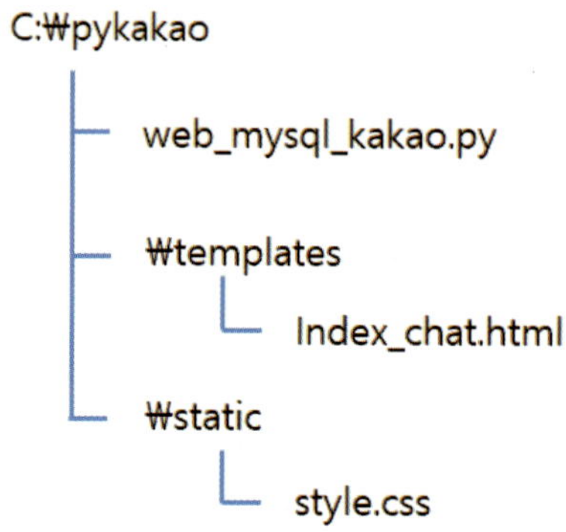

그림 4-3 윈도우 폴더구조

윈도우가 설치된 PC나 노트북을 사용하고, 폴더의 이름은 위와 똑같이 부여하는 것을 권장한다. 학습간 사용되는 각각의 코드에서 폴더의 이름과 소스코드의 이름을 호출하므로 폴더명이나 프로그램명이 다를 경우 에러가 발생되기 때문이다.

나. 채팅 앱 데이터베이스 스키마

채팅 앱 데이터베이스 스키마

구분	이름	필드	타입
데이터베이스	sensordb		
테이블 1	basictable		
필드		bsendname	Varchar(10)
		brecvname	Varchar(10)
		brecord	Varchar(100)
		bdate	datetime
테이블 2	resulttable		
필드		rsendname	Varchar(10)
		rrecvname	Varchar(10)
		rrecord	Varchar(100)
		rdate	datetime

그림 4-4 채팅 앱 DB 스키마

앞 장에서 배운 데이터베이스 작성 지식을 이용하여 위 스키마에 맞는 데이터베이스를 작성한다. 데이터베이스의 이름은 sensordb이고 테이블은 2개로 구성하였다. basictable, resulttable이다. 각 테이블은 그림과 같은 타입을 갖는 필드로 이루어진다.

사물인터넷을 위한 데이터베이스의 테이블은 basictable처럼 발생되는 모든 로그 데이터를 날자와 시간별로 저장하는 테이블과, resulttable처럼 최종 요약된 데이터를 가지고 있는 테이블로 구성하는 것이 일반적이다. 목적과 개발 편이성을 위해 테이블과 필드는 적절히 설계하고 이후 개발간 수정보완하면 된다.

다. 플라스크 프로그래밍

파이썬 플라스크의 자세한 코드 설명은 앞장을 참고하면 된다. 여기서 중요한 것은 이 플라스크가 제어할 데이터베이스 서버의 위치 정보이고(아래 코드의 3번 줄), 둘째는 클라이언트가 웹 브라우저를 통해 보내는 데이터를 파싱하여 DB에 저장시키는 델리게이터(9번~19번줄)이다.

```
1   import pymysql
2   from flask import Flask, render_template, request
3   db = pymysql.connect(host="192.168.0.35", port=3306, user="root",
    passwd="apmsetup", db="sensordb", charset='utf8')
4   app = Flask(__name__)
5   state='off'
6   @app.route('/')
7   def iii():
        return render_template('index_chat.html', state=state)
9   @app.route('/chat')
10  def input_to_database():
11      global state
12      send=request.args.get('send')
13      recv=request.args.get('recv')
14      record=request.args.get('record')
15      cur = db.cursor()
16      sql = "insert into basictable (bsendname, brecvname, brecord, bdate)
            values ('%s', '%s', '%s', NOW());" % (send, recv,, record)
17      cur.execute(sql)
18      db.commit()
19      return render_template('index_chat.html', state=state)
20  if __name__ == '__main__':
21      print('Webserver ready...')
22      app.run(debug=True, host='0.0.0.0', port=8888)
23      print('Webserver shutting down...')
24      db.close()
```

앞장에서 학습한 코드에 없는 부분도 있다. 6번~8번 줄에 나와있는 렌더템플릿이라는 명령이다.

이것은 최초 이 웹 서버에 접속한 사용자에게 기 작성된 예쁘게 디자인된 채팅관련 웹 화면(HTML과 CSS로 구성)을 뿌려주는 기능을 한다.

```
8    return render_template('index_chat.html', state=state)
```

윈도우의 C:₩pykakao₩templates 폴더에 있는 index_chat.html파일을 클라이언트에게 전송하는 코드이다. 이때 필요한 데이터를 같이 전송할 수 있는데, state라는 변수는 HTML 프로그램으로 데이터를 전송시키는 역할을 한다. 즉, 파이썬 플라스크에서 HTML로 데이터를 보낼 수 있다. 이 8번줄의 코드에는 윗부분에서 off라는 값이 들어간 state 변수값을 렌더템플릿으로 클라이언트에게 보내는 것을 알 수 있다. 이렇게 HTML 쪽으로 전달된 state변수는 차후 HTML 프로그램에서 적절히 사용된다.

9번~19번 줄의 /chat 데코레이터 코드는 사용자가 발생시킨 사람의 이름과 대화내용을 받아들여 데이터베이스에 저장하는 중요한 기능을 수행한다.

20번 줄부터는 앞 장에서 실습한 내용과 동일하다. 플라스크 웹서버 프로그램을 실행시키는 부분이다.

라. HTML 프로그래밍

이것은 클라이언트의 웹 브라우저에 채팅 GUI를 도식하는 HTML코드이다.

```
〈!doctype html〉
〈html〉
〈head〉
〈title〉 CHATTING DEMO 〈/title〉
〈link type="text/css" rel="stylesheet" href="/static/style.css"/〉
〈/head〉
〈body〉
〈form action="/chat"〉
〈p〉KAKAO Chatting APP〈/p〉
〈p〉 Send : 〈input type="text" name="send" value=""〉 〈/p〉
〈p〉 Recv : 〈input type="text" name = "recv"〉 〈/p〉
〈p〉 Contents :
〈textarea name="record" cols="30" rows="10"〉 〈/textarea〉
〈/p〉
〈input type="submit" value="submit" style = "WIDTH: 100pt; HEIGHT:
        40pt;    font-size: 30pt"〉
```

```
16    </form>
17    <br>
18    </body>
19    </html>
```

5번줄의 코드는 이 HTML과 연동하는 CSS프로그램의 위치정보이다.

위 HTML 코드의 8번에서 16번 줄의 Form 문장이 이 프로그램의 핵심기능을 수행한다.

```
8     <form action="/chat">
9     <p>KAKAO Chatting APP</p>
10    <p> Send : <input type="text" name="send" value=""> </p>
11    <p> Recv : <input type="text" name = "recv"> </p>
12    <p> Contents :
13    <textarea name="record" cols="30" rows="10"> </textarea>
14    </p>
15    <input type="submit" value="submit" style = "WIDTH: 100pt; HEIGHT: 40pt;
      font-size: 30pt">
16    </form>
```

이 소스코드는 웹 화면에 submit 라는 버튼을 표시하고 사용자의 입력을 기다리는 역할을 한다. 다음 페이지에서 이 GUI의 화면 모습을 확인할 수 있다.

보내는 사람의 이름과 받는 사람의 이름, 그리고 보내는 내용을 입력하고 submit 버튼을 누르면 보내는 사람의 변수명인 send, 받는 사람의 이름 recv, 보내는 내용 record의 내용을 8번 줄 코드처럼 /chat라는 이름으로 묶어서 서버에게 전송한다. 아래와 같은 모습이다.

HTML의 실행결과는 이런 모습의 URL로 묶어서 플라스크 서버로 전송한다.

```
http://127.0.0.1:8888/chat?send=트럼프&recv=오바마&record=우리만나요
```

잠깐 ! **GUI(Graphical User Interface)**

사용자가 그래픽을 통해 컴퓨터와 정보를 교환하는 작업 환경을 말한다. 주로 사용자 인터페이스는 키보드를 통한 명령어로 작업을 수행시켰고, 화면에 문자로 표시하였다. 그래픽 유저 인터페이스에서는 마우스 등을 이용하여 화면의 메뉴 중에서 하나를 선택하여 작업을 지시한다.

GUI는 UI(명령어 인터페이스)와는 대조적이다. GUI의 요소를 살펴보면 윈도(Windows), 스크롤바, 아이콘 이미지, 단추들을 포함한다. 1980년대 후반부터 IBM PC 및 워크스테이션에서도 GUI가 보급되어 현재의 컴퓨터는 GUI를 사용하고 있다. 마이크로소프트사의 윈도, 애플 매킨토시의 GUI가 그 예이다.

위에서 사용한 HTML 프로그램은 한글을 사용 안했기 때문에 문제가 안 되지만, 이 부분을 한글로 수정해서 사용하면 웹 페이지에 한글이 깨어져서 표기된다. 이 경우에는 다음과 같은 절차로 HTML을 수정해야 한다.

▶ HTML5의 경우
〈head〉 태그 안에 삽입
〈meta charset="utf-8"〉

▶ XHTML의 경우
〈head〉 태그 안에
〈meta http-equiv="Content-Type" content="text/html; charset=utf-8" /〉

▶메모장을 사용한다면,
저장 전에 하단의 인코딩 드롭박스에서 UTF-8을 선택해야 한다.

먼저, 주로 사용하는 것이 HTML이므로 〈head〉태그 내에 〈meta charset="utf-8"〉를 삽입한다. 마지막으로는 그 HTML 파일을 저장할 때 메모장 하단의 인코딩 박스를 UTF-8로 선택하여 저장하는 것도 잊지 말아야 한다. 이 두 가지를 처리하면 한글이 깨지는 경우를 방지할 수 있다.

마. CSS 프로그래밍

```
1   body {
2           background-color: black;
3           text-align: center;
4       }
5   p {
6           font-size: 50px;
7           color : yellow;
8     }
9   #state {
10          font-size: 80px;
11          color : red;
12      }
```

CSS코드는 위처럼 단순하다. HTML과 연동하여 주로 화면을 구성하는 색상과 크기 등을 일관성 있게 표시해주는 기능을 한다.

1번 줄은 HTML에서 body라고 표시된 부분에 대한 모습을 결정한다. 여기서는 백그라운드 색상을 검정색으로, 문자는 가운데 정렬하라는 의미이다.
5번줄의 p는 HTML의 본문에 대한 지정이다. yellow, 50픽셀로 문자를 나타낸다.
9번줄의 state는 특정 값에 대한 지정이다. HTML에서 state라는 변수로 지정된 부분은 80픽셀에 red로 표시된다. 이것은 HTML의 본문이 50픽셀에 노란색인 것에 비하여 그 부분을 두드러지게 표시해준다.

여기서 픽셀이라는 단위로 문자의 크기를 지정하였다. CSS를 수정해 가면서 픽셀값이 실제로 어떤 크기로 디스플레이되는지 시도해 보기 바란다.

바. 실행된 채팅 앱

이렇게 프로그래밍한 HTML과 CSS를 웹 브라우저에서 표시하면 다음 그림과 같은 모습이 된다. 위 코드대로 모든 것은 영문으로 처리했고 전송 버튼도 아직은 submit로 나타난다. 이 모습이 렌더템플릿 명령을 통해 클라이언트에게 전송되는 모습이다.

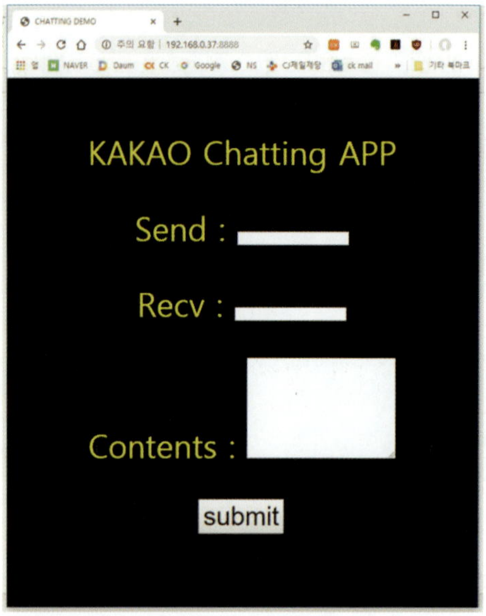

그림 4-5 채팅 앱 화면

클라이언트는 이 화면에 보내는이, 받는이, 대화내용을 입력하고 전송버튼을 누르면 된다. 이렇게 전송된 데이터는 플라스크 서버 프로그램의 /chat 라우터가 처리한다.
아래는 위에서 설명한 플라스크 서버 프로그램의 /chat 델리게이터 부분이다.

```
9      @app.route('/chat')
10     def input_to_database():
11         global state
12         send=request.args.get('send')
13         recv=request.args.get('recv')
14         record=request.args.get('record')
15         cur = db.cursor()
16           sql = "insert into basictable (bsendname, brecvname, brecord, bdate)
values         ('%s', '%s', '%s', NOW());" % (send, recv,, record)
17         cur.execute(sql)
18         db.commit()
19         return render_template('index_chat.html', state=state)
```

실제로 MySQL에 이 대화 데이터를 삽입하는 SQL은 16번~17번 라인이다.

다음 절에서는 데이터베이스 테이블에서 특정 대화를 삭제하는 기능을 추가해보자.

연습문제 4-1

다음 명령어를 자세하게 해석해 보세요.

(1) return render_template('index_chat.html', state=state)

(2) db = pymysql.connect(host="200.200.200.2", port=3306, user="root", passwd="sqlpassword", db="tempdb", charset='utf8')

4.3 삭제기능 추가

가. 플라스크 수정

앞 절에서 작성한 플라스크 서버 소스코드인 web_mysql_kakao.py에 다음과 같이 dele라는 이름의 라우터와 델리게이터를 추가한다. 아래의 코드를 추가한 다음에 프로그램의 이름은 web_mysql_kakao_dele.py로 저장한다.

```
@app.route('/dele')
def dele():
        global state
        dele=request.args.get('dele')
        cur = db.cursor()
        sql = "delete from basictable where bsendname = '%s';" % dele
        cur.execute(sql)
        db.commit()
        return render_template('index_chat_dele_sele.html', state=state)
```

기존의 chat 델리게이터 아래 부분에 추가하면 된다.
코드를 살펴보면 가운데 부분의 SQL 조립 문장이 이렇게 되어있다.

```
sql = "delete from basictable where bsendname = '%s';" % dele
cur.execute(sql)
db.commit()
```

html에서 보내온 이름의 데이터를 basictable 테이블에서 delete하라는 문장임을 알 수 있다.
이제 HTML 프로그램도 이 삭제하는 부분을 추가해보자.

나. html 수정

HTML에서도 또 하나의 〈form〉 과 〈/form〉 태그를 추가하여 chat라는 form 아래 부분에 아래의 코드를 작성한다. 맨 윗줄처럼 액션의 이름은 /dele이다. 이 이름을 플라스크의 dele 델리게이터와 똑같이 부여하면 된다. 이 HTML 프로그램의 이름은 index_chat_dele.html로 저장한다. 위치는 앞 절과 동일하게 c:₩pykakao₩templates 폴더에 저장한다.

```
<form action="/dele">
    <p> 삭제자 : <input type="text" name="dele" value="" style=
    "WIDTH:100pt;HEIGHT:30pt;font-size:20pt"> </p>

    <input type="submit" value="삭제" style="WIDTH: 100pt; HEIGHT: 30pt;
    font-size: 20pt">
  </form>
```

이 경우 클라이언트가 삭제자 란에 데이터베이스에서 삭제하고 싶은 이름을 입력하고, 그 하단의 삭제 버튼을 누르게 되면 다음과 같은 URL로 조립이 되어 플라스크에게 전송된다.

```
http://127.0.0.1:8888/chat?dele=트럼프
```

다. 채팅앱 실행 모습

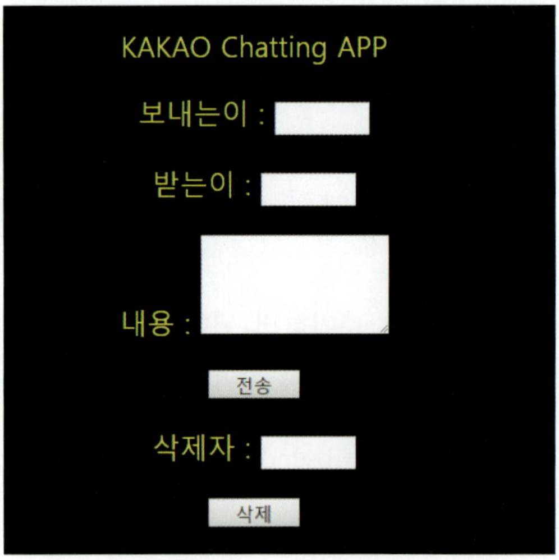

그림 4-6 삭제 Form 추가 앱

이 경우 HTML에 프로그래밍한 순서대로 화면이 구성된다. 여기서는 메시지를 보내는 부분이 앞에 나오고(Form action=chat), 이후 삭제자를 입력하는 Form을 작성했으므로 위 그림 같은 화면구성이 된다.

4.4 조회기능 추가

앞 절에서는 채팅앱에서 메시지를 입력하는 폼과 메시지를 삭제하는 폼을 작성했다. 여기서는 그간의 모든 대화 내용을 조회하는 기능을 추가해 본다. HTML의 폼에서 사용자를 입력하면 데이터베이스를 조회하여 현재까지 데이터베이스 테이블에 존재하는 데이터를 조회해서 가져오는 기능이다. 조회하고 입력하고 삭제하는 기능이 갖춰지면 채팅앱으로서 필요한 모든 기능이 포함된 것이다.

가. 플라스크 프로그램 수정

플라스크에 조회를 뜻하는 데이터베이스 SQL명령 select와 유사하게 sele라는 델리게이터와 라우터를 추가한다. 메시지입력, 메시지삭제, 메시지조회 등으로 각 기능을 추가할 때마다 플라스크 프로그램, HTML 프로그램의 이름을 바꾸기 바란다.

조회 기능이 포함된 플라스크 서버의 이름은 web_mysql_kakao_dele_sele.py로 저장한다.

```
@app.route('/sele')
def sele():
        global rows
        sele=request.args.get('sele')
        cur = db.cursor()
        sql = "select * from basictable where bsendname = '%s';" % sele
        cur.execute(sql)
        rows = cur.fetchall()
        print(rows)
#       rows=rows
        return render_template('index_chat_dele_sele.html', rows=rows)
```

global rows라는 명령은 rows 변수값을 이 함수 내에서도 글로벌하게 사용하겠다는 의미이다. 파이썬 내부에서 변수를 global로 선언해주면 전역변수처럼 사용이 가능하다. 이 전역변수처럼 선언한 rows 변수에 테이블에서 조회한 데이터를 넣는다.

```
sql = "select * from basictable where bsendname = '%s';" % sele
cur.execute(sql)
rows = cur.fetchall()
```

이 rows 변수를 실어서 html로 렌더템플릿 하는 것이 이 델리게이터 함수의 주요 기능이다.

```
return render_template('index_chat_dele_sele.html', rows=rows)
```

나. html 수정

HTML에도 sele라는 이름의 폼을 추가했다. 여기서는 메시지의 송신자를 입력하여 이 이름으로 발생한 모든 데이터를 조회하는 기능이다.

```
<form action="/sele">
        <p> 송신자 : <input type="text" name="sele" value="" style=
                "WIDTH:100pt;HEIGHT:30pt;font-size:20pt"> </p>
        <input type="submit" value="조회" style=
                "WIDTH:100pt;HEIGHT:30pt;font-size:20pt">
        </form>
<br>
        <p>조회결과는 <span id="state"> { {rows } }</span> 입니다. </p>
```

코드의 맨 아랫줄을 보면 span id에 state라는 이름이 부여되어있다 이 스팬아이디는 CSS에서 분류가 가능해서 별도의 색상과 크기를 부여할 수 있다. state라는 부분에 플라스크에서 전송해 온 rows변수값을 넣어서 화면에 출력하도록 프로그래밍 하였다.

실행결과 화면은 아래 그림과 같다.

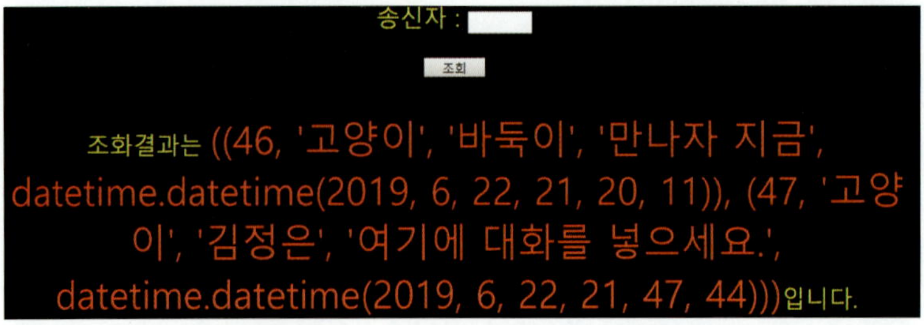

그림 4-7 조회 Form 추가 앱

데이터베이스 테이블에서 고양이라는 송신자 이름의 데이터를 모두 조회하여, rows변수에 넣고 HTML로 전달하여 화면을 구성하였다. 테이블의 데이터가 조회되어 전달되는 것까지는 성공하였으나 이런 식의 화면구성은 가독성을 낮춘다. 이 조회된 데이터의 내용을 HTML의 표로 표시되도록 코딩해보자.

다. html 표(Cell)로 조회

HTML에서 데이터를 표로 예쁘게 구성하려면 table 태그를 사용한다. table태그는 tr와 td로 나뉘는데, 여기에 대한 자세한 학습은 뒷장의 〈DB 구축에 필수적인 HTML 태그 50〉를 참고하기 바란다.

수정된 HTML은 다음과 같다.

```
<form action="/sele">
        <p> 송신자 : <input type="text" name="sele" value="" style=
                "WIDTH:100pt;HEIGHT:30pt;font-size:20pt"> </p>
        <input type="submit" value="조회" style=
                "WIDTH:100pt;HEIGHT:30pt;font-size:20pt">
        </form>
<table border="1" bordercolor="yellow" width ="500" height="150" align = "center">
     {% for row in rows % }
        <tr bgcolor="yellow" align ="center">
        {% for d in row % }
                <td> { { d } }</td>
        {% endfor % }
                </tr>
        {% endfor % }
</table>
```

이 HTML 프로그램의 이름은 index_chat_dele_sele.html로 저장한다.

이중에서 가장 핵심적인 table태그에 관하여 설명한다.
두 개의 for문을 반복적으로 수행하면서 rows의 데이터를 row로 잘라내어 tr로 구성하고 각 레코드로 잘라낸 row변수 값을 다시 변수 d로 쪼개어 td 명령으로 각 셀에 표기하도록 되어 있다.

```
<table border="1" bordercolor="yellow" width ="500" height="150" align = "center">
    {% for row in rows % }
        <tr bgcolor="yellow" align ="center">
        {% for d in row % }
            <td> { { d } }</td>
        {% endfor % }
        </tr>
    {% endfor % }
</table>
```

위 부분을 반복적으로 실습하여 완전히 자기 것으로 이해하기 바란다.

데이터베이스 테이블의 내용을 HTML의 테이블 형태로 단순하고 가독성 높게 조회하도록 프로그래밍한 결과화면이다.

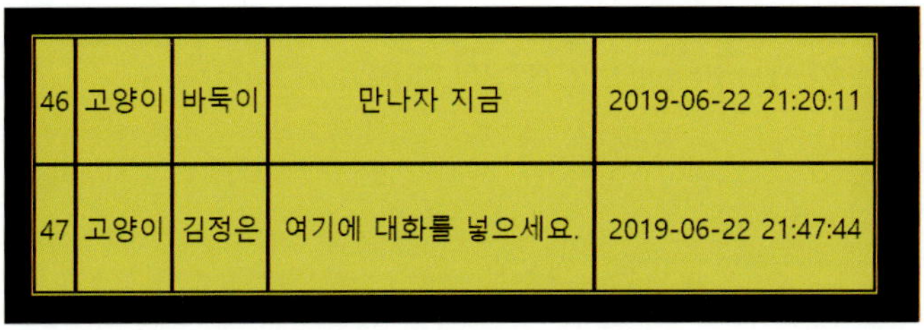

46	고양이	바둑이	만나자 지금	2019-06-22 21:20:11
47	고양이	김정은	여기에 대화를 넣으세요.	2019-06-22 21:47:44

그림 4-8 조회 Form 수정

이상으로 파이썬 플라스크와 HTML 그리고 CSS를 활용한 데이터베이스 추가, 삭제, 조회를 위한 프로그래밍을 마친다.

다음 장에서는 파이썬 플라스크 대신에 아파치 웹서버를 이용한 데이터베이스 조회 프로그래밍과 파이썬 플라스크에서 지금까지 사용한 pymysql 라이브러리 대신에 MySQLdb 라이브러리를 활용한 프로그래밍에 대해 학습한다.

파이썬에서는 라이브러리와 패키지라는 용어를 같은 뜻으로 사용된다. 사용에 혼돈이 없기를 바란다.

연습문제 4-2

메시지를 입력하고, 삭제하고, 조회하는 기능을 갖는 HTML 프로그램인 index_chat_dele_sele.html의 전체 코드를 아래에 작성하세요.

note

5 아파치와 MySQL 데이터베이스

CHAPTER

앞에서는 플라스크 웹서버 프로그램을 통해 각종 데이터를 MySQL데이터베이스에 저장하고, 조회하고, 삭제하는 프로그래밍을 학습했다. 이 장에서는 플라스크 대신에 아파치 웹서버 프로그램을 통해 똑같은 기능의 데이터베이스 프로그래밍을 학습한다. Apche(아파치)-PHP-MySQL은 현존하는 가장 대중적으로 많이 사용되는 웹서버 프로그래밍 도구이다. APM이라고도 한다.

그림 5-1 APM

5.1 아파치 HTML MySQL 접속

가. APM 설치

앞의 1장에 보면 아파치, PHP, MySQL을 PC에 설치하는 방법이 자세히 설명되어있다. 이 교재에서 사용한 APMsetup 프로그램을 이용한 APM만을 사용할 필요는 없다. 다른 리눅스서버에 설치된 MySQL을 이용해도 되고, 호스팅 업체에서 구매한 MySQL 데이터베이스 호스팅을 사용해도 괜찮다.

윈도우 PC에서 APMsetup을 이용하여 APM을 설치한 것은 가장 손쉬운 설치방법이기 때문이다. 필요하다면 1.2절을 다시 학습하기 바란다.

4장의 아파치를 활용한 웹 서버 프로그래밍은 2장과 3장에서 학습한 플라스크 웹 서버 프로그래밍과는 또 다른 방식이다. 아파치 웹 서버 프로그램은 플라스크보다 더 많이 더 오랫동안 사용된 웹 서버 프로그램이다. 이 장의 학습을 통해 플라스크 뿐만 아니라 다양한 데이터베이스 처리 방법을 습득할 수 있다.

APMsetup의 설치가 완료되었으면 c:₩APM_Setup₩htdocs 폴더에 데이터베이스를 처리하는 HTML 프로그램을 작성하면 된다.

웹 브라우저에서 아파치의 설치가 되어있는지를 확인하는 방법은 주소창에서 http://localhost/index.php를 입력하는 것이다.

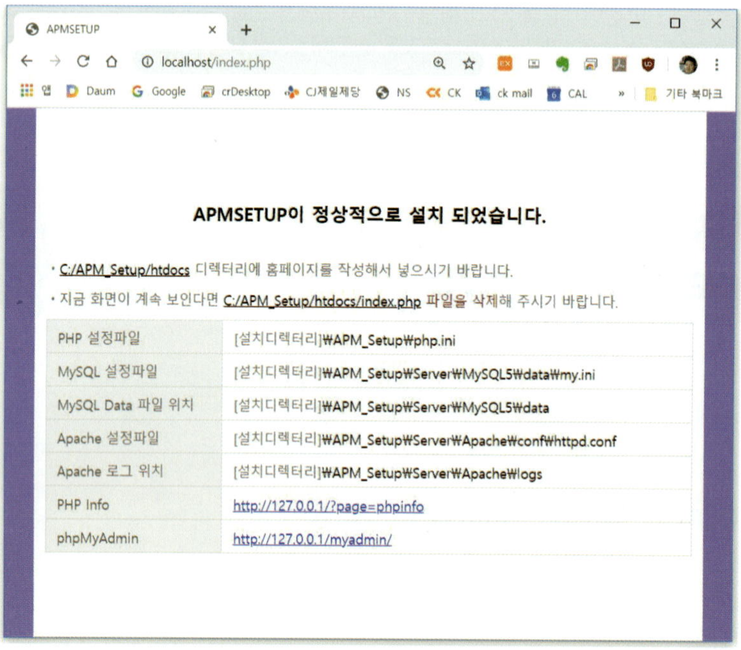

그림 5-2 아파치 설치 확인

위 그림과 같은 화면이 표시되면 APM이 정상적으로 설치된 것이다.

나. PHP HTML 프로그래밍

앞 절에서 작성한 MySQL데이터베이스의 sensordb테이블을 조회하는 HTML 프로그램을 학습한다. 프로그램이 정상적으로 수행되면 보내는 사람, 받는사람, 대화내용, 대화생성일자 등의 정보가 화면에 출력된다.

이것은 아파치 웹서버 프로그램과 MySQL 데이터베이스 그리고 PHP를 사용한 HTML프로그램의 결과이다.

앞서 학습한 HTML코드와 다르게, style을 담당하는 css 프로그램을 별도로 구성하지 않고 html 코드 안에 삽입했다.

이 HTML 코드의 이름은 index_mysql.html로 저장한다.
위치는 c:₩APM_Setup₩htdocs 폴더이다.

```
<!DOCTYPE html>
<html>
<head>
<meta charset="utf-8">

 <title>센서 데이터베이스 출력</title>
 <style>
  table {
   border-collapse: collapse;
   width: 100%;
   color: #588c7e;
   font-family: monospace;
   font-size: 25px;
   text-align: left;
     }
  th {
   background-color: #588c7e;
   color: white;
    }
  tr:nth-child(even) {background-color: #f2f2f2 }
 </style>
</head>
<body>
 <table>
 <tr>
  <th>Id</th>
  <th>보내는 사람</th>
  <th>받는사람</th>
  <th>대화내용</th>
  <th>생성일자</th>
 </tr>
 <?php
```

```
$conn = mysqli_connect("localhost", "root", "apmsetup", "sensordb");
  // Check connection
  if ($conn->connect_error) {
   die("Connection failed: " . $conn->connect_error);
  }
mysqli_set_charset($conn, 'utf-8');
mysqli_query ($conn, 'SET NAMES utf8');

  $sql = "SELECT Id, bsendname, brecvname, brecord, bdate FROM basictable";
  $result = $conn->query($sql);
  if ($result->num_rows > 0) {
   // output data of each row
   while($row = $result->fetch_assoc()) {
    echo "<tr> <td>" . $row["Id"]. "</td> <td>" . $row["bsendname"] . "</td> <td>"
. $row["brecvname"]. "</td> <td>"
. $row["brecord"]. "</td> <td>"
. $row["bdate"]. "</td> </tr>";
}
echo "</table>";
} else { echo "0 results"; }
$conn->close();
?>
</table>
</body>
</html>
```

이 HTML 코드중에서 PHP 프로그래밍 부분을 자세히 들여다보자.

위 HTML 코드 중에서 PHP부분은 <?php?>라고 표기된 부분이다. 한 줄씩 자세히 알아보자.

```
<?php
$conn = mysqli_connect("localhost", "root", "apmsetup", "sensordb");
  // Check connection
 if ($conn->connect_error) {
  die("Connection failed: " . $conn->connect_error);
 }
mysqli_set_charset($conn, 'utf-8');
mysqli_query ($conn, 'SET NAMES utf8');

 $sql = "SELECT Id, bsendname, brecvname, brecord, bdate FROM basictable";
 $result = $conn->query($sql);
 if ($result->num_rows > 0) {
```

```
    // output data of each row
11    while($row = $result->fetch_assoc()) {
12      echo "<tr><td>" . $row["Id"]. "</td><td>" . $row["bsendname"] . "</td><td>"
. $row["brecvname"]. "</td><td>"
. $row["brecord"]. "</td><td>"
. $row["bdate"]. "</td></tr>";
13 }
14 echo "</table>";
15 } else { echo "0 results"; }
16 $conn->close();
17 ?>
```

2번줄 DB 커넥션 접속 (주소, 아이디, 비번, DB명)

6번줄 한국어 설정

8번줄 select하는 SQL문장, basictable에서 모든 데이터를 가져오게 함

9번줄 8번의 결과를 result변수에 치환

12번~14번줄 PHP에서의 echo명령은 파이썬 플라스크의 return과 동일. 클라이언트의 화면에 무엇인가를 출력한다.

16번줄 DB 커넥션 접속종료

다. 아파치 웹서버 실행

이렇게 작성한 아파치 PHP웹서버프로그램에 접속하는 방법은 웹 브라우저에서 바로 위에서 작성한 프로그램의 이름을 호출한다.

```
http://127.0.0.1/index_mysql.html
```

PHP로 구동되는 HTML 프로그램의 오류, 데이터베이스 스키마의 오류, 아파치 웹서버의 오류만 없다면 무난히 작동될 것이다.

연습문제 5-1

이 절에서 학습한 아파치, PHP, MySQL을 이용한 데이터베이스 조회 프로그램을 실행해 봅니다. 제공된 소스코드를 입력하고 실행시킨 후, 잘 실행됨을 보여주세요.

5.2 파이썬 MySQLdb 라이브러리 활용

파이썬 플라스크에서 MySQL을 처리하기 위한 라이브러리로 pymysql을 사용했었다. 이 라이브러리는 사용하기에 단순하고 편리해서 사용자가 많다. 또 하나의 단순하고 편리한 라이브러리를 소개한다. 이 절에서는 MySQLdb라이브러리를 활용환 플라스크 웹서버 프로그래밍을 학습한다.

가. 라이브러리 설치

윈도우 명령어 터미널이나 파워쉘에서 다음 명령을 입력한다.

```
pip install mysql-python
pip install mysqlclient
```

라이브러리가 잘 설치됐는가를 확인하는 방법은 다음과 같다.

일단, 파이썬을 실행한다.

```
python
```

이후 다음과 같이 라이브러리를 임포트 한다.

```
>>>import MySQLdb
>>>
```

위처럼 아무런 메시지가 >>>가 출력되면 잘 설치된 것이다. 그러나 >>>No Module MySQLdb 라는 메시지가 출력되면 설치가 실패한 것이다.

나. 파이썬 프로그래밍

파이썬에서 MySQL을 처리하는 또 다른 라이브러리인 MySQLdb의 활용은 pymysql과 큰 차이가 없다. 플라스크에서 담당하는 라우터와 델리게이터는 동일하고, 단, 데이터베이스를 접속하는 파트의 코드가 약간 다르다는 것뿐이다. 아래 코드의 def connection(): 부분을 보면 알 수 있다.

```
import MySQLdb
def connection():
    # Edited out actual values
    conn = MySQLdb.connect(host="localhost", user="root",
            passwd="apmsetup", db = "sensordb")
    c = conn.cursor()
    return c, conn

Main python code (don't know if try/except is necessary):

from dbconnect import connection
from flask import Flask, render_template
@app.route('/dashboard/')
def display_deals():
try:
    c, conn = connection()
    query = "SELECT * from submissions"
    c.execute(query)
    data = c.fetchall()
    conn.close()
    return data
    return render_template( "index_tok.html", data=data)
except Exception as e:
    return (str(e))
```

그 이외의 부분은 pymysql을 사용하던 파이썬 플라스크와 차이점이 없다.
단, 위 코드는 파이썬의 에러처리 방식인 try/exception을 추가하였다. 이 부분을 참고하여 프로그래밍에 응용하면 좋다.

이처럼 동일한 기능을 하는 파이썬 라이브러리간에는 각각의 장점과 단점을 가지고 있다. 본인이 판단하여 가장 편리하고 쉬운 라이브러리를 찾아서 프로그래밍하면 된다.

다. HTML 프로그래밍

HTML파트는 앞에서 했던 다른 라이브러리 사용 프로그램 코드와 다름이 없다.

```
〈table border="1" bordercolor="yellow" width ="500" height="150" align = "center “
cellpadding="5" cellspacing="5"〉
    {% for row in data % }
        〈tr align ="center" 〉
        {% for d in row % }
            〈td bgcolor="yellow “〉 { { d } }〈/td〉
        {% endfor % }
        〈/tr〉
    {% endfor % }
〈/table〉
```

연습문제 5-2

이 절에서 학습한 플라스크와 MySQLdb 라이브러리 그리고 HTML 코드를 이용한 데이터베이스 조회 프로그래밍을 실시하고, 잘 수행됨을 보여주세요.

5.3 HTML 테이블 프로그래밍

이 절은 HTML 프로그램에서 가장 기본적인 table태그의 이해를 위하여 구성하였다. 여기에 나와 있는 HTML코드를 직접 작성하거나 아니면 출판사 혹은 저자의 홈페이지에서 제공하는 소스코드를 사용하여 직접 실행해보기 바란다. 웹서버도 플라스크와 아파치 모두에서 실행해보면서 table 태그에 관해 이해하기 바란다.

가. HTML 소스코드

아래와 같은 소스코드를 작성하여 table.html 이란 이름으로 저장한다. 저장위치는 아파치 웹서버 프로그램을 사용할 것이므로 C:₩APM_Setup₩htdocs폴더로 한다.

```
<!doctype html>
<html>
<head>
 <title> 채팅 웹 화면 데모</title>
<meta charset="utf-8">
</head>
<body>
<table border="1" bordercolor="blue" width ="500" height="300" align = "center" >
    <tr bgcolor="blue" align ="center">
      <p> <td colspan = "3" span style="color:white">표준 테이블 태그 참고</td> </p>
    </tr>
    <tr align = "center" bgcolor="skybule" >
      <td>구분</td>
      <td>1차</td>
      <td>2차</td>
    </tr>
<tr align = "center" bgcolor="skybule">
      <td>수용비</td>
      <td>1,000,000</td>
      <td>기본</td>
    </tr>
    <tr align = "center" bgcolor="skybule">
      <td>연구비</td>
      <td>3,000,0000</td>
      <td>5,000</td>
    </tr>
 <tr align = "center" bgcolor="skybule">
```

```
        <td>아두이노</td>
        <td>300</td>
        <td>30,000</td>
    </tr>
    <tr align = "center" bgcolor="skybule">
        <td rowspan="3" align = "center" bgcolor="skyblue">합계</td>
        <td>1차</td>
        <td>2차</td>
    </tr>
 <tr align = "center" bgcolor="skybule">
        <td>1,000,000</td>
        <td>35,000</td>
    </tr>
    <tr align = "center" bgcolor="skybule">
        <td>소모품</td>
        <td>965,000</td>
    </tr>
</table>

</body>
</html>
```

나. 웹 브라우저 실행

기존에 설치된 아파치 웹서버 프로그램을 이용하여 실행한다. 구글 크롬이나 인터넷 익스플로러를 실행한다. 이후 주소창에서 http://localhost/table.html이라고 입력한다.

정상적으로 아파치가 설치되어 있다면 이 HTML 프로그램의 실행모습은 다음과 같다. 만일, 실행중 한글이 깨져 나오면 html 파일의 인코딩을 utf8 혹은 utf8(BOM)으로 저장하면 된다.

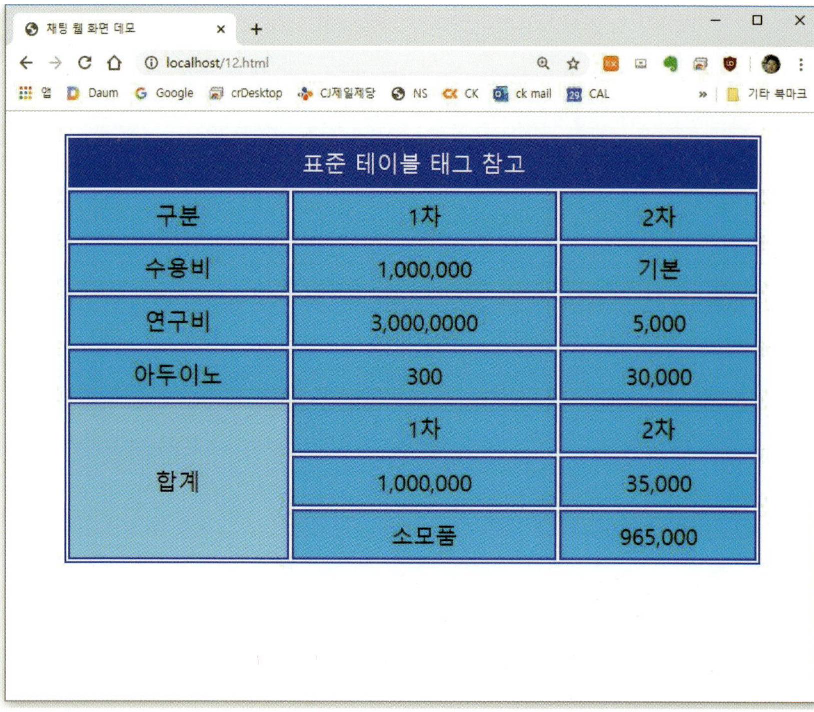

그림 5–3 테이블 HTML 실행 모습

연습문제 5-3

이 절에서 학습한 HTML 테이블 프로그래밍을 플라스크 웹서버에서 실행시키려고 합니다. HTML 소스코드의 위치, 플라스크 웹서버 프로그램의 위치 등을 스스로 설정한 후, 이 HTML 소스코드를 실행하여 올바르게 실행됨을 보여 주세요.

note

6 아두이노 클라우드 서버 연결

CHAPTER

최초의 아두이노는 2005년 이탈리아 이브레아(Ivrea)에서 시작되었다. 마시모 반지(Massimo Banzi) 교수와 데이비드 쿠아르티에예스(David Cuartielles) 교수는 인터랙션 디자인 전문학교(IDII)에서 공부하는 하드웨어 미숙련자 및 비전공 학도들을 위해 기초적인 지식만으로도 쉽게 프로그램 작성이 가능하고, 또한 저렴하게 구입 가능한 마이크로컨트롤러 보드를 개발하고자 하였다. 아두이노의 하드웨어와 소프트웨어가 오픈소스로 개방되면서 수많은 개인과 기업들이 이 표준 아두이노를 기반으로 다양한 모양과 성능의 아두이노 호환 보드를 개발하였다. 가격과 성능도 천차만별이다. 가장 적절한 보드를 선택하여 자유롭게 활용하면 된다. 참고로 오리지널 아두이노는 3만원대이고, 호환보드는 3천원대이다. 차이가 많이 나지만 성능과 사용법에는 차이가 없다.

그림 6-1 아두이노 보드

6.1 와이파이 실드 이용 연결

단순한 아두이노의 기능을 업그레이드 해주는 추가보드를 실드라고 한다. 아두이노에게 무선랜(Wi-Fi)망에 접속을 가능하게 해주는 실드를 와이파이 실드라고 하는데 가장 대표적인 와이파이실드는 아두이노 정품 와이파이 실드다. 이것은 성능과 프로그래밍 편의성에서 가장 좋으나, 치명적인 단점이 있다. 값이 100달러가 넘을 정도로 너무 비싸다

그래서 아두이노 개발자들이 차선책으로 사용하는 아두이노 와이파이 실드는 ESP8266 호환 제품군이다. 이들은 저렴한 가격과 매우 많은 라인업을 가지고, 전 세계적으로 사용되고 있으나 이들도 큰 단점을 가지고 있다. 바로, 개발자들이 사용하기가 불편하다는 것이다.

이 책에서는 가장 사용하기 편하고, 견고한 2개의 와이파이 실드를 추천하고, 그들을 이용한 아두이노의 와이파이 접속과 클라우드 활용에 관하여 학습한다.

첫째는 PHPoC 실드이고, 둘째는 ESP8266 계열 중에서 Wemos와 Node MCU이다. 이들을 선택한 이유는 그동안 많이 사용해 오던 와이파이실드 중에서 가장 사용하기에도 편하면서 가격도 저렴하기 때문이다.

PHPoC 실드는 순수 국산기술로 만든 와이파이 실드이다. 이 보드의 장점은 개발의 편리성에 있다. 가격은 정품 와이파이실드에 비해서는 절반 정도이고, ESP8266에 비해서는 많이 비싸다.

가. PHPoC 실드 구매 및 결합

디바이스마트 혹은 기타 전자부품 사이트를 이용하여 PHPoC 실드를 구매 가능하다. 가격은 5만원대이고 사이트에 주문하면 1주일 내로 받아볼 수 있다.

실드가 도착하면 아래 그림처럼 조심스럽게 실드와 아두이노를 결합하면 된다. 결합단계에서 수평만 잘 유지하면 결합도 분리도 큰 문제가 없다. 그러나 자꾸 뺏다 꼈다를 반복하면 물리적으로 문제가 생길 수 있으므로 결합한 제품은 이후 분리를 안 하는 것이 좋다. 아두이노만을 사용하기 위해 결합된 실드를 분리 안해도 아두이노 자체의 기능을 계속해서 사용할 수 있기 때문이다.

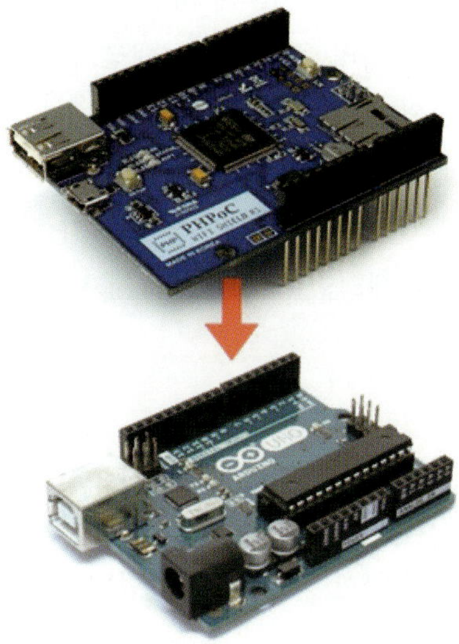

그림 6-2　위는 PHPoC실드 아래는 아두이노 보드

실드를 결합한 후에는 아래 그림처럼 와이파이 동글을 USB단자에 부착한다.

그림 6-3　와이파이 동글 부착

그림 6-4　추가 전원 잭

아두이노와 실드를 결합한 보드의 전원은 기존에 하던 대로 USB A-B 단자나 마이크로5핀으로 가능하나, 개발이 완료된 이후 각종 장비에 부착된 상태로 전원만 공급하기 위해서는 위 그림처럼 9V(7~12V) 전원 잭을 이용하면 된다.

와이파이 실드가 결합된 상태에서는 아두이노의 전력소모가 많아지므로, 가능하면 100~220V 어댑터를 활용한 9V 전원공급이 에러없는 정확한 사용방법이 된다.

나. PHPoC 실드 사용법

PHPoC 와이파이실드는 2가지 모드로 활용이 가능하다. Soft AP 모드와 Infra 모드이다. Soft AP모드는 단독으로 무선랜 망을 만들 때 사용하고, Infra 모드는 기존에 설치된 와이파이망에 접속하여 인터넷연결을 포함한 다양한 기능을 제공한다. 각각 알아보자.

(1) Soft AP로 설정

실드가 결합되고 전원이 연결된 직후, 아래 그림처럼 보드 앞부분의 SETUP 버튼을 길게 5초 이상 누른다.

그림 6-6 실드의 SETUP 버튼

SETUP 버튼을 누르면 와이파이 실드가 Soft AP 모드로 작동한다. 이 모드는 AP를 중심으로 한 자체 무선랜을 형성하여 와이파이 통신을 가능하게 한다. 물론 Soft AP 모드는 인터넷에 연결되지는 않지만, 이 AP에 접속된 장비들간의 간단한 통신용으로 충분히 사용가능하다.

> **잠깐 !** **Soft-AP(Software AP)란?**
>
> Software enabled Access Point의 줄임말이다. Soft-AP는 무선랜 클라이언트이지만 무선 액세스 포인트(AP) 역할을 Software로 구현하여 무선 AP와 같이 동작하도록 만든 것이다. 스마트폰에서는 테더링(or 모바일 핫스팟)이라는 기능을 제공하고 있다.
> 이 기능 역시 Soft-AP 기능이 적용된 예이다.

이 상태에서, 인접한 PC나 노트북에서 접속 가능한 무선랜을 검색하면 phpoc_ 로 시작되는 와이파이 SSID를 찾을 수 있다. 이것이 아두이노 PHPoC실드이다. 이것을 선택하여 연결한다. 아래 그림에서는 phpoc_060348로 표기되는데 _(언더바) 뒤의 숫자는 phpoc 실드의 중간부분 칩셋에 인쇄된 번호와 동일하다.

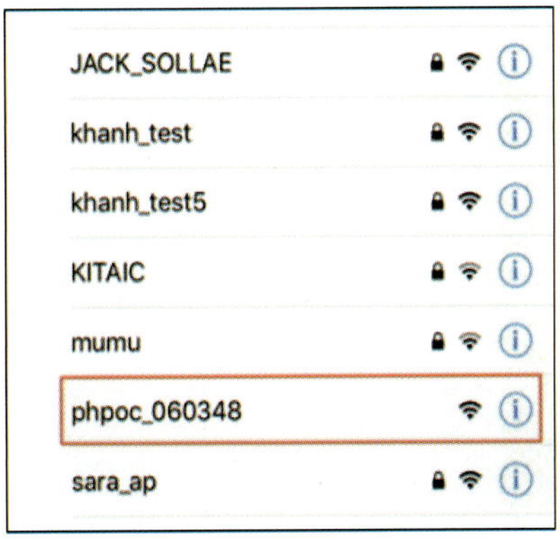

그림 6-7 PHPoC Soft AP 와이파이망

연결메뉴를 눌러서 PHPoC 실드의 Soft AP에 접속하면 된다. 연결이 되었다고 메시지가 뜨면 이때부터는 PHPoC 무선랜에 연결이 된 것이다.

PC나 스마트폰의 웹 브라우저를 사용하여 Soft AP를 설정하면 된다. 웹브라우저는 크롬을 사용한다. 물론, 인터넷 익스플로러를 사용해도 되지만 PC환경이나 스마트폰환경에서 일관성 있는 작업을 위해 구글 크롬 웹 브라우저를 사용한다.

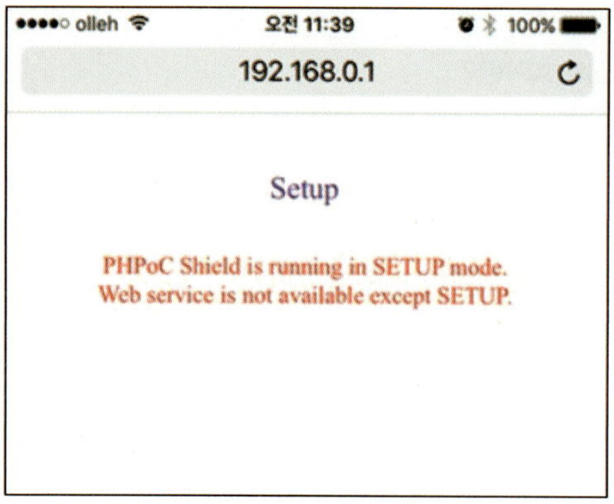

그림 6-8 웹 브라우저에서 Soft AP 접속

위 그림처럼 웹 브라우저의 주소창에 192.168.0.1을 입력하고 확인을 누른다. 그리고 화면 중앙의 Setup 링크를 누르면 설정 화면으로 들어간다.

설정화면은 다음 그림과 같다. 화면 상단 두 번째 줄의 SETUP 링크를 누르면 Soft AP를 제어하는 화면으로 들어간다.

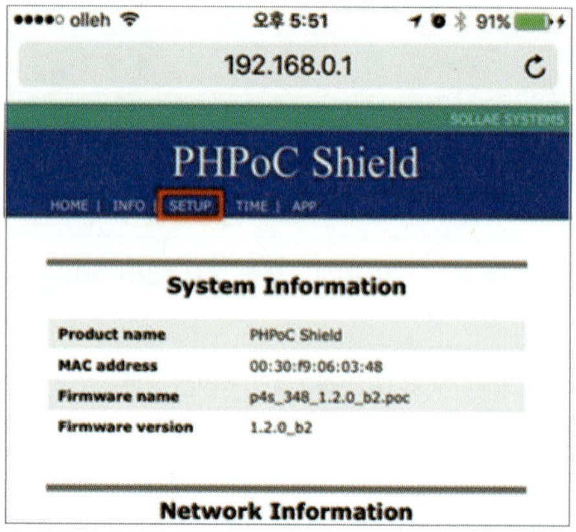

그림 6-9 SETUP 버튼

다음 그림은 Setup 설정 화면이다. 화면 하단의 WLAN mode가 Soft AP 모드로 되어있는지 확인하고 그렇지 않을 경우 변경한다.

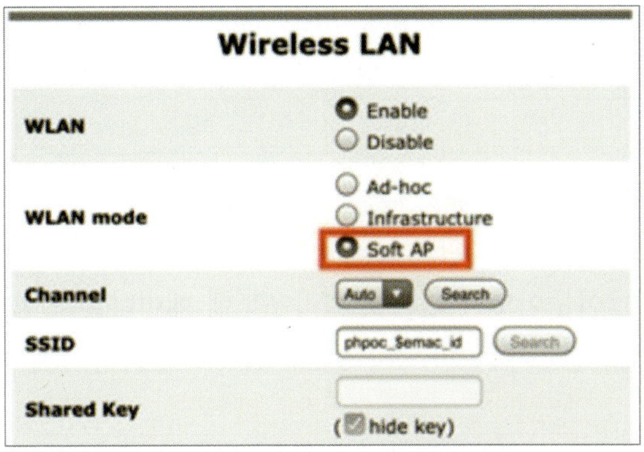

그림 6-10 Soft AP 모드로 설정

혹시 Soft AP 모드로 작동하게 될 아두이노 실드의 SSID를 바꾸려면 다음 그림처럼 하면 된다. 아래 그림처럼 SSID 란에 변경할 이름을 넣으면 된다. 한글 이름도 가능하다.

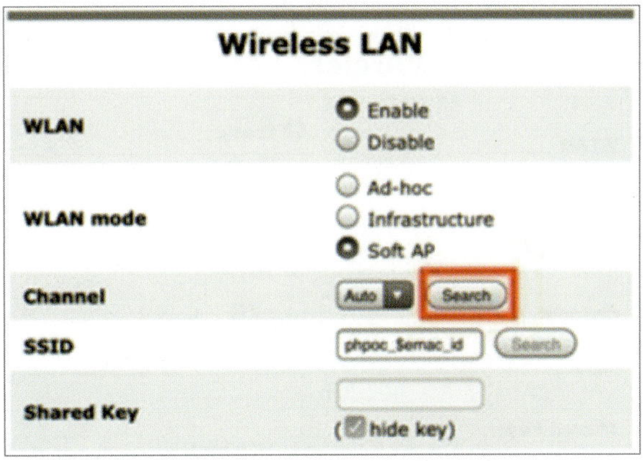

그림 6-11 Soft AP SSID 변경

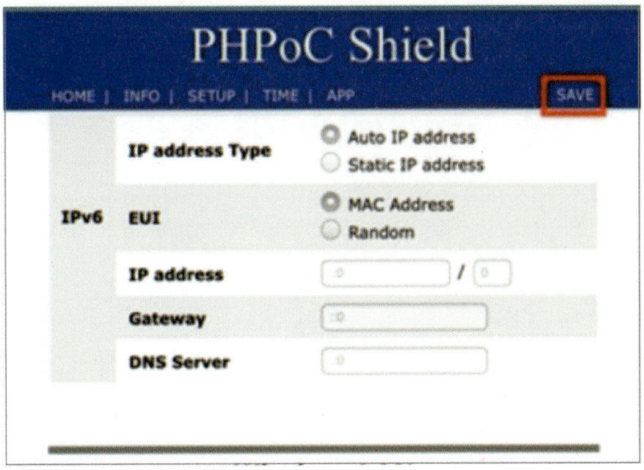

그림 6-12 설정 저장

WLAN 모드를 Soft AP로 설정하고, 필요할 경우 SSID 이름까지 바꾸고 나서, 위 그림처럼 화면 상단 우측의 SAVE 버튼을 누르면 된다. 이제 Soft AP모드 설정이 완료되었다.

(2) Infra 모드로 설정

인프라 모드는 해당 아두이노 와이파이실드가 기존에 구축된 와이파이망에 하나의 단말로 접속하게 하는 모드이다. 아두이노가 인터넷 클라우드에 데이터를 전송 한다거나 서버의 지시를 받아 특정 작업을 할 경우에는 반드시 인프라 모드에서 동작해야 한다.
설정방법을 알아보자.

인프라 모드로의 설정은 앞 Soft AP의 설정법과 비슷하다. 192.168.0.1로 접속해서 셋업 메뉴를 눌러도 되고, 또는 모든 정보를 잃었다면 다시 보드의 SETUP 버튼을 눌러 셋업 화면으로 들어간 후 WLAN 모드를 Infrastructure 모드로 바꾼다.

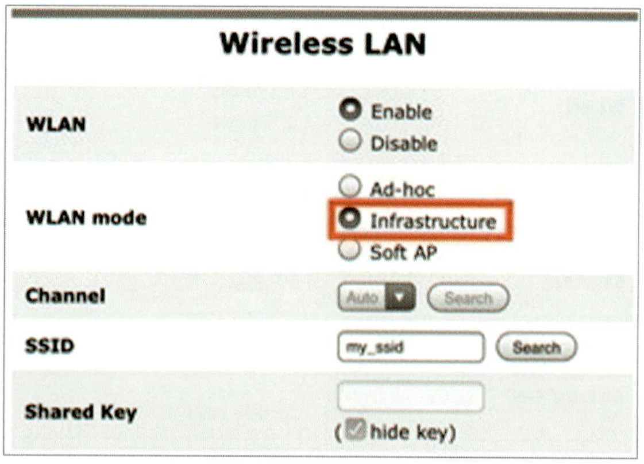

그림 6-13 Infra 모드 설정

이후, 아래와 같은 순서로 SSID 옆 Search 버튼을 눌러서 기 구축된 와이파이망에 접속하고, 해당 SSID의 접속 비밀번호를 입력하면 된다.

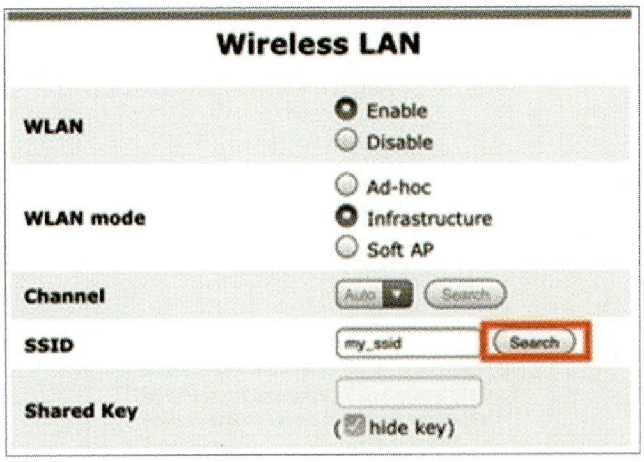

그림 6-13 SSID 설정

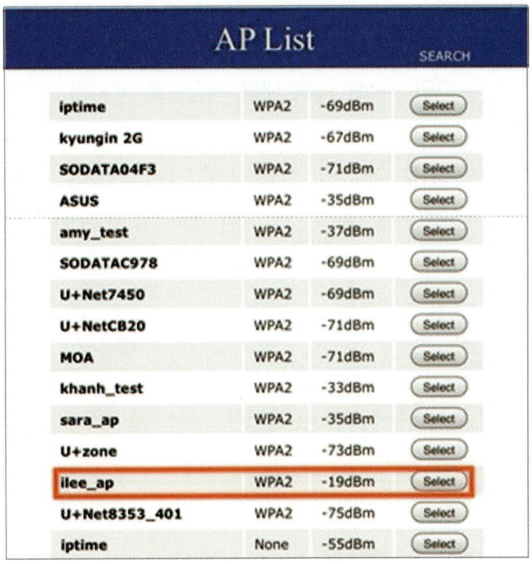

그림 6-14 SSID 선택

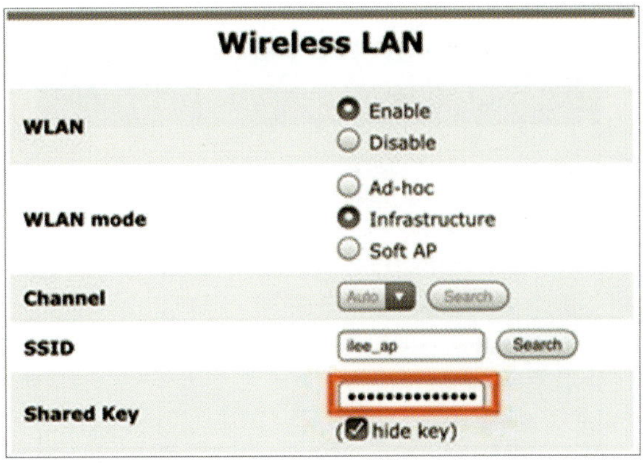

그림 6-15 SSID 비밀번호 입력

설정이 다 끝나면 설정화면 우측 상단에 있는 SAVE 버튼을 눌러서 설정을 저장한다. 정상적으로 저장이 되면 아래 그림처럼 Setup complete라는 메시지가 뜬다.

그림 6-16 설정내용 저장완료 메시지

이제는 아두이노 PHPoC 와이파이 실드가 기존의 와이파이망에 접속된 하나의 클라이언트로 동작한다. 향후 이 실드의 IP주소를 활용하여 와이파이 통신이 가능하다.

(3) 자동 및 수동 IP 주소 설정

와이파이 망을 사용하다보면 아두이노 디바이스의 IP주소가 꼭 필요하다. 자동 IP 주소는 접속시 순서에 따라 자동으로 아두이노 와이파이 실드의 IP 주소가 할당되는 것이고 수동 IP주소는 IP주소를 수동으로 고정시켜두는 방식이다.

192.168.0.1 설정화면에서 SETUP 링크를 누르고 들어가는 SETUP 화면의 메뉴 중에서 아래 그림과 같은 IP address Type이라는 메뉴를 이용하면 된다.

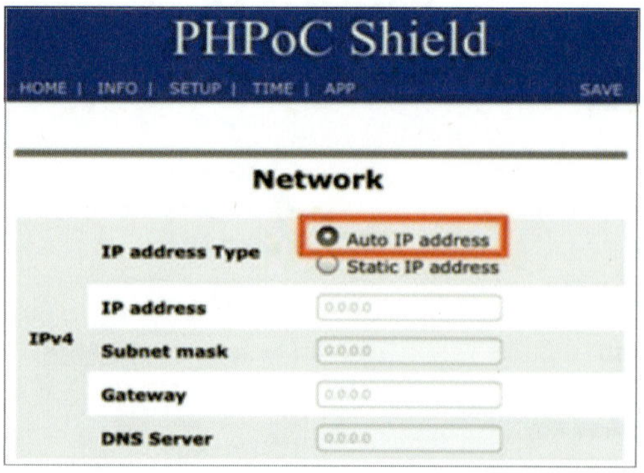

그림 6-17 자동 및 수동 IP주소 설정 메뉴

위 그림처럼 Auto IP 주소는 자동으로 IP주소가 설정 되도록 하고, Static IP 주소모드로 설정하면 그림처럼 IP 주소, 서브넷마스크, 게이트웨이, DNS 서버 칸에 수동으로 설정이 가능하고 향후 프로그램에서 이 주소를 활용하여 아두이노 와이파이실드를 제어 가능하다.

잠깐 ! **PHPoC 셋업 요약**

PHPoC 아두이노 셋업
- Soft AP 모드
  - 자동으로 IP 주소 부여
- 인프라스트럭쳐(Infrasurtucrure) 모드
  - 기존 와이파이망에 연결
  - SSID와 비밀전호를 입력

IP주소 할당
- Auto
- Static

연결 점검
- 와이파이 시리얼 모니터 확인(내장기능)
- 기타 PHP 앱으로 확인(내장기능)

다. 아두이노에서 PHPoC 드라이버 설치

PHPoC 와이파이실드가 설치 및 결합되고 설정이 끝나면 소프트웨어를 구동시킬 수 있는 라이브러리를 아두이노 스케치에 설치한다. 이 라이브러리는 사용자가 아두이노용 PHPoC 와이파이 쉴드의 다양한 기능들을 쉽게 이용할 수 있도록 제공되는 라이브러리이다. 이 라이브러리를 이용하면 다음과 같은 기능들을 쉽게 구현할 수 있다.

- TCP 클라이언트
- TCP 서버 : SSL, SSH, 웹 소켓 및 텔넷 서버
- 이메일 전송
- 날짜 및 시간정보 조회

PHPoC 실드는 TCP서버 또는 웹 소켓 서버 사용시 최대 4개 클라이언트의 동시 접근을 허용한다. 그러나 SSL및 SSH서버일 경우에는 각각 하나의 클라이언트만 허용한다.

먼저, 아두이노 스케치 IDLE을 실행한다.

아래 그림처럼 아두이노 스케치 IDLE에서 메뉴바-스케치-라이브러리포함하기-라이브러리관리 메뉴를 클릭한다.

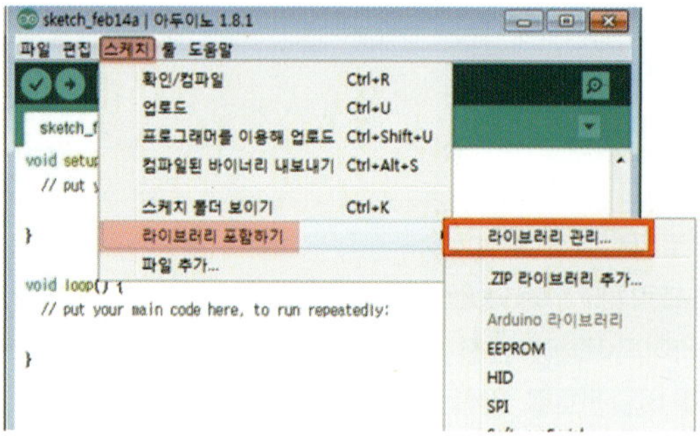

그림 6-18 아두이노 스케치의 라이브러리 설치 메뉴

라이브러리 매니저(관리) 창의 검색부분에 아래 그림처럼 phpoc를 입력한다.

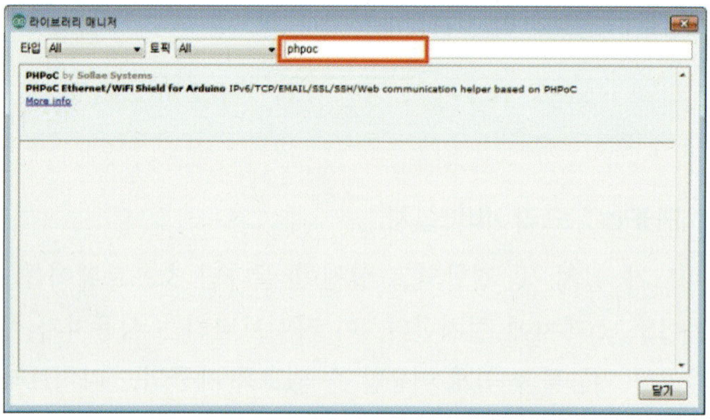

그림 6-19 라이브러리 매니저에서 검색

검색이 되면 다음과 같이 설치 버튼을 클릭한다. 설치가 완료되면 설치완료 INSTALLED가 표시된다.

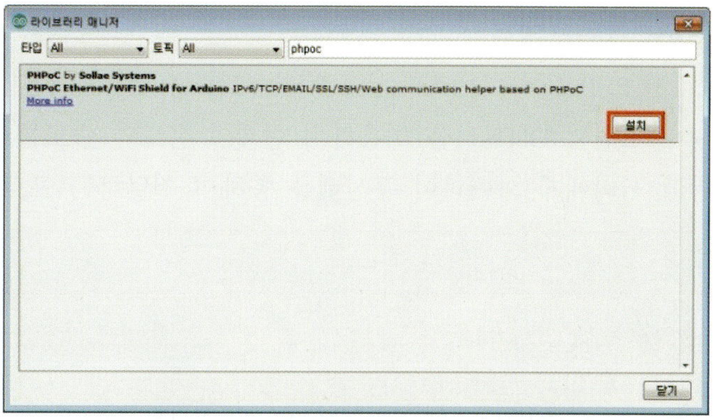

그림 6-20 라이브러리 매니저에서 설치

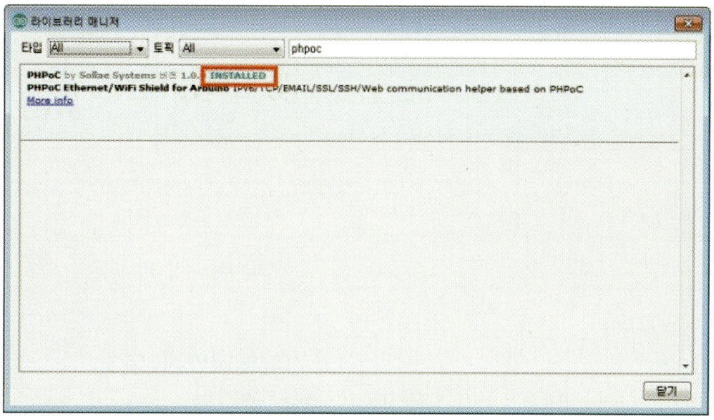

그림 6-21 설치 완료

설치가 완료된 것을 확인하는 방법이다. 아두이노 스케치 IDLE을 종료한 후 재실행한다. 이후 아래 그림처럼 메뉴바-스케치-라이브러리포함하기 메뉴에서 PHPoC가 나타나면 설치에 성공한 것이다.

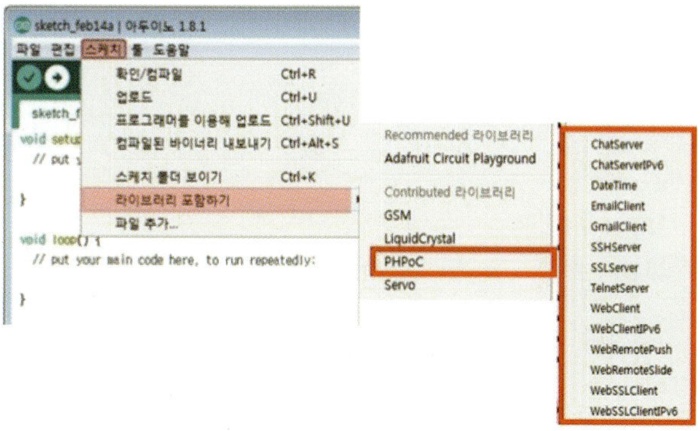

그림 6-22 설치 확인

라. PHPoC 아두이노 프로그래밍

아두이노 프로그램에서 PHPoC 라이브러리를 호출하는 코드는 다음과 같다. 다음은 아두이노에 부착한 온도 및 습도센서 DHT-11을 이용하여 현재의 온도와 습도를 알아내고, 알아낸 데이터를 인터넷망의 서버에게 와이파이 무선랜을 통하여 전달하는 프로그램이다.

```
#include <DHT.h>
#include <Phpoc.h>
#define DHTPIN 5 // Sensor Pin
#define DHTTYPE DHT11 // Sensor Type
DHT dht(DHTPIN, DHTTYPE);

// 서버 접속 정보
char server[] = "192.168.0.1";    // 서버 주소
int port = 8888;                   // 서버 포트

String data;
String URL;
PhpocClient client;

void setup() {
  Serial.begin(9600);               // 시리얼 초기화
  while(!Serial);                   // 시리얼 초기화할때까지 대기
  Phpoc.begin(PF_LOG_NET);    // PHPoC 모듈 초기화
  dht.begin();                      // 온습도센서 초기화
  Serial.println("BOOT COMPLETE. WAIT...");
  delay(500);
}

void loop() {
  // 온도, 습도 데이터 읽어서 정수로 저장
  int humi = (int) dht.readHumidity();
  int temp = (int) dht.readTemperature();

  data = "";
  data = data + "temp=";
  data = data + temp;
  data = data + "&humi=";
  data = data + humi;

  URL = "GET /input?";
  URL += data;
```

```
    URL += " HTTP/1.1";

    Serial.println(data);              // 전송할 데이터 출력

    if (client.connect(server, port))
    {
      client.println(URL);
    }

    // 전송 완료 후 서버 연결 끊기
    if (client.connected()) {
      client.stop();
    }

    // 1회 동작 완료 후 10초 대기
    Serial.println("CYCLE DONE");
    delay(10000);
}
```

이 소스코드 중에서 중요한 부분만 아래와 같이 설명한다.

```
#include <Phpoc.h>
```

이것은 PHPoC 와이파이 실드의 라이브러리를 호출하는 명령이다. include 명령은 명령어의 마지막에 세미콜론(;)을 붙이지 않는다.

```
char server[] = "192.168.0.1";
int port = 8888;
```

접속해야 할 데이터 서버의 주소다. 물론 서버는 접속 포트정보까지 같이 가지고 있다. 이를 알아내어 프로그램에 넣어주면 된다.

```
String data;
String URL;
```

온도와 습도 데이터를 인터넷 서버로 전송하기 위한 데이터를 만들기 위한 변수의 선언이다. 주로 문자열(String)로 선언한다.

```
PhpocClient client;
```

PHPoC 라이브러리리리를 이용하여 이후 프로그램에서 사용할 객체를 선언하는 부분이다. 객체라고 말하니까 상당히 어려운 개념처럼 보이는데 그렇지 않다. 향후 PHPoC기능을 이용할 때는 선언된 객체의 이름(변수) client를 사용하는 것이다.

```
void setup() {
  Serial.begin(9600);              // 시리얼 초기화
  while(!Serial);                  // 시리얼 초기화할때까지 대기
  Phpoc.begin(PF_LOG_NET);        // PHPoC 모듈 초기화
  dht.begin();                     // 온습도센서 초기화
  Serial.println("BOOT COMPLETE. WAIT...");
  delay(500);
}
```

아두이노 기본 프로그램은 타 학습서를 참고 바란다. 위 코드는 아두이노의 기본 2개 함수중 하나인 setup() 부분이다. setup 함수는 아두이노에 전원이 부여된 최초 1회 작동하는 함수이다. 주로 앞으로 사용할 기능들을 초기화 시키는 명령들로 구성된다.

최초 Serial.begin()으로 통신을 활성화 시키고, Phpoc.begin()으로 PHPoC 모듈도 활성화시킨다.

dht.begin()은 온도, 습도 센서를 사용하기 위해 초기화시키는 명령이다.

그 이후 나오는 loop() 함수는 아두이노 보드의 전원이 OFF될 때까지 무한 반복하는 아두이노 프로그래밍의 메인함수이다.

```
int humi = (int) dht.readHumidity();
int temp = (int) dht.readTemperature();
```

이 부분은 온도센서에게 명령하여 현재의 온도를 temp 변수에, 습도를 humi 변수에 집어넣는 코드이다.

```
data = "";
data = data + "temp=";
data = data + temp;
data = data + "&humi=";
data = data + humi;

URL = "GET /input?";
URL += data;
URL += " HTTP/1.1";
```

이 부분은 전송해야할 온도 습도 등의 데이터 값과 보낼 데이터 앞부분에 들어갈 헤더(패킷의 머리말이라는 뜻) 등을 조립하는 부분이다.

먼저 data라는 문자열 변수에 데이터와 약속된 기호를 넣고 조립한 후, GET /imput?라는 특별히 약속된 문자열을 헤더로 넣고 이후 데이터를 넣고 HTTP/1.1 이라는 테일(패킷 꼬리말)을 조립한다.

이제 서버에게 전송할 패킷의 조립이 아래와 같이 완성되었다.

헤더(머리말)	데이터	테일(꼬리말)
GET /input?	"temp= " + temp + " &humi= " + humi	HTTP/1.1

```
if (client.connect(server, port))
{
   client.println(URL);
}
```

client는 앞에서 설명한 것처럼 PHPoC를 사용하기 위한 객체변수다. client.connect()는 서버주소와 포트주소에 명기한 인터넷상의 서버에 접속하라는 명령이다.

client.println()은 접속이 성공하였으면 데이터를 전송하라는 명령이다. 조립된 문자열 URL을 전송하는 명령은 cient.println(URL)이다. 여기서 URL은 앞에서 헤더+데이터+테일을 포함하여 조립한 문자열 변수의 이름이다. 즉 URL이라는 문자열 변수에 들어있는 데이터가 인터넷상의 서버를 향해 전송된다.

```
// 전송 완료 후 서버 연결 끊기
if (client.connected()) {
  client.stop();
}
```

전송이 완료되면 인터넷 서버와의 연결을 끊는다. 끊는 명령은 client.stop()이다.
서버측에서 이 부분을 담당하는 프로그램은 2장과 3장에서 학습한 플라스크이다. 이 부분에 대한 내용은 여기서는 생략한다. 2장과 3장을 참고하라.
플라스크의 라우터, 델리게이터 등이 그것이다.

연습문제 6-1

이 절에서 학습한 아두이노 스케치 프로그래밍과 플라스크 웹서버 프로그래밍을 작성하세요.

(1) 온도습도 센서가 부착된 PHPoC 아두이노가 접속할 수 있는 플라스크에 웹서버 소스코드를 작성하세요.

(2) PHPoC 아두이노와 플라스크 서버가 잘 작동함을 보여주세요.

6.2 ESP8266 WEMOS와 Node MCU 연결

가. WEMOS, Node MCU 구매 및 설정

WEMOS와 Node MCU 아두이노 개발보드는 아두이노 호환보드에 ESP8266 와이파이 통신용 칩셋이 추가된 와이파이 IoT개발보드이다. 2019년 현재, 개발보드로 가장 인기가 높다.

앞에서 설명한 것처럼, 기존의 아두이노를 이용하여 와이파이에 접속하기 위해서는 100달러가 넘는 비용의 정품 와이파이 실드를 구매해야했다. 비교적 저렴하고 사용이 편리하여 앞 절에서 길게 설명한 PHPoC 와이파이 실드도 가격이 5만원이 넘는 고가이다.

WEMOS와 Node MCU 보드는 디바이스마트 등의 인터넷 쇼핑몰이나 용산상가, 세운상가에서 쉽게 구매 가능하다. 가격도 매우 저렴해서 5,000원 이하이고, (물론 와이파이 정품 실드나 PHPoC에 비교해서는 사용에 불편하지만) 프로그래밍과 사용에 비교적 편리하다.

이 장비를 구매하기 위한 인터넷에서의 검색어는 아래와 같다.

WeMos D1 mini V3.1.0 ESP8266 WiFi IoT 개발보드 NodeMCU V3 ESP-12E 와이파이 개발보드

Wemos보드를 구매하면 아래 그림처럼 아두이노 WEMOS와 ESP8266칩셋이 집적된 메인보드 한 개와 납땜 혹은 브레드보드용 핀이 담긴 셋트가 배달된다.

그림 6-23 WEMOS ESP8266 아두이노 보드

그림 6-24 WEMOS를 브레드보드에 부착

Node MCU 보드는 Wemos보드와 설정 방법이나 소스코드의 작성 등 모든 면에서 똑같이 설정하고 작동한다.

같은 부품을 사용하기 때문이며 다음 절에서 나올 드라이버 설정이나 소스코드 프로그래밍에서도 정확히 일치하므로 같은 코드를 사용해도 된다.

특히 Wemos와 Node MCU는 인터페이스가 USB 5Pin케이블을 이용하기 때문에 PC에 시리얼로 연결하거나 모바일 배터리를 이용한 전원공급에도 장점이 있다.

그림 6-25 Node MCU 모습(1)

그림 6-26 Node MCU 모습(2)

Node MCU는 현재까지 3가지 버전이 출시되고 있다. Node MCU V1, V2, V3가 있는데 어느 것을 사용해도 무방하다. 단, 규격이 차이가 나는데 V3가 가장 적은 사이즈이다.

(1) 보드매니저 URL 추가

ESP8266 보드(Wemos, Node MCU) 프로파일을 추가하기 위해 URL 추가가 필요하다. 아두이노 스케치 메뉴바에서 보드매니저 URL 추가칸에 다음 URL 주소를 추가해야한다. 방법은 다음과 같다.

- 스케치 메뉴바 – 환경설정을 클릭한다. 이후 설정 윈도우의 하단에 있는 추가적인 보드 매니저 URLs에 다음을 복사하여 붙여 넣는다.

```
http://arduino.esp8266.com/stable/package_esp8266com_index.json
```

붙여넣기 이후 "확인" 버튼을 눌러 저장한다.

(2) 보드 프로파일 다운로드

아두이노 스케치의 메뉴바에서 툴 - 보드 - 보드 매니저를 클릭한다.
보드 매니저 창 상단 검색창에 "ESP8266" 검색하면 검색 결과로 "esp8266 by ESP8266 Community"가 나오게 된다. 설치버튼을 눌러서 설치한다.

(3) 보드 설정

설치 후 스케치 메뉴바 - 툴 – 보드 메뉴에서 다음과 같이 설정한다. 거의 같은 내용이 들어있다. 틀린 내용만 수정하면 된다.

```
보드 : LOLIN(WEMOS) D1 R2 & mini
Upload Speed: 921600
CPU Frequency: 80MHz
Flash Size: 4M (no SPIFFS)
Debug Port: Disabled
Debug Level: None
IwIP Variant: V2 Lower Memory
VTables: Flash
Exceptions: Disabled
Erase Flash: Only Sketch
SSL Support: All SSL ciphers (most compatible)
```

위 박스의 맨 처음줄을 보면 보드 : LOLIN(WEMOS) D1 R2 & mini라고 기록되어있다. Node MCU를 사용할 때는 이 보드를 Node MCU V1, V2, V3로 바꾸어 사용하면 된다.

(4) 포트

시리얼 포트는 해당 장비에 따라 각각 다르다. 윈도우 명령어창에서 장치관리자 혹은 devmgmt.msc를 입력하여 해당 장비의 시리얼 포트를 확인후 설정하면 된다.

나. Wemos, Node MCU 프로그래밍

(1) 와이파이 접속 프로그래밍

아두이노에서 와이파이 망을 이용하여 인터넷상의 클라우드 소켓서버에 자신의 데이터를 전송하는 프로그램이다. 단순히 아두이노에 부착된 센서에 의해 수집된 데이터를, 클라우드 소켓서버로 전송하는 기능이다.

그러나 이 방식으로는 인터넷에 연결된 지능적 서버나 사용자의 스마트폰에서의 명령을 아두이노로 내릴 수가 없다. 이러한 역방향 명령 송수신 기능은 다음 절에서 다루겠다.

데이터를 클라우드 서버로 송수신하는 핵심 내용은 앞에서 학습한 PHPoC 부분과 거의 같다. 대부분의 와이파이 접속 프로그램이나 라이브러리 들은 와이파이망에 접속하는 부분만 약간 다를 뿐 거의 같은 코드를 사용한다.

다음은 소스코드이다.

```
#include <ESP8266WiFi.h>
#include <ESP8266HTTPClient.h>
#include <WiFiClient.h>

// WiFI SSID/PASSWORD
const char *ssid = "mobileprof03";
const char *password = "mobile*208";

const char *host = "59.11.60.38";
const int port = 8888; // SERVER_PORT

// 동작 중에 연결 오류 등으로 문제 발생 시 초기화하는 함수
void restartHardware(int errcode) {
  String message;
  switch (errcode) {
    case 0: message = "Unable to connect to Wi-Fi."; break;
    case 1: message = "Can't connect to Server."; break;
    default: message = "Unknown Error."; break;
  }

  Serial.println(message);
  Serial.println("Rebooting...");
  delay(3000);
  ESP.restart();
}

void setup() {
  Serial.begin(9600);
  //Serial.setDebugOutput(true);  // ESP8266 디버그 정보 출력

  WiFi.persistent(false);
  WiFi.disconnect();
  WiFi.begin(ssid, password);

  Serial.println();
  Serial.print("Connecting");

  // 연결될 때까지 대기 (연결이 안 된 상태로 오래 지속될 경우 초기화)
  int conncount = 0;
  while (WiFi.status() != WL_CONNECTED) {
    delay(500);
    Serial.print(".");
    conncount += 1;
```

```
    if (conncount > 50) {
      restartHardware(0);
    }
  }

  Serial.println();
  Serial.println("Connected!");
  Serial.print("Your Local IP is : ");
  Serial.println(WiFi.localIP());  // 로컬 IP 출력

  Serial.println();
  delay(3000);
}

void loop() {
  WiFiClient client;

  String data = "";
  data += "xx=";
  data += "137.224422";
  data += "&yy=";
  data += "37.222222";
  data += "&zz=";
  data += "12.33";

  String url = "GET /gps?";
  url += data;
  url += " HTTP/1.1";

  Serial.print("Your Data : ");
  Serial.println(url);
  if (client.connect(host, port)) {
    client.println(url);
    client.println();
  } else {
    restartHardware(1);
  }
  if (client.connected()) {
    client.stop();
  }

  Serial.println("CYCLE DONE");
  delay(30000);
}
```

(2) 와이파이 양방향 통신 및 제어 프로그래밍

이 프로그램은 클라우드 서버와 아두이노간에 양방향 통신이 가능한 프로그램이다. 아두이노는 자신이 수집한 데이터를 인터넷 상의 소켓서버로 전송이 가능하고, 또한 지능적 서버나 스마트폰 혹은 웹 브라우저를 이용한 사용자의 명령을 역방향으로 수신하여 특정 명령을 수행할 수 있다.

다음은 서버와 아두이노보드간의 양방향 통신프로그램의 소스코드이다.

```
#include <WebSocketClient.h>
#include <ESP8266WiFi.h>

WebSocketClient webSocketClient;
WiFiClient client;

const char* ssid = "mobileprof03";
const char* password = "starstar08";

char path[] = "/";
char host[] = "192.168.0.160";      // 웹소켓 서버 주소
int port = 5000;                     // 웹소켓 서버 포트

int count = 0;

void setup()
{
    Serial.begin(115200);
    delay(10);

    Serial.println();
    Serial.println();
    Serial.print("Connecting to ");
    Serial.println(ssid);
    WiFi.persistent(false);
    WiFi.disconnect();
    WiFi.begin(ssid, password);

    // 와이파이망에 연결
    while (WiFi.status() != WL_CONNECTED) {
        delay(500);
        Serial.print(".");
    }
```

```
    Serial.println("");
    Serial.println("WiFi connected");
    Serial.println("IP address: ");
    Serial.println(WiFi.localIP());
    delay(5000);

    // 서버에 연결
    if (client.connect(host, port)) {
        Serial.println("Connected");
    } else {
        Serial.println("Connection failed.");
    }
    delay(1000);

    webSocketClient.path = path;
    webSocketClient.host = host;

    if (webSocketClient.handshake(client)) {
        Serial.println("Handshake successful");
    } else {
        Serial.println("Handshake failed.");
    }
}

void loop() {
  delay(1000);
  String data = "";

  if (client.connected()) {
    // 데이터 전송
//      webSocketClient.sendData("msg count : "+String(count++));
    if (Serial.available()) {
        String sdata = Serial.readStringUntil('\n');
        webSocketClient.sendData(sdata);
    }
    // 데이터 수신
    webSocketClient.getData(data);
    if (data.length() > 0) {
      Serial.println("서버에서 " + data + " (이)라고 말합니다.");
    }
  } else {
    Serial.println("Client disconnected.");
  }
//  delay(3000); // 주의!: 딜레이를 줄 경우 전체코드가 딜레이 된다.
}
```

코드의 맨 아래 부분을 보면 서버에서 아두이노 방향으로 데이터를 보내는 부분이 있다.

```
if (Serial.available()) {
    String sdata = Serial.readStringUntil('\n');
    webSocketClient.sendData(sdata);
}
// 데이터 수신
webSocketClient.getData(data);
if (data.length() > 0) {
  Serial.println("서버에서 " + data + " (이)라고 말합니다.");
}
```

위 코드를 보면

```
webSocketClient.getData(data);
```

이 부분에서 data변수로 서버로부터의 데이터가 수신된다. 이 데이터를 적절히 활용하여 GPIO나 아두이노를 제어하면 된다.

잠깐 ! 위 코드를 실행했을 때 서버로부터 수신받은 데이터 line값의 비교문에서 에러가 발생할 수 있다. 예를 들어 위 코드에서는 line 스트링값이 go 인가를 비교하고 있지만, line 값에 go가 들어있다 하더라도 코드에서 정상적으로 비교를 못하는 경우가 발생할 수도 있기 때문이다. 이때는 아래와 같이 수정해서 실행하면 된다.

```
char ch = line.charAt(1);
Serial.println(ch);
```

여기서 line.charAt(1) 명령은 line 스트링값의 1번째 문자만을 가져오라는 의미이다. 왜냐하면 서버로부터 시리얼 통신으로 수신된 line 변수에는 첫 번째와 마지막문자에 비정상정인 데이터가 숨어있을 수 있기 때문이다. 이렇게 첫 번째나 두 번째 문자만을 가져와서 비교하면 실행에 문제가 없다. 이후, 아래와 같이 GPIO에 적용한다.

```
//수신받은 값을 이용하여 GPIO 콘트롤
if (ch == 'g') digitalWrite(7, HIGH);
else digitalWrite(7, LOW);
```

코드의 맨 아래쪽에 클라우드 서버로부터 데이터를 수신하는 부분이 있다.

```
webSocketClient.getData(data);
if (data.length() > 0) {
  Serial.println("서버에서 " + data + " (이)라고 말합니다.");
}
```

서버로부터 수신받은 데이터를 이용하여 아두이노의 GPIO핀을 제어하는 코드를 이 부분에 추가하면 된다.

연습문제 6-2

아두이노와 플라스크 서버와의 와이파이 통신에서 다음 내용을 설명해 보세요.

(1) 단순 와이파이 접속 통신과 양방향 통신의 차이점에 대하여 설명해 보세요.

(2) 아두이노 소스코드에서 다음의 함수를 설명해 보세요

- client.connect()
- client.connected())
- client.available()
- client.readStringUntil();

7 라즈베리파이와 클라우드 서버 연결

CHAPTER

라즈베리파이란 이름은 어디에서 비롯되었을까? 일반적으로 Apple, BlackBerry 등 컴퓨터기기의 이름에 과일이름을 부여하는 오래된 전통에 의해서 산딸기를 뜻하는 라즈베리(Raspberry)란 명칭이 부여되었을 것이다. 라즈베리파이는 교육용 목적으로 개발된 초소형 컴퓨터다. 신용카드 크기의 작은 컴퓨터로, 출시 직후 많은 사람들의 관심을 받았다. 라즈베리파이에 대한 첫 아이디어는 2006년 에벤 업톤(Eben Upton), 롭 멀린스(Rob Mullins), 잭 랑(Jack Lang), 앨런 마이크로프트 (Alan Mycroft)가 진행한 프로젝트다. 라즈베리파이 재단 공동설립자인 네 사람은 당시 영국 캠브리지대학 컴퓨터과학과 연구실 교수 및 박사과정 학생이었다. 이때만 해도 컴퓨터과학을 지망하는 신입생 수가 점점 줄어들고 있었는데, 공동설립자는 이를 해결할 수 있는 방안을 고민 중이었다. 그 해결책이 바로 작고 저렴한 컴퓨터를 만드는 것이었다고 한다. 2012년 처음 공개된 라즈베리파이 첫 번째 모델은 없어서 못 팔 정도로 폭발적인 인기를 끌었다. 첫 해에만 100만대가 팔려나갔다. 이후 다양한 교육업체가 라즈베리파이를 생산하면서 2015년 기준 800만대 넘게 판매됐다. 2019년 현재, 라즈베리파이4가 출시되었고, 세계에서 윈도우, 맥 다음으로 많이 팔리는 범용 컴퓨터가 되었다.

그림 7-1　라즈베리파이 로고

7.1 라즈베리파이 기초

라즈베리파이(Raspberry Pi)는 영국의 라즈베리파이 재단이 기초 컴퓨터 과학 교육 증진 및 취미활동을 위해 만든 ARM 기반의 싱글 보드 컴퓨터이다.

그래픽과 처리 성능 그리고 GPIO 능력은 뛰어나면서도 가격은 저렴하다. 모델A는 $25, 모델B와 모델3은 $35에 불과하다. 동작은 SD카드에 설치된 데비안 리눅스(라즈비안)를 실행하는 방식으로 작동한다. 특히 운영체제와 응용소프트웨어가 모두 무료이다.

그림 7-2　라즈베리파이3 본체

설치를 위한 표준 이미지의 다운로드 사이트는 다음과 같다.

http://www.raspberrypi.org/downloads

다양한 도구들과 예제를 포함한다. 특히 오피스 분야와 HTPC분야에 적용하기 좋다. 40개의 GPIO(General-purpose IO 커넥터)핀을 이용하여 아두이노와 같은 목적의 제어시스템을 만들 수 있다.

그림 7-3　라즈베리파이 구성품

위 그림은 라즈베리파이를 최초 셋업하기 위해 필요한 구성품이다. 메인보드와 HDMI케이블, SD메모리, 아답터, 키보드, 마우스 등이다. 또한 HDMI 포트를 가진 모니터도 필요하다.

최초 셋업이 끝나면 와이파이를 통해 헤드리스모드로 접속하기 때문에 메인보드와 전원 어댑터만 있으면 된다. 전력소모량도 극히 적어서 24시간 전원을 켜두고, 필요시 접속하여 사용한다.

GPIO 핀의 구조는 다음과 같다. 이 핀의 번호는 1번에서 40번으로 불리우며, 라즈베리파이 보드에서 USB포트 4개가 붙어있는 면을 밑면으로 볼 때, 위에서부터 1번, 그 우측이 2번, 다음 칸의 좌측이 3번 이런 식으로 번호를 붙인다.

아래 그림의 세로로 가운데 부분이 1번부터 40번까지의 GPIO 핀 위치이고 좌측과 우측에 각 핀의 역할과 이름이 쓰여 있다.

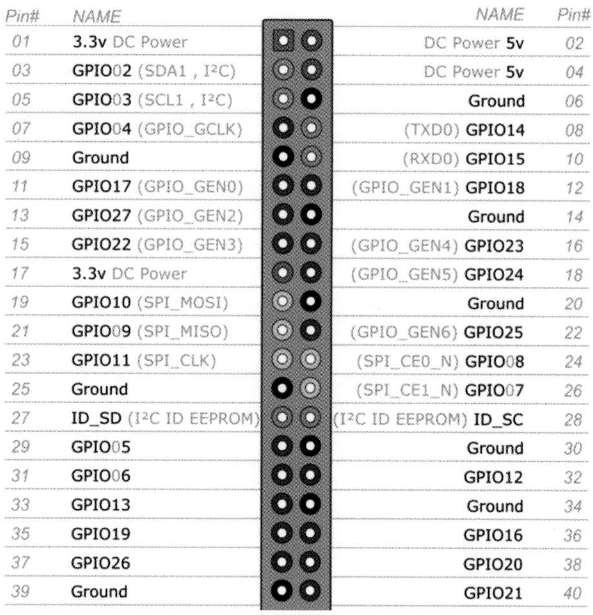

그림 7-4 라즈베리파이 GPIO 핀 구성

핀 구성을 자세히 보면 5V를 공급하는 핀이 2개, 3.3V가 2개, Ground(GND)가 8개 있다. 아두이노에 비교해 봤을 때 Ground핀이 많은 것을 알 수 있다.

7.2 라즈베리파이 헤드리스 모드 접속

헤드리스 모드는 다른 말로 해킹 모드라고 불린다. 컴퓨터 본체에 마우스와 키보드 그리고 모니터를 연결하여 접속해야 하는 방식에서 벗어나, 다른 컴퓨터나 장비에서 네트워크를 이용하여 해당 컴퓨터에 접근하는 방식을 말한다. 3가지 툴이 주로 사용된다. putty, Winscp, VNC 순서로 설명한다.

가. putty

putty는 IP주소와 포트주소를 가지고 원격으로 접속하는 해킹 모드용 통신 프로그램이다. 인터넷에서 검색 후 다운로드 받아 PC에 설치하거나 바로 실행하면 된다. 다운로드시 Portable 방식과 Install방식이 있는데 어느 것을 사용해도 괜찮으나, 이왕이면 설치하지 않고 사용하는 Portable방식을 추천한다. 이같은 방식은 PC의 리소스에 큰 영향을 주지 않으므로 최근에는 이러한 포터블 방식의 프로그램이 많이 쓰인다.

다음 그림은 putty를 실행한 모습이다.

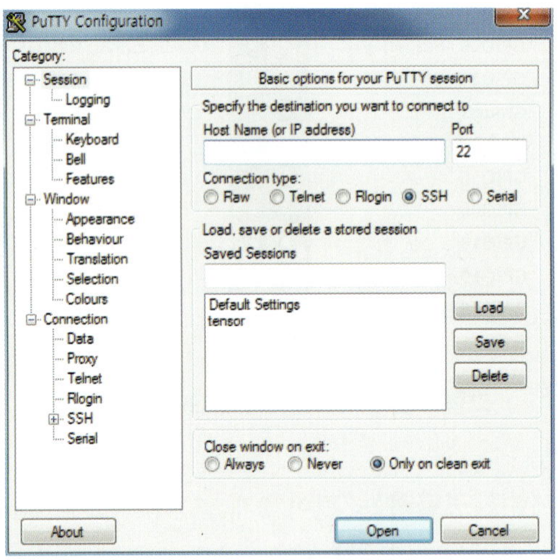

그림 7-5 putty 실행화면

화면 우상단 호스트 이름 칸에 접속할 라즈베리파이 IP주소를 넣고 우하단의 Open버튼을 클릭하면 라즈베리파이에 접속된다. 이후 사용자 이름으로 pi를 입력하고 엔터키를 친다. 패스워드는 raspberry를 입력하면 라즈베리파이에 터미널 모드로 연결된다.

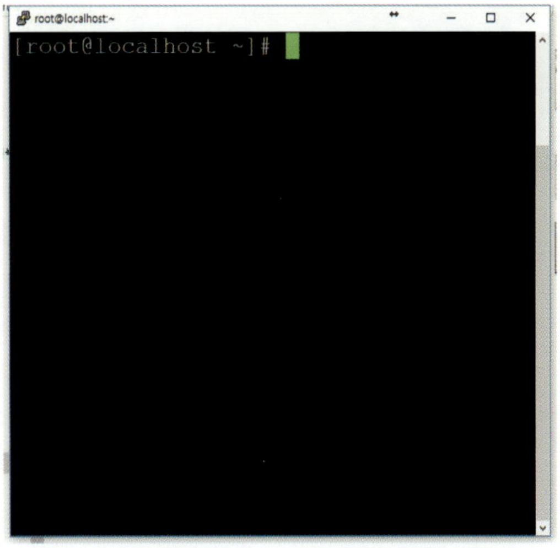

그림 7-6 putty 처음 화면

위 화면이 라즈베리파이 데비안 리눅스에 접속된 화면이다. 물론 다른 리눅스나 유닉스 머신에도 똑같은 절차로 접속 가능하다.

그러나 이러한 putty 프로그램으로 접속에 실패할 수도 있다. 이것은 라즈베리파이의 인터페이스 설정에서 SSH가 disable되어 있기 때문이다. 이때는 라즈베리파이에 마우스와 모니터를 연결한 후 설정 창에서 SSH를 enable로 변경하면 된다.

나. Winscp

라즈베리파이뿐 아니라 리눅스 유닉스 서버와 PC간에 파일을 보내고 받고 삭제하는 용도의 프로그램으로 가장 많이 쓰이는 유틸리티는 Winscp다. Winscp는 윈도우용 그래픽 SFTP 및 FTP클라이언트 프로그램이며 오픈소스 프리웨어이다.

Winscp를 사용하면 윈도우와 리눅스 사이에서 파일핸들링(전송, 수신, 삭제, 복사, 생성 등)을 편리하게 할 수 있다. Winscp는 http://winscp.net/eng/download.php에서 다운로드 가능하고, 더 쉬운 방법으로는 네이버나 구글에서 Winscp라고 검색하면 언제나 다운로드 가능하다. 여기서도, 다운로드할 때 Portable 방식과 Install방식 중 이왕이면 설치하지 않고 사용하는 Portable방식을 추천한다.

다음 그림은 서버에 최초 접속한 화면이다.

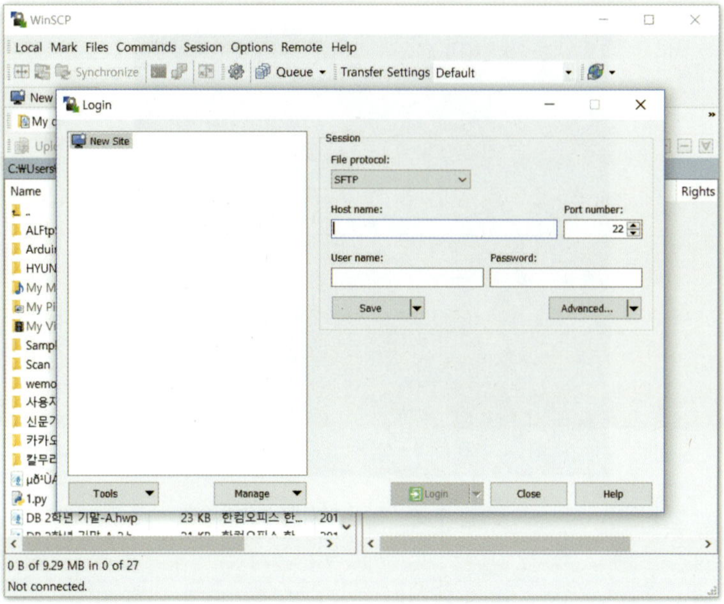

그림 7-7 Winscp 실행화면

이제 PC에서 라즈베리파이로 로그인 해보자. Host name은 라즈베리파이의 IP주소이고 User name은 pi 그리고 password는 raspberry이다. 입력이 완료되면 Login을 클릭하여 접속한다.

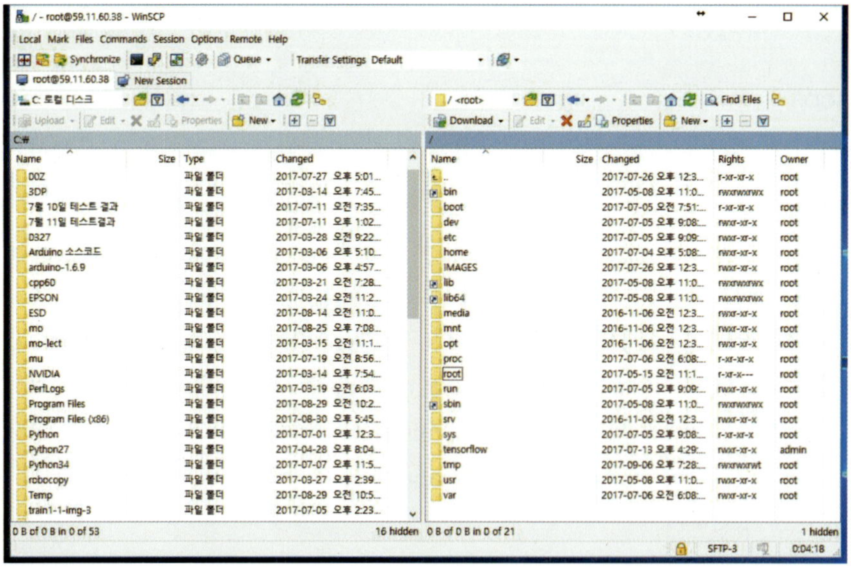

그림 7-8 Winscp 실행화면

위 그림의 화면 좌측이 내가 지금 사용하는 윈도우 PC이고 우측이 라즈베리파이3이다. 라즈베리파이에서 PC로 파일을 전송할 때는 다운로드이고 거꾸로 라즈베리파이 쪽으로 전송할 때는 업로드이다.

파일을 삭제하거나 이동하거나 변경이 있을 때 화면을 〈새로 고침〉하고 싶으면 우측마우스를 클릭 후 Refresh하면 된다.

다. VNC

VNC는 라즈베리파이나 리눅스 컴퓨터에 원격 접속할 때 윈도우와 같은 그래픽 GUI화면으로 접속하는 프로그램이다. 여기서는 라즈베리파이의 기본 VNC인 realVNC를 설치하고 원격 접속하는 과정을 학습한다.

(1) realVNC 서버 설치

먼저, putty를 실행하여 라즈비안에 접속한다. 라즈베리파이의 터미널 화면이 나타나면, 다음 명령으로 라즈베리파이3에 realVNC를 설치한다.

```
$ sudo apt-get update
$ sudo apt-get install realvnc-vnc-server realvnc-vnc-viewer
```

PC에서 VNC를 사용하여 서버에 접속해 보자. 일단, 라즈베리파이의 설정을 바꾸어야 한다. 라즈베리파이 메뉴에서 아래 그림처럼 Preference - Rasberry Pi Configuration - Interfaces를 실행하고 VNC를 Enabled에 체크한다.

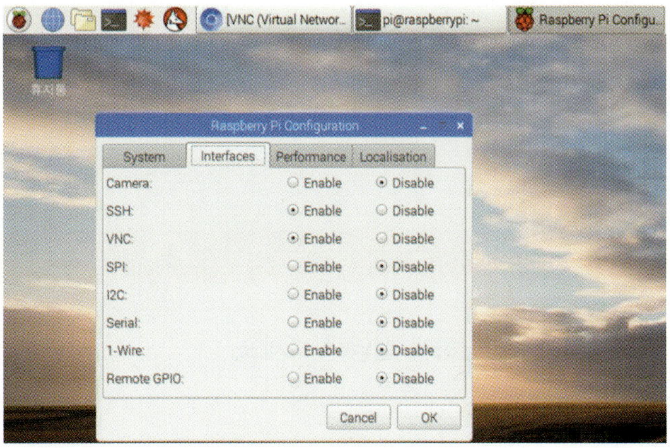

그림 7-9 raspi-config 실행화면

(2) PC에서 VNC 실행

자신의 PC에 VNC 클라이언트를 설치한다. VNC클라이언트는 아래 사이트에서 설치 파일을 다운로드한다.

https://www.realvnc.com/download/vnc/

이 사이트에 접속한 후, 화면 중앙에 있는 VNC Viewer 다운로드 링크를 클릭한 후 윈도우용 VNC뷰어를 설치한다. 설치한 후 윈도우 시작메뉴에서 VNC Viewer를 실행하면 아래 그림처럼 라즈베리파이에 GUI로 접속가능하다.

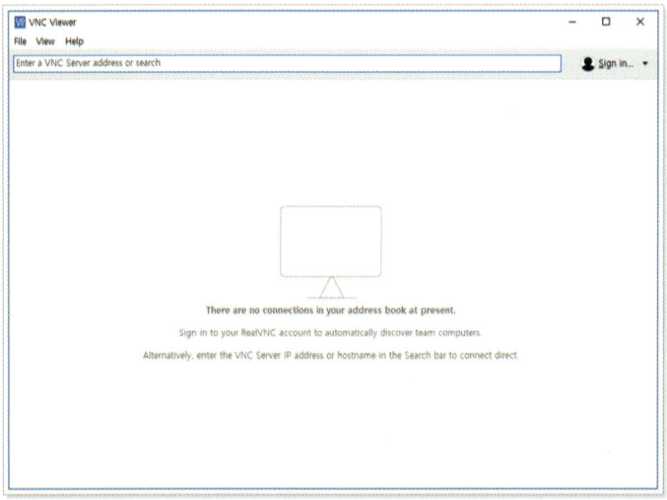

그림 7-8 VNC viewer 화면

프로그램 상단의 주소 창에 자신이 접속하려는 라즈베리파이 IP주소를 입력하면 된다. 암호와 패스워드를 요구하면 pi 그리고 raspberry를 입력한다.

연습문제 7-1

다음 원격접속 툴 3가지에 대해 간단하게 설명해 보세요.

(1) putty

(2) winscp

(3) VNC

7.3 라즈베리파이 리눅스 명령어

가. 필수 리눅스 명령어

리눅스를 사용하는 방법은 GUI(Graphic User Interface)를 이용하는 방법과 명령어(Command)를 사용하는 방법이 있다.

다음은 리눅스를 사용하는데 필요한 가장 기본적인 명령어이다.

- ls 〈디렉토리 또는 파일명〉

대상의 리스트를 표시. 윈도우의 dir 명령에 해당

- cd 〈디렉토리〉

대상 디렉토리로 이동. cd만 입력하고 엔터키를 치면 홈 디렉토리로 이동(윈도우에서는 cd라고 명령하면 현재 폴더명을 보여준다)한다.

- mv 〈대상파일〉 〈새파일〉

〈대상파일〉을 〈새파일〉로 이름을 변경하거나 〈새파일〉이 이미 존재하는 디렉토리명이면 그 밑으로 이동시킨다. 윈도우의 ren 명령에 해당

- rm 〈대상파일〉

〈대상파일〉을 삭제. 윈도우의 del 명령에 해당

- mkdir 〈디렉토리명〉

디렉토리를 작성. 윈도우의 md 명령어에 해당

– reboot

리눅스 시스템을 재 시작

- pwd

현재의 폴더명을 출력한다. print working directory의 약자

- init 0

시스템 종료

- sudo

슈퍼유저의 권한으로 실행

- nano 〈파일명〉

리눅스 데비안의 기본 에디터. 프로그램작성이나 설정파일 수정시 사용

나. 라즈베리파이 사용자 설정

라즈베리파이3는 기본적으로 일반 사용자계정 pi(패스워드는 raspberry)와 슈퍼 유저 계정 root가 있다. pi 계정을 계속 사용하는 것은 보안측면에서 볼 때 매우 위험한 일이다. 물론 학습단계에서는 그대로 사용해도 되지만 새로운 사용자를 작성해서 사용하는 것이 바람직하다. 새로운 계정을 작성하고 그 패스워드를 수시로 변경해주는 것이 가장 좋다. 라즈베리파이3에서 새로운 계정을 만드는 명령은 다음과 같다.

기존의 pi 계정으로 로그인 한다. pi계정이 속해 있는 그룹을 확인한다.

```
$ groups
pi adm dialout cdrom sudo audio video plugdev games users netdev input
```

(1) 새로운 사용자 계정 생성

```
$ sudo useradd -m -G
adm,dialout,cdrom,sudo,audio,video,plugdev,games,users,netdev,input username
```

(이 명령을 키인할 때 -G옵션에 사용하는 그룹명은 콤마 사이에 공백 없이 키인해야 한다)

위 명령을 키인할 때 -G 옵션 뒤에 스페이스키를 한 칸 입력한 후에 adm,diaalout,과 같이 연속적으로 공백없이 그룹명을 작성하면 된다. 마지막으로 username에 해당하는 새로운 계정명을 입력하면 새로운 계정이 만들어진다.

m 옵션은 계정의 홈 디렉토리가 생성된다는 옵션이다. 즉 /home/username이라는 홈 디렉토리가 생성된다.

G 옵션은 새로운 계정이 포함되어야할 그룹을 지정하는 옵션이다.

(2) 패스워드 지정 및 조회

새로운 계정에 패스워드를 지정하는 명령은 다음과 같다.

```
$ sudo passwd username
```

새로운 패스워드를 입력하면 verify 차원에서 다시 한번 입력하라는 메시지가 출력된다. 이때 다시 한번 패스워드를 입력한다.

새로 만들어진 계정이 속한 그룹을 확인하려면 다음 명령을 입력한다.

```
$ groups username
```

(3) 사용자 삭제

userdel은 사용자를 삭제한다. 사용자를 삭제할 때 -r 옵션을 주면 홈디렉토리까지 삭제한다. 그리고 -f 옵션을 주면 현재 사용중인 계정이라도 삭제된다.

```
$ sudo userdel 사용자명
옵션
-r : 홈디렉토리까지 삭제
-f : 현재 사용중이더라도 삭제
```

다. 소프트웨어 패키지 설치

리눅스에서 사용자가 필요한 소프트웨어를 설치하고자 할 때는 강력한 패키지 매니저인 apt 도구를 사용한다. 이것은 윈도우의 설치 마법사보다 훨씬 더 강력하면서도 편리하기까지 하다. UI 기반의 시냅틱 패키지 매니저도 있지만 메모리 부족으로 실행이 어려울 수 있어 커맨드 기반의 apt 도구 사용이 권장한다.

패키지 매니저는 소프트웨어 설치뿐만 아니라, 제거, 업데이트 등 전반적인 관리에 사용된다.

CAUTION

새로운 소프트웨어를 설치하거나 업그레이드할 때는 apt의 캐시가 최신 상황을 반영하고 있는지를 확실히 하기 위해 sudo apt-get update를 해주는 것이 좋다.

(1) 소프트웨어 검색

apt를 통해 설치 가능한 소프트웨어의 목록인 캐시를 가지고 있는 인터넷상의 서버를 리포지토리라고 부른다.

캐시 목록을 관리하기 위해서는 apt-cache를 이용한다. 다음은 제목 또는 설명에 sql이라는 단어를 가진 소프트웨어를 검색하는 예이다.

```
$ apt-cache search sql
```

포괄적인 단어를 사용하여 검색할 경우에는 그 결과가 너무 많이 표시되므로 가능한 자세한 검색어를 입력하는 것이 유리하다. 결과가 너무 많을 때는 less 도구를 써서 페이지 단위로 멈춰서 볼 수 있다.

```
$ apt-cache search game | less
```

커서키로 상하 스크롤하고 다 끝나면 q를 타이핑한다.

(2) 소프트웨어 설치(install)

소프트웨어를 설치할 때는 sudo를 써야 하며 apt-get 명령을 사용한다. 웹서버 프로그램을 설치하려면 다음과 같이 입력하면 된다.

```
$ sudo apt-get install httpd
```

apt 패키지 매니저는 의존성을 자동으로 체크하여 필요한 패키지를 설치한다.

(3) 소프트웨어 제거(remove)

apt-get remove 명령어를 사용하여 제거하면 더 이상 필요치 않은 의존관계 패키지까지 자동으로 제거한다. 앞에서 설치한 웹서버 패키지를 제거하려면 다음과 같이 한다.

```
$ sudo apt-get remove httpd
```

remove 명령은 설정 파일은 남겨두는 반면, purge 명령어를 사용하면 그것조차 완전히 제거한다.

```
$ sudo apt-get purge httpd
```

(4) 소프트웨어 upgrade

apt-get upgrade를 사용하면 시스템에 설치된 소프트웨어들의 최신 버그 수정과 보안 패치를 적용할 수 있다. 업그레이드를 할 때는 캐시를 반드시 업데이트한 후 실행하는 것이 좋다.

```
$ sudo apt-get update
$ sudo apt-get upgrade
```

개별 패키지만 업그레이드하고자 할 때는 해당 패키지를 다시 install 하면 된다. 이미 설치된 패키지에 대해 install이 실행되면, 패키지 매니저는 업그레이드하려는 의사로 판단한다.

```
$ sudo apt-get install httpd
```

라. 무선 네트워크 고정 IP

라즈베리파이3에는 이전 버전과 달리 무선 네트웍 어댑터(Wi-Fi)가 기본으로 장착되어 있다. 그러므로 라즈베리파이2나 A, B+를 사용하는 경우는 와이파이 무선랜 동글을 추가로 구매한 후 이 장을 학습해야 한다.

라즈베리파이3에는 Wi-Fi 어댑터가 기본으로 장착되어 있다. 따라서 무선 AP가 있는 곳이면 어느 곳에서나 인터넷에 접속이 가능하다. 그러나 이 경우 IP주소가 동적으로 할당되므로 웹서버나 파일서버로 라즈베리파이3를 활용하는 경우 문제가 된다. 무선랜에 자동으로 접속하면서도 항상 고정적인 IP주소를 할당받게 하는 방법을 학습한다.

(1) 고정 IP주소 할당

라즈베리파이3에서 직접 수행해도 되고, putty를 이용하여 원격으로 제어해도 된다. 다음과 같이 nano에디터를 이용하여 시스템파일을 수정한다.

```
$nano /etc/dhcpcd.conf
```

이 파일의 제일 하단에 다음과 같이 정확한 정보를 입력한다.

```
interface wlan0
static ip_address = 192.168.0.101
static routers = 192.168.0.1
static domain_name_servers = 168.126.63.1
static netmask = 255.255.255.0
```

control-x를 누르고 y를 입력한 후 엔터키를 치면 파일 수정이 완료된다.

(2) 고정 IP 주소 확인

명령어 터미널에서 ifconfig 명령을 입력하면, 다음 그림과 같이 192.168.0.101로 IP주소가 고정되어 있는 것을 볼 수 있다.

```
wlan0: flags=4163<UP,BROADCAST,RUNNING,MULTICAST>  mtu 1500
        inet 192.168.0.101  netmask 255.255.255.0  broadcast 192.168.0.255
        inet6 fe80::5e80:22eb:7541:3e47  prefixlen 64  scopeid 0x20<link>
        ether b8:27:eb:b3:51:2d  txqueuelen 1000  (Ethernet)
        RX packets 155  bytes 13868 (13.5 KiB)
        RX errors 0  dropped 0  overruns 0  frame 0
        TX packets 107  bytes 17107 (16.7 KiB)
        TX errors 0  dropped 0 overruns 0  carrier 0  collisions 0
```

이후 라즈베리파이의 전원을 리부팅해도 IP주소가 변하지 않게 된다.

연습문제 7-2

다음의 리눅스 명령어와 동일한 기능을 수행하는 윈도우 명령어를 적어보세요.

(1) ls

(2) mv

(3) rm

(4) mkdir

(5) ifconfig

(6) init 0

연습문제 7-3

다음의 명령어의 정확한 의미를 적어보세요

(1) sudo apt-get update

(2) sudo apt-get upgrade

(3) groups

(4) apt-cache

(5) apt-get

7.4 라즈베리파이 웹서버 플라스크

파이썬에는 여러 가지 웹 프레임워크가 있다. 그 중에서 가장 유명한 것은 장고(django)이다. 하지만 간단하게 파이썬으로 작동하는 사물인터넷을 위한 웹페이지를 만들어보고 싶을 때는, 설정하거나 처리해야할 일이 많아서 오히려 불편하다. 이것보다 쉽고 빠르게 만들 수 있는 웹 프레임워크가 플라스크이다. 플라스크는 장고와 함께 파이썬 개발자들이 뽑은 가장 많이 사용되는 웹 프레임워크이다.

Flask
web development,
one drop at a time

그림 7-9 플라스크 웹 프레임워 로고

플라스크는 마이크로 웹 프레임워크라고 부른다. 마이크로는 기능이 부족하거나 파일 하나만을 만들 수 있다는 얘기가 아니고, 심플하게 유지하고 확장가능하게 만들었다는 뜻이다. 그리고 플라스크는 개발자가 많은 결정을 하지 않도록 템플릿 엔진을 제공하고 쉽게 바꿀 수 있다. 그러나 플라스크를 더 매력적으로 보는 이유는 이해하기 쉬운 그 구조 때문이다. 이에 관해서는 다음 절에서 자세히 코드로 설명한다. 중요한 내용만 이야기 하자면, 사용자가 URL로 웹서버에 접속하면 route라는 데코레이터를 통해 접속한 URL에 맞는 함수를 호출해준다. 그리고 함수의 결과가 템플릿을 통해 html로 사용자에게 보여진다.

가. 플라스크 설치

라즈베리파이 리눅스에 웹서버 라이브러리인 플라스크를 설치하는 명령어는 다음과 같다.

```
$ sudo apt-get install python3-pip
$ sudo pip3 install flask
```

위 명령어를 보면 윈도우 시스템에서 파이썬과 플라스크를 설치하던 것과 유사하다는 것을 알 수 있다. pip는 파이썬 설치 패키지의 준말이다. pip3는 버전을 말한다. pip3명령을 이용하여 리눅스 시스템에 플라스크를 설치하는 명령은 pip3 install flask이다.

나. 웹서버 프로그래밍

(1) 웹서버 프로그램 작성

먼저 자신의 홈 폴더에 webapp이라는 폴더를 만들고 hello.py라는 파이썬 프로그램을 작성한다. 아래와 같이 입력하면 된다.

```
$cd
$mkdir webapp
$cd webapp
$pwd
$ls
$nano hello.py
```

맨 마지막 줄의 nano는 라즈베리파이 기본 파일 편집기이다.

```
# hello.py
1 from flask import Flask
2 app=Flask(__name__)
3 @app.route('/')
4 def index():
5       return 'Hello World!'
6 if __name__ == '__main__':
7       app.run(host= ‘0.0.0.0 ‘)
```

이 코드에 대한 설명이다.

- 1번 : Flask로부터 Flask 클래스를 불러들인다.
- 2번 : Flask 클래스의 객체를 생성, 이때 name(현재 스크립트의 모듈 이름)을 인수로 넣어준다.
- 3번 : 데코레이터로 URL을 설정하는 명령이다, 이 문장 route('/')는 클라이언트가 이 웹서버에 접속할 때 URL로 IP주소만 입력한 경우를 처리하게 된다. 만일 웹 브라우저 주소창에서 100.100.100.100/main 으로 입력되었다면 route(‘/main’) 이라는 데코레이터를 선언해놓으면 된다.
- 4번 : 3번줄과 연관된 함수를 선언
- 5번 : 4번 줄 함수의 내용이다. Hello World! 라는 문자열을 클라이언트의 웹 브라우저에 뿌리게 한다.
- 6번 : 이 프로그램이 타 프로그램에 의해 호출된 것이 아니라면 7번 문장을 수행하라는

의미

- 7번 : app의 run 메소드 호출하여 웹 서버를 실행한다. 여기서 host='0.0.0.0'이란 일종의 방화벽 명령으로, 접속하는 모든 클라이언트를 허용시킨다.

(2) 웹서버 실행

위에서 작성한 hellop.py를 본인의 라즈베리파이 webapp 폴더에서 아래와 같이 실행한다.

```
$python3 hello.py
```

지금 작성한 웹 서버 프로그램 hello.py에게 접속해보자.

자신의 라즈베리파이에서도 가능하고 윈도우PC 혹은 스마트폰에서 웹 브라우저를 이용하여 접속하면 된다. 주소창에서 라즈베리파이의 IP주소를 입력하고 포트주소로 5000을 입력한다.

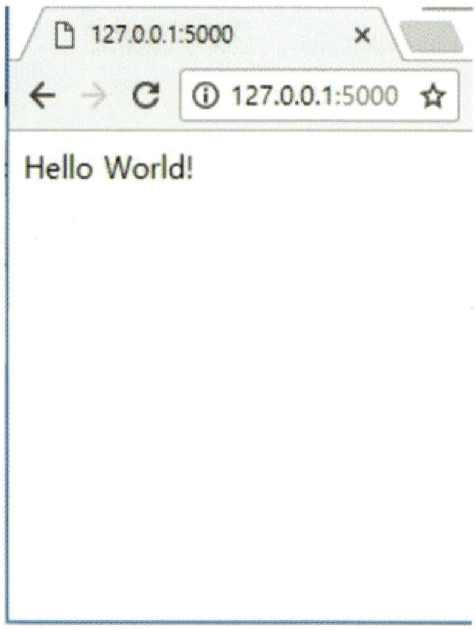

그림 7-10 웹크라우저에서 웹서버 접속

포트주소가 5000번인 것을 주의해야 한다. 왜냐하면 플라스크서버는 별도의 포트번호를 명시하지 않으면 5000번 포트를 사용한다.

라즈베리파이에서 웹 브라우저로 접속할 때는 주소창에 localhost:5000으로 접속해도 된다. 여기서 localhost는 자기 자신을 의미하는 주소로서 127.0.0.1로 써도 된다.

연습문제 7-4

다음 요구사항에 맞는 웹 서버 프로그램을 web_server.py로 작성하세요

요구사항) 클라이언트가 웹 브라우저를 이용하여 웹 서버 접속할 때, 다음과 같은 문자열이 출력되도록 웹 서버 프로그래밍 하세요.

IP로만 접속시 "This is Main Page." IP/sub 로 접속시 "This is sub Page."

연습문제 7-5

다음 추가 요구사항을 앞의 웹 서버 프로그램 web_server.py에 추가하고 프로그램의 이름은 web_server_2.py로 작성하세요

요구사항) 플라스크 웹서버의 동작 포트를 8888로, 접속하는 클라이언트 중에서 IP주소가 192.168.0으로 시작하는 것만 허용하게 하세요.

7.5 라즈베리파이 제어용 웹앱 제작

이 절에서는 라즈베리파이와 플라스크 웹 서버 프로그램을 이용하여 라즈베리파이 GPIO를 제어하는 웹앱(WebApp)을 만들어 보자.

라즈베리파이 파이썬 GPIO 부분은 이 책 8장 파이썬 GPIO 프로그래밍 기초와 9장 파이썬 GPIO 프로그래밍 응용을 참고하여 학습하기 바란다.

가. 플라스크 서버 프로그래밍

먼저, 자신의 라즈베리파이 홈 폴더에 만들어 놓은 webapp 폴더로 이동한다. 앞장에서 이 webapp 폴더를 생성해 놓았다. 만일, 이 폴더가 없으면 자신의 홈 폴더로 이동하여 mkdir webapp명령어로 폴더를 만든다.

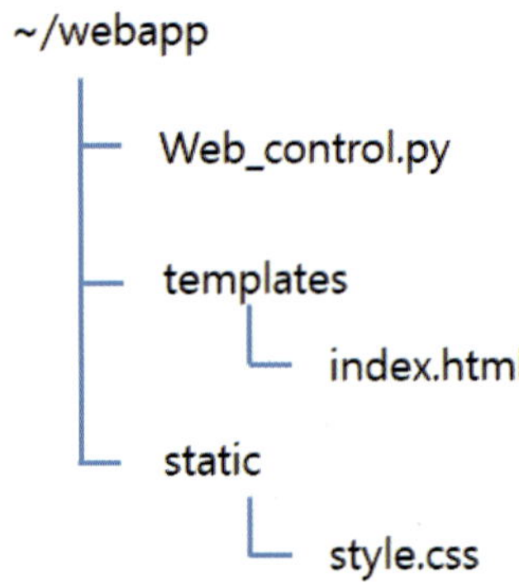

그림 7-11 라즈베리파이 제어용 웹앱개발 폴더 구조

위 그림처럼 폴더 구조를 생성한다. webapp 폴더 아래에 2개의 하위 폴더를 생성한다. templates 폴더와 static 폴더이다. 윈도우에서 실습한 내용과 같다.

(1) web_control.py

플라스크 파이썬 웹서버 프로그램 web_control.py를 아래와 같이 코딩한다. 이 프로그램의 위치는 webapp 폴더이다.

```
import RPi.GPIO as GPIO
from flask import Flask, render_template

state = 'off'
app=Flask(__name__)

def led_on_off(onoff):
    if onoff == 'on':
            GPIO.output(21, 1)
    elif onoff == 'off':
            GPIO.output(21, 0)
@app.route('/')
def index():
     #메인 데코레이터
     return render_template('index.html', state=state)
@app.route('/led/<onoff>')
def led(onoff):
    global state
    state = onoff
    led_on_off(state)
    print('led %s' %state)
```

```
20     return render_template('index.html', state=onoff)
21 GPIO.setmode(GPIO.BCM)
22 GPIO.setup(21, GPIO.OUT)
23 led_on_off('off')
24 if __name__=='__main__':
25     print('Webserver starts.')
26     app.run( debug=True, host='0.0.0.0 ‘, port=8888)
27     print('Webserver ends.')
28     GPIO.cleanup()
```

11번 줄의 @app.route('/') 라우트 디코레이터가 이 웹서버 주소로 접속한 클라이언트를 13번 리턴 명령으로 안내한다.

13번은 return render_template('index.html', state=state)이다. 이것은 webapp/templates/index.html 프로그램을 클라이언트 사용자의 웹으로 return하라는 의미이다. return은 PHP HTML의 echo 명령과 같다. 웹 화면에 뿌려주라는 뜻이다. 이후 다시 설명한다.

이 두 줄이 플라스크 프로그램의 핵심 기능이다. 이렇게 클라이언트가 접속한 IP주소를 쉽고 빠르게 해석해 주는 라우터 기능이야말로 플라스크가 자랑하는 가장 편리한 장점이다.

(2) index.html

HTML은 사용자가 스마트폰이나 웹 브라우저를 이용하여 라즈베리파이 GPIO핀을 제어하는 GUI 사용자 프로그램을 작성한다. HTML형태로 작성되어야 웹 브라우저에서 GUI로 표현이 가능하다. 이 프로그램의 이름은 index.html이다. webapp/templates폴더에 작성한다.

다음 명령이 web_control.py 프로그램 내에서 이 index.html을 리턴(화면에 표시)시킨다. 여기서 state=onoff는 HTML을 클라이언트에게 리턴시킬때 같이 보내는 데이터이다. 이것을 이용하여 다양한 기능을 프로그래밍 할 수 있다.

```
return render_template('index.html', state=onoff)
```

```
1 <!doctype html>
2 <html>
3 <head>
4     <title> GPIO INPUT/OUTPUT DEMO </title>
5     <link type="text/css" rel="stylesheet" href="/static/style.css" />
6 </head>
7 <body>
8 <p> </p>

9 <input type="button" value= "ON" style="WIDTH:200pt; HEIGHT:80pt;
      font-size:50pt" onclick="location.href='/led/on'";>
10           
11 <input type="button" value= "OFF" style="WIDTH:200pt; HEIGHT:80pt;
      font-size:50pt" onclick="location.href='/led/off'";>

12 <br/>
13 <p> LED is now <span id="state"> { {state } }</span> state. </p>

14 </body>
15 </html>
```

5번 라인은 static 폴더에 있는 style.css를 호출하는 명령다.
9번 라인은 HTML에 표시되는 두 개의 버튼 중 ON버튼을 사용자가 누를 경우, 플라스크 서버에게 /led/on이라는 url 주소를 보내는 명령이고,
10번 라인은 OFF버튼을 누를 경우, 플라스크 서버에게 /led/off이라는 url 주소를 보내는 명령이다.
당연히, 이 두 개의 url을 수신하는 서버 프로그램이 앞에서 나온 web_control.py의 14번 라인이다.
@app.route('/led/〈onoff〉') 명령은 사용자나 HTML이 led/on이나 /led/off라는 명령을 내렸을 때, 그것을 인지하여 onoff라는 변수값에 on 혹은 off를 할당하고 바로 아랫줄 처리함수로 전달한다.

(3) style.css

이 style,css는 css 파일이다. css파일은 html과 함께 작동하는 웹 프로그램으로 웹 페이지 내의 색깔, 모양, 크기 등을 정의한다. html과 연관하여 프로그램 한다.

```
1 body {
2     background-color: black;
3     text-align: center;
4 }
5 p {
6     font-size: 50px;
7     color : yellow;
8 }
9 #state {
10        font-size: 80px;
11        color : red;
12 }
```

9번 라인을 보면 #state라는 선언자가 나온다. 괄호 안을 보면 state 부분의 크기는 80픽셀, 컬러는 빨간색으로 선언되어있다. 이 문장은 index.html 프로그램의 13번 라인에 영향을 준다.

```
13 <p> LED is now <span id="state"> { {state } }</span> state. </p>
```

아래, 웹 앱이 실행된 그림을 보면 off 라는 문장이 빨간색으로 되어있고, 크기는 80픽셀로 되어있다. 이것을 보면 웹 프로그램 내에서 css의 역할이 명확하게 들어난다.

나. 웹앱 실행

스마트폰에서 라즈베리파이의 IP주소로 접속하면 위에서 작성한 index.html이 실행되면서 아래 그림과 같은 앱앱이 보인다.

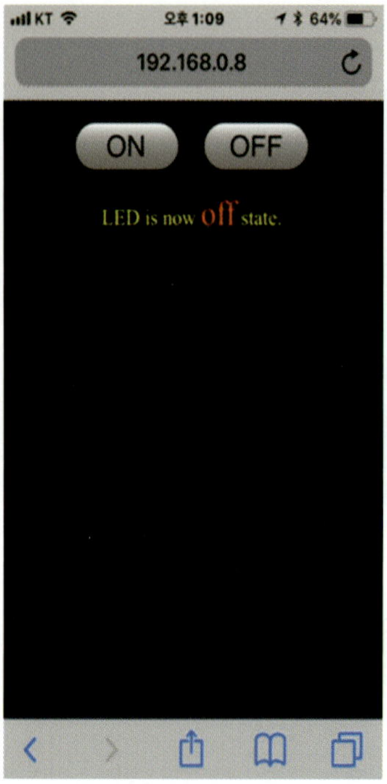

그림 7-12 라즈베리파이 제어용 웹앱 실행

이 웹앱에서 ON 혹은 OFF 버튼을 누르면 web_control.py 프로그램에 의해 라즈베리파이 GPIO를 제어할 수 있다. 즉, LED를 끌 수도 있고 켤 수도 있고, 부저소리를 끌 수도 있고 켤 수도 있다.

연습문제 7-6

(1) 웹서버 프로그램 중에서 HTML과 CSS의 기능을 조사하여 자세하게 적어 보세요.

(2) 웹앱과 네이티브앱과의 차이점에 대하여 자세하게 적어 보세요.

7.6 라즈베리파이 MySQL 연동

라즈베리파이 리눅스인 라즈비언에서 파이썬을 이용하여 MySQL 데이터베이스에 접속하거나 제어하기 위해서는 아래 명령을 실행하여 파이썬 라이브러리 pymysql을 설치한다.

```
$sudo pip3 install pymysql
```

이 책에서는 MySQL을 사용하기 위한 라이브러리 2개를 사용하여 프로그래밍한다. pymysql라이브러리는 DB의 선언이나 SQL명령어 사용의 편리성을 제공한다. 나머지 하나인 MySQLdb는 다음 장에서 설명한다. 각자에게 편리한 라이브러리를 설치하여 사용하면 된다.

가. 데이터베이스 스키마

사물인터넷이나 인공지능 프로젝트의 구현에 있어서, 라즈베리파이나 아두이노 같은 디바이스로부터 클라우드 서버에 이르기까지 모든 서버와 네트워크의 기준이 되는 것이 웹 서버와 데이터베이스 서버이다. 여기서는 이 웹 서버를 파이썬과 플라스크를 사용하여 구축한다.

이 플라스크 파이썬이 작동하기 위해서 아래와 같은 데이터베이스 테이블과 스키마를 정의하고 구축해야 한다.

데이터베이스 스키마는 다음과 같다. PC에 설치된 MySQL데이터베이스 서버와 MySQL-Front 유틸리티를 이용하여 아래와 같이 DB 스키마를 작성한다.

(1) 데이터베이스

- DB명 : sensordb
- Char Set : utf8

(2) 테이블

- basictable
- resulttable

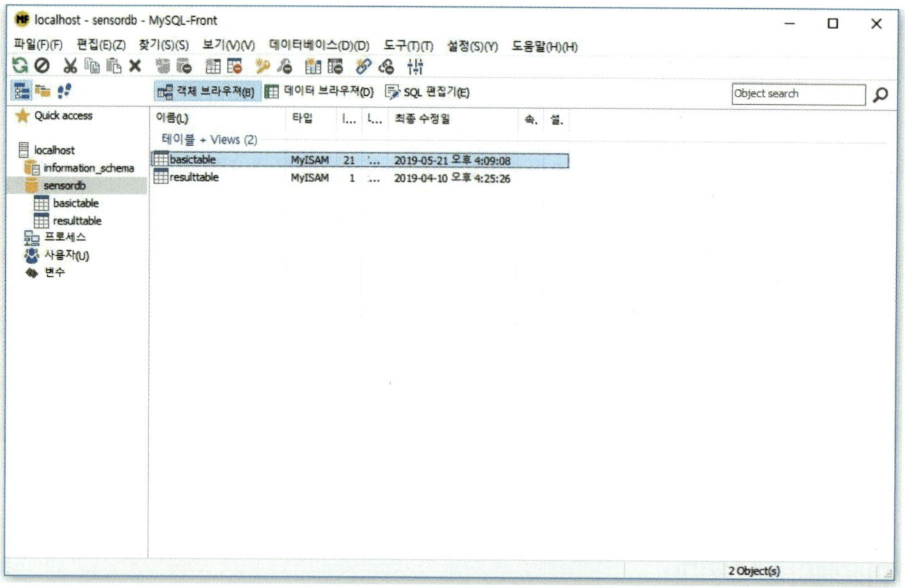

그림 7-13 DB와 테이블 설정

(3) basictable의 필드

- bsendname, varchar(11)
- brecvname, varchar(11)
- brecord, varchar(100)
- bdate, datetime

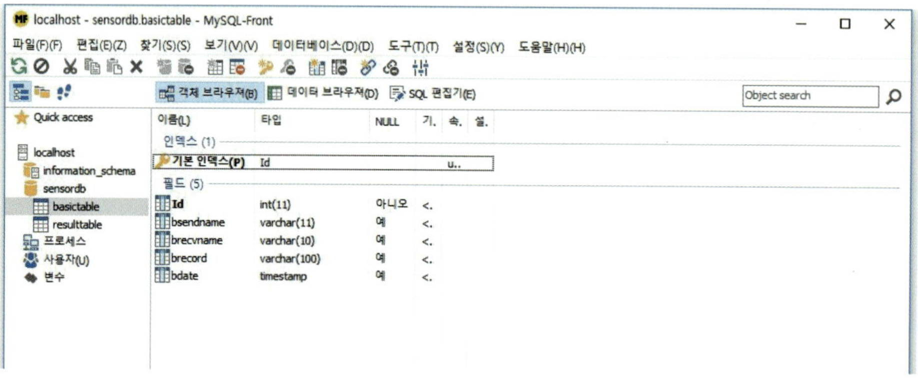

그림 7-14 첫 번째 테이블 설정

(4) resulttable의 필드

- rname, varchar(11)
- rwhere, varchar(11)
- bdate, datetime

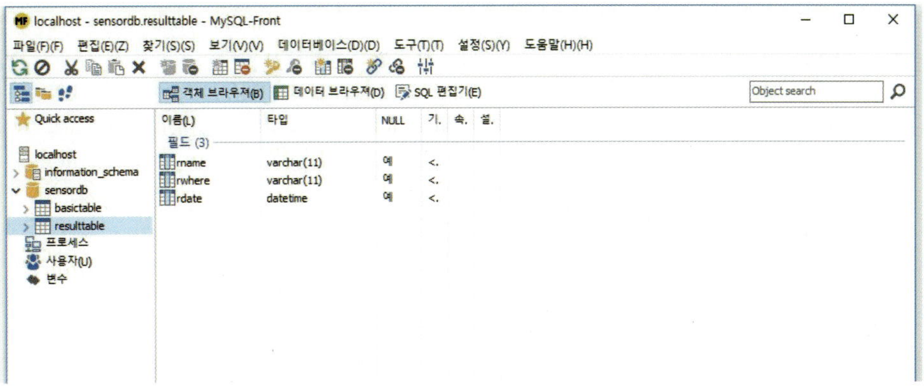

그림 7-15 두 번째 테이블 설정

나. 플라스크 웹서버 프로그래밍

위에서 설정한 데이터베이스 스키마에 맞추어, 웹서버 프로그램과 HTML, CSS 프로그램을 작성한다.

(1) 플라스크 웹서버 소스코드

```
import pymysql
from flask import Flask, render_template, request
db = pymysql.connect(host="localhost", port=3306, user="root", passwd="apmsetup",
db="sensordb", charset='utf8')
app = Flask(__name__)
@app.route('/')
def init_db():
        return "OK !!"
@app.route('/input')
def input_db():
        name=request.args.get('name')
        where=request.args.get('where')
        cur = db.cursor()
```

```
        sql = "insert into basictable (bname, bwhere, bdate) values ('%s', '%s', NOW());"
% (name, where)
        cur.execute(sql)
        db.commit()
        return "OK DB inserted. "
if __name__ == '__main__':
        print('Webserver ready...')
        app.run(host='0.0.0.0', port=8888)
        print('Webserver shutting down...')
        db.close()
```

위 코드를 자세하게 살펴보자.

```
db = pymysql.connect(host="localhost", port=3306, user="root", passwd="apmsetup",
db="sensordb", charset='utf8')
```

이것은 localhost 내의 sensordb 데이터베이스에 접속하는 명령이다.

```
@app.route('/')
def init_db():
        return "OK !! "
```

이것은 클라이언트가 웹 브라우저 주소창에서 이 서버에 접속해 올 경우, URL주소를 분석하여 처리한다. 직관적으로 알 수 있듯이 클라이언트가 IP주소와 포트주소만으로 접속 할 경우, OK!!라는 문자를 웹 브라우저에 출력시킨다.

```
@app.route('/input')
def input_db():
        name=request.args.get('name')
        where=request.args.get('where')
        cur = db.cursor()
        sql = "insert into basictable (bname, bwhere, bdate) values ('%s', '%s', NOW());"
% (name, where)
        cur.execute(sql)
        db.commit()
        return "OK DB inserted. "
```

이 부분은 클라이언트가 주소창에서 IP주소와 포트주소에 input이라는 문자를 붙여서 접속하는 경우에 수행하는 코드이다. 이렇게 input으로 서버에 접속하는 경우, 플라스크는 클라이언트가 보내온 2개의 값을 MySQL 데이터베이스에 삽입(insert into)하도록 프로그래밍 되어있다.

```
insert into basictable (bname, bwhere, bdate) values ('%s', '%s', NOW());
```

마지막으로 플라스크의 작동부분이다.

```
app.run(host='0.0.0.0', port=8888)
```

이 플라스크 웹 서버 프로그램은 모든 클라이언트의 접속을 허용하고, 8888번 포트로 작동된다는 코드이다.

(2) 실행 및 점검

PC나 스마트폰의 웹 브라우저에서 플라스크가 작동하고 있는 라즈베리파이 서버의 IP주소를 입력하고, 위 소스코드처럼 접속 포트 주소 8888을 입력하면 된다.

데이터베이스에 데이터를 저장하고 싶으면, PC나 스마트폰의 웹 브라우저에서 아래와 같이 입력한다.

```
192.168.x:8888/input?name=우리의호프&where=미국뉴욕에 가다
```

이렇게 실행되었을 경우, 데이터베이스에 다음 그림처럼 레코드가 삽입된다.

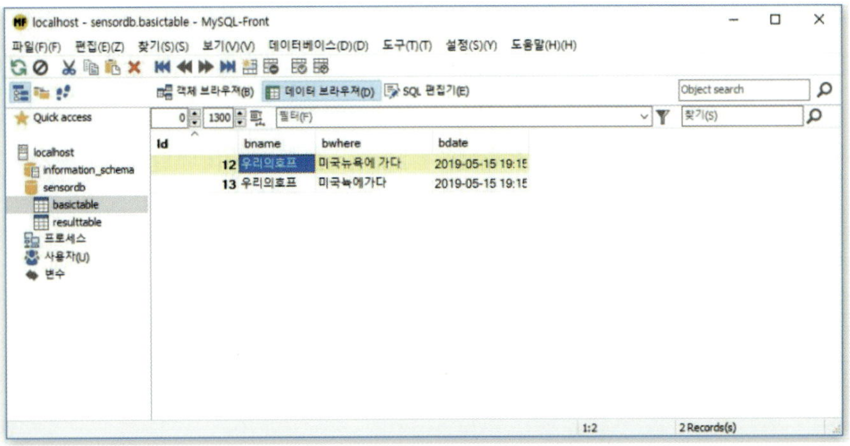

그림 7-16 데이터베이스 변경 모습

정상적으로 실행되었을 경우, 데이터베이스 테이블에 입력한 데이터가 삽입된 모습이다.

연습문제 7-7

플라스크에서 다음 명령의 의미를 정확하게 적어 보세요

(1) name=request.args.get('name')

(2) where=request.args.get('where')

7.7 채팅 앱 제작

앞 절에서 학습한 내용을 중심으로, 라즈베리파이 리눅스를 플라스크 웹서버로 사용하고 HTML, CSS를 이용하여 GUI를 작성한다. 보내온 데이터를 윈도우 PC에 있는 MySQL 데이터베이스에 저장하는 채팅 앱 시스템을 제작해보자. (데이터베이스 서버는 어떤 것을 사용해도 상관없다. 이 책에서는 윈도우에 MySQL을 설치하여 접속하지만, 호스팅이나 리눅스 서버를 이용해도 된다.)

가. 플라스크 웹 프로그래밍

앞 장에서 실습한 윈도우 플랫폼에서의 플라스크, HTML, CSS 프로젝트와 같다. 앞 장을 참고해서 학습하면 된다.

여기서도 프로그램이 들어갈 폴더 구조를 다음 그림과 같이 정하면 된다. 라즈베리파이의 홈 폴더에 webapp이라는 폴더를 만들고, 그 하위 폴더로 templates, static 폴더를 만든다. 이때 사용하는 리눅스 명령어는 다음과 같다. 리눅스 명령어 터미널에서 수행한다.

```
$cd
$mkdir webapp
$cd webapp
$mkdir templates
$mkdir static
```

templates 폴더에는 접근한 클라이언트에게 보여지는 웹 화면을 구성하는 index_chat.html 파일이 있어야 하고, 그 html 파일의 스타일을 잡아줄 style.css 파일은 static 폴더에 만들어져야 된다.

```
~/webapp
  ├─ web_mysql_chat_html.py
  ├─ templates
  │     └─ Index_chat.html
  └─ static
        └─ style.css
```

그림 7-17 라즈베리파이 폴더 구조

(1) 파이썬 플라스크 프로그래밍

플라스크 프로그램의 이름은 위 그림처럼 web_mysql_chat_html.py이다. 학습자가 임의로 조정해도 된다. 이렇게 이름을 정한 이유는 파이썬 플라스크에 기능을 하나씩 추가할 때마다 프로그램의 이름에 그 기능을 표기했기 때문이다. 이것은 엄격한 규칙이 아니므로 편리하게 수정해서 사용하면 된다.

```
import pymysql
from flask import Flask, render_template, request
db = pymysql.connect(host="192.168.0.35", port=3306, user="root",
      passwd="apmsetup", db="sensordb", charset='utf8')
app = Flask(__name__)
state='off'
@app.route('/')
def iii():
        return render_template('index_chat.html', state=state)
@app.route('/chat')
def input_to_database():
        global state
        send=request.args.get('send')
        recv=request.args.get('recv')
        record=request.args.get('record')
        cur = db.cursor()
          sql = "insert into basictable (bsendname, brecvname, brecord, bdate)
             values ('%s', '%s', '%s', NOW());" % (send, recv,, record)
```

```
17         cur.execute(sql)
18         db.commit()
19         return render_template('index_chat.html', state=state)
20 if __name__ == '__main__':
21         print('Webserver ready...')
22         app.run(debug=True, host='0.0.0.0', port=8888)
23         print('Webserver shutting down...')
24         db.close()
```

위 3번 줄은 기 구축한 MySQL 데이터베이스에 접근하기 위한 코드이다. MySQL 데이터베이스 서버의 IP주소, 사용자이름, 비밀번호, 데이터베이스 명, char set 등을 기입하면 된다.

이후 이렇게 정의한 데이터베이스에 접속하는 코드는 15, 16, 17, 18번 줄이다. 이중에서 16번 줄을 보면 클라이언트가 입력한 단어를 잘라내어서 데이터베이스에 삽입하는 insert into로 시작하는 SQL 명령을 수행한다. 기 설정한 데이터베이스의 스키마대로 정의하면 된다.

9번줄은 데코레이터이다. route 명령은 클라이언트가 웹 브라우저에서 주소창에 입력한 주소를 분석하여 /chat라는 문장이 있을 경우 바로 아래 10번 줄의 함수에 연결시킨다.

(2) HTML 프로그래밍

클라이언트의 웹 브라우저상에 표시될 HTML 프로그램은 라즈베리파이 webapp/templates 폴더에 index_chat.html로 생성한다.

```
<!doctype html>
<html>
<head>
 <title> CHATTING DEMO </title>
 <link type="text/css" rel="stylesheet" href="/static/style.css"/>
</head>
<body>
        <form action="/chat">
        <p>KAKAO Chatting APP</p>
      <p> Send : <input type="text" name="send" value=""> </p>
      <p> Recv : <input type="text" name="recv"> </p>
      <p> Contents :
          <textarea name="record" cols="30" rows="10"> </textarea>
      </p>
```

```
15 <input type="submit" value="submit" style="WIDTH:100pt;HEIGHT:40pt;
      font-size:30pt">
16       </form>
17 <br/>
18 </body>
19 </html>
```

5번 줄은 css 파일의 위치를 정의한다.

이 코드에서 중요한 것은 8번 줄 form action="/chat" 명령이다. 앞 절의 플라스크 웹서버 프로그램의 route 델리게이터의 /chat 부분과 연결되는 부분이다. 오타에 주의해야 한다. 8번~16번이 이 기능을 담당한다.

제작한 채팅앱에서 대화 내용을 입력한 후, submit(전송)라는 버튼을 누르면 8번~16번 줄의 form 명령문이 작동하여, 〈IP주소:포트주소/chat?send=이름&recv=이름&record=문장〉을 파이썬 플라스크 서버에 전송한다. send, recv, record는 각각 10, 11, 13번 줄의 name값을 이용한 것이다.

```
http://IP주소:8888/chat?send=홍길동&recv=아기공룡&record=둘리야 어디있니?
```

이러한 방식으로 서버와 클라이언트가 동작하는것을 HTTP GET 방식이라고 한다.

(3) CSS 프로그래밍

```
body {
    background-color: black;
    text-align: center;
}
p {
    font-size: 50px;
    color : yellow;
}
#state {
      font-size: 80px;
      color : red;
}
```

이 css 프로그램은 앞 장에서 설명한 윈도우 부분과 정확히 일치한다. html과 css는 윈도우, 리눅스 등의 플랫폼과 상관없이 똑같이 동작하기 때문이다. 해당 부분을 참고하면 된다.

나. 실행 및 결과

위에서 프로그래밍한 html, css를 웹 브라우저에서 실행하면 다음과 같다.

send라는 칸에는 보내는 사람, recv 칸에는 받는 사람, contents에는 보내는 내용을 입력하고 submit 버튼을 누르면 파이썬 플라스크의 @app.route(/chat) 데코레이터가 이것을 받아서 MySQL로 Insert into 시키는 구조로 되어있다.

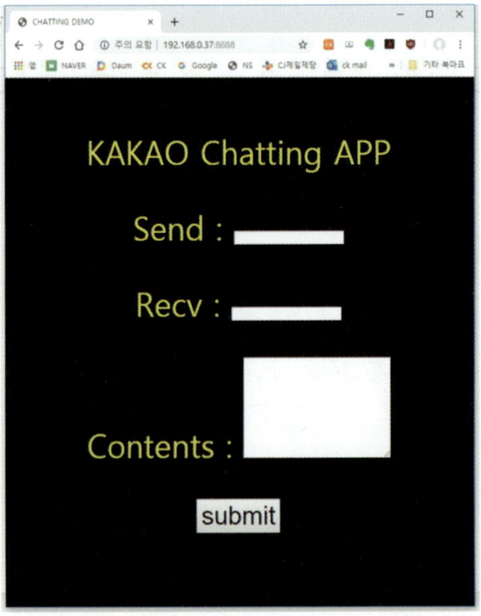

그림 7-18 클라이언트에게 보이는 웹 앱 화면

플라스크, HTML, CSS 프로그램이 정상적으로 오류없이 수행되면 이 채팅앱에서 입력한 내용은 아래 그림처럼 MySQL 데이터베이스의 테이블 내부에 삽입될 것이다.

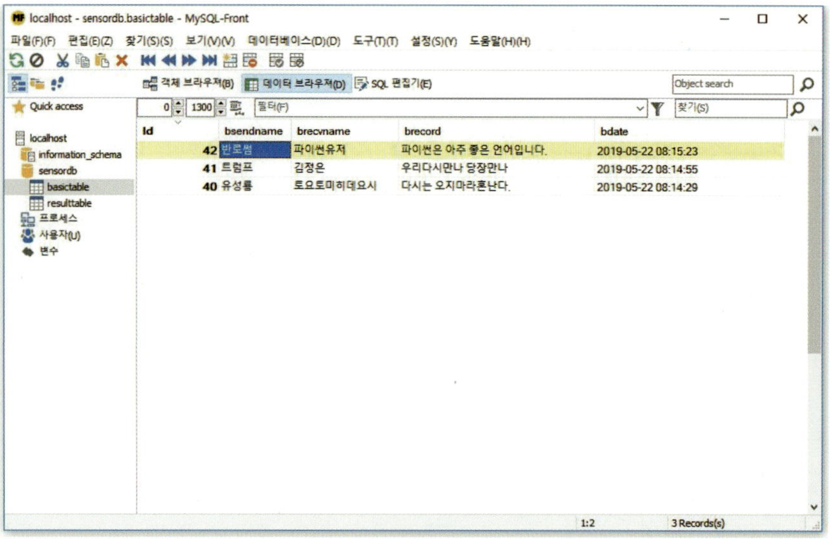

그림 7-19 데이터베이스 삽입 모습

연습문제 7-8

이 절에서 학습한 플라스크, HTML, CSS 소스코드를 작성하여 프로그램이 정확하게 작동함을 보여 주세요.

note

8 파이썬 프로그래밍 기초

CHAPTER

라즈베리파이에서 파이는 파이썬 프로그래밍 언어에 대한 오마주로 붙여졌다고 주장하는 사람도 있다. 맞는 말일까? 최근의 자료에 의하면, 1980~90년대 네델란드의 귀도 판 로썸(Guido van Rossum)이 완성한 이 파이썬이라는 인터프리터 언어의 이름은 BBC의 "Monty Python's Flying Circus"라는 유명 TV 프로그램에서 따왔다고 한다. '파이썬(Python)'이란 영어의 의미는 원래 그리스 신화에 나오는 뱀 이름이다. 파이썬 로고에 있는 두 개의 뱀이 서로 마주보는듯한 그림도 이 때문이다.

그림 8-1 파이썬 로고

8.1 파이썬 소개

유연하면서도 강력한 파이썬은 원래 컴퓨터 과학과 수학을 위한 미국 국립표준기술연구소(NIST)의 귀도 판 로썸에 의해 개발되었다. 1956년 네델란드 출생의 귀도 판 로썸은 이 연구소의 연구원이었다. 그는 ABC언어의 개발팀에 참여했었는데, 이 경험을 살려 파이썬을 만들게 되었다고 한다. 처음 소개된 이후 파이썬은 가독성을 높이는데 초점을 두고 개발되었고, 명확하고 표현력 있는 문법으로 사용자를 증가시켜 왔다. 귀도 판 로썸은 2005년부터 구글에서 일하다가, 2013년부터는 드롭박스에서 개발자로 근무하고 있다.

그림 8-2 귀도 판 로썸

가. 구조의 단순함

파이썬은 단순하고 최소화된 언어다. 잘 쓰여진 파이썬 프로그램을 읽는 것은 좀 딱딱하게 쓰여진 영어 문장을 읽는 것과 크게 다르지 않다. 이러한 프로그램 코드 같지 않아 보이는 특성은 파이썬의 가장 강력한 특성들 중 하나이다. 이로 인해 프로그래머는 개발용 언어 그 자체보다 자신이 해결하고자 하는 문제에 더 쉽게 집중할 수 있게 되었다.

TIP

ABC언어

ABC는 범용의 명령형 컴퓨터 프로그래밍 언어이면서 프로그래밍 환경이다. ABC는 네덜란드 CWI(Centrum voor Wiskunde en Informatica)의 레오 회르츠, 람베르트 메르텐스, 스티븐 펨버턴이 개발하였다. ABC는 상호작용적이고 구조적인 고수준 언어로, 배우고 쓰기 쉽고, 베이직, 파스칼 등을 대체할 목적으로 만들어졌다.

ABC는 수, 문자열, 리스트, 순서조, 배열의 다섯 가지 데이터 형을 가지고 있으며, 변수 선언은 필요 없다. 하향식 프로그래밍을 지원하며 블록 구조는 들여쓰기로 이루어진다. 무한정밀도 연산을 지원하며 리스트와 문자열의 길이에 제한이 없다.

ABC는 현재 인터프리터/컴파일러 모두 가능하며, 유닉스, 도스, 아타리, 매킨토시용으로 개발되어 있다.

ABC는 파이썬 언어에 큰 영향을 끼쳤다. 특히 블록 구조를 들여쓰기 하는 것은 그 직접적인 영향이다. 파이썬의 개발자인 귀도 반 로섬은 1980년대 초반 몇 년 동안 CWI에서 ABC 언어 개발에 참여하였다.

나. 학습하기 쉬운 언어

컴퓨터 언어에 익숙하지 않은 사람들은 동의하기 힘들겠지만, 파이썬은 배우기 쉬운 언어이다. 왜냐하면 파이썬은 굉장히 쉬운 문법 체계를 갖고 있기 때문이다. 다른 프로그래밍 언어를 배워보게 되면 그 이유를 쉽게 알게 된다.

다. FLOSS(자유, 오픈 소스 소프트웨어)

파이썬은 FLOSS (Free/Libré and Open Source Software 자유, 오픈 소스 소프트웨어)의 좋은 예이다. 이것은 이 소프트웨어의 복사본을 마음대로 배포할 수 있고, 소스 코드가 공개되어 있어 언제든지 읽을 수 있으며, 필요한 부분을 고칠 수 있고, 새로운 자유 소프트웨어를 작성할 때 이 프로그램의 일부를 사용해도 된다는 것을 의미한다. 파이썬은 좀 더 나은 파이썬을 만들고자 하는 공동체의 노력에 의해 지속적으로 개선되고 있다.

라. 하이레벨 언어

파이썬으로 프로그램을 작성할 때, 메모리를 관리하는 등의 저수준의 세부적인 사항들을 신경 쓸 필요가 없다. 하이레벨 즉, 만들고자 하는 알고리즘에 집중이 가능하다.

8.2 Hello World

가. 파이썬 인터프리터 환경

라즈베리파이 데스크톱 환경에 있는 Programming 메뉴에서 IDLE를 실행한다. IDLE는 기본적으로 파이썬 쉘 모드로 열린다. 따라서 초기 창에 입력한 내용은 무엇이던지 즉시 실행된다. 나중에 실행할 수 있는 새 파이썬 프로젝트를 만들려면 File 메뉴를 클릭하여 New Window를 선택하여 새 창을 연다.

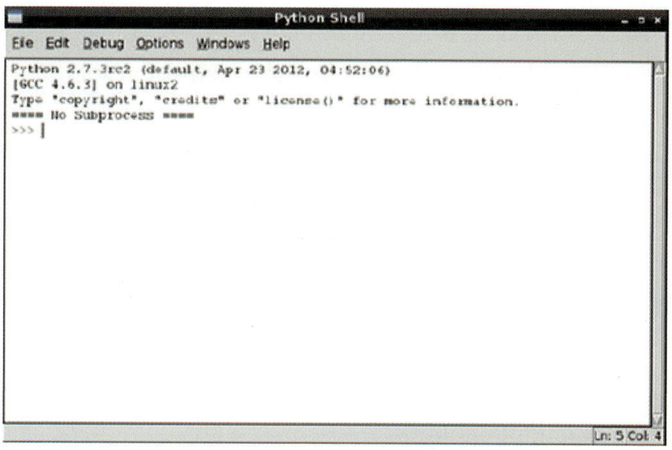

그림 8-3 IDLE 파이썬 쉘 창

IDLE 대신 IDLE3를 선택하면 파이썬 3.0 버전이 로드된다. 이 버전에는 IDLE에 포함된 파이썬에는 포함되지 않은 기능이 포함되어 있다. 하지만 그 기능들은 이 장에서는 사용되지 않는다. 어느 버전을 실행해도 상관없으며 이 예제는 양쪽 모두에서 실행된다.

파이썬 프롬프트가 시작되면 〉〉〉이라는 문자열이 보이는데 이것은 파이썬 명령을 입력할 수 있는 상태임을 뜻한다. 이것을 우리는 파이썬 인터프리터 프롬프트라 부른다. 파이썬 인터프리터 프롬프트에서 다음을 입력한다.

```
print "Hello World"
```

enter 키를 입력하면, Hello World 라는 문자열이 화면상에 출력됨을 확인할 수 있다. 화면에 보이는 파이썬 프로그램에 대한 세부 사항은 컴퓨터에 따라 조금씩 다를 수 있다. 다만, 프롬프트로부터 보이는 부분 (〉〉〉 이후로 보이는 부분)은 어떤 운영 체제를 이용하든지 동일하다.

```
$ python
Python 2.7.6 (default, Feb 23 2014, 16:08:15)
[GCC 4.2.1 Compatible Apple LLVM 5.0 (clang-500.2.79)] on darwin
Type "help" , "copyright" , "credits" or "license" " for more information.
〉〉〉 print "hello world"
hello world
〉〉〉
```

파이썬은 여러분이 입력한 것에 대한 결과물을 곧바로 출력해준다는 점에 유의하면 된다. 방금 입력한 것은 하나의 파이썬 명령이다. 방금 print를 이용하여 여기에 넘겨준 값을 출력하도록 한 것이다. 다시 말하면 'Hello world'라는 문자열을 print에 넘겨주었고, 이 결과가 곧바로 화면에 출력된 것이다.

print "hello world" 이 문장에서 에러가 나면 다음과 같이 괄호를 추가하면 된다.
print ("hello world")
파이썬3에서 크게 달라진 것은 이 부분이다.

나. 인터프리터 종료

만일 GNU/Linux 혹은 Unix 쉘을 이용하는 중이라면, ctrl+d를 누르거나 exit()를 입력하여 프롬프트를 종료할 수 있다. (주의: enter 키를 입력하기 전에 exit 뒤에 괄호 ()를 붙여야 한다.)

만약 윈도우 명령 프롬프트를 이용하는 중이라면, ctrl+z키를 누르고 enter키를 입력하여 프롬프트를 종료할 수 있다.

다. 파이썬 프로그래밍 파일작성

인터프리터가 간편하기는 해도 파이썬 프로그램을 실행할 때마다 인터프리터 프롬프트를 실행하고 프로그램을 입력할 수는 없는 노릇이다. 따라서 프로그램을 파일로 저장해 두면, 원하는 만큼 언제든지 실행만 할 수 있어 편리하다.

파이썬 프로그램을 파일로 작성할 때는 셔뱅으로 알려진 줄로 시작하는 것이 좋은 습관이다. 셔뱅이란 이름은 행 처음에 오는 #과 !글자로부터 유래했다. 이 행은 운영체제에게 파이썬 파일들을 어디에서 찾아야 하는지를 알려준다. 이 행은 IDLE 내에서 실행되거나 터미널에서 별도로 파이썬을 호출하는 프로그램인 경우에는 전혀 필요가 없다. 프로그램의 파일명을 직접 호출하여 실행되는 경우에 필요한 것이다.

TIP 셔뱅

셔뱅(shebang)은 해시 기호와 느낌표(#!)로 이루어진 문자 시퀀스로, 스크립트의 맨 처음에 온다. 샤-뱅(sha-bang), 해시뱅(hashbang), 파운드-뱅(pound-bang), 해시-플링(hash-pling), 크런치뱅(crunchbang)이라고도 한다.
유닉스 계열 운영 체제에서 셔뱅이 있는 스크립트는 프로그램으로서 실행되며, 프로그램 로더가 스크립트의 첫 줄의 나머지 부분을 인터프리터 지시자(interpreter directive)로 구문 분석한다. 즉, 지정된 인터프리터 프로그램이 대신 실행되어 스크립트의 실행을 시도할 때 처음 사용되었던 경로를 인수로서 넘겨주게 된다. 예를 들면 스크립트의 경로가 path/to/script이고 다음의 줄로 시작한다면:
#!/bin/sh
프로그램 로더는 프로그램 /bin/sh를 대신 실행하되 path/to/script를 첫 번째 인수로 넘겨준다. 셔뱅 줄은 일반적으로 인터프리터에 의해 무시되는데 그 까닭은 "#" 문자가 수많은 스크립트 언어에서 주석 표시자이기 때문이다. 스킴처럼 해시 마크를 주석 시작으로 사용하지 않는 일부 언어 인터프리터들은 목적에 맞게 셔뱅 줄을 무시하기도 한다. 다른 해결 방안으로는 전처리기에 의존하여 스크립트의 나머지 부분이 컴파일러나 인터프리터에 넘겨지기 전에 셔뱅 줄을 제거하거나 평가하게끔 하는 방법이다.

파이썬 실행파일이 어디에 설치되었는지 상관없이 프로그램이 실행될 수 있도록 하기 위해 사용자 프로그램의 첫 줄은 다음과 같이 시작해야 된다.

```
#! /usr/bin/env python
```

이 행은 운영체제가 파이썬의 위치를 찾을 때 라즈베리파이에 어떤 리눅스 배포판을 사용하더라도 작동할 수 있도록 $PATH 환경변수(리눅스가 프로그램으로 실행될 수 있는 파일들의 위치를 저장해두는 곳)을 참조하도록 지시한다. $PATH 변수는 실행 가능한 파일들이 저장되어 있는 디렉토리들의 목록을 가지고 있어 사용자가 콘솔이나 터미널 창에서 실행할 프로그램명을 타이핑할 때 그 프로그램의 위치를 찾는데 사용된다.

메시지를 출력하려면 파이썬의 명령을 사용해야 된다. 명령어가 의미하듯 print 명령은 출력장치에 텍스트를 출력한다. 기본적으로 프로그램이 실행되고 있는 터미널 창이나 콘솔로 출력된다. 사용법은 간단하다. print 명령어 뒤에 따라오는 이중 따옴표 사이에 있는 모든 텍스트가 표준 출력 장치로 출력된다. 사용자의 새 프로젝트에 다음 행을 추가한다.

```
print ( "Hello World" )
```

최종 프로그램은 다음과 같은 모양이 된다.

```
#! /usr/bin/env python
print ( "Hello, World!" )
```

IDLE는 문법 강조 표시 기능을 지원하므로 아래 그림에서 보듯이 문법에 따라 각 단어의 색을 다르게 표시해준다. 지금처럼 간단한 예제에서는 그다지 필요가 없지만 복잡한 프로그램을 작성할 때는 오류가 있는 지점을 발견하는데 매우 유용한 기능이다.

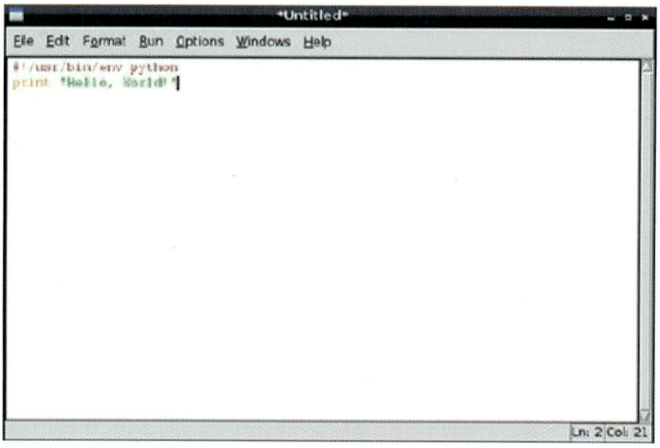

그림 8-3 IDLE에서의 문법에 따른 강조 표시

프로그램을 실행하기 전에 File 메뉴를 이용하여 프로그램을 helloworld.py란 이름으로 저장한다. IDLE는 파일 확장자에 .py를 자동으로 부여한다. 다른 확장자를 사용하더라도 파이썬이 프로그램을 실행하는 데는 상관이 없지만 .py라는 이름을 사용하면 파이썬 프로그램이라는 것을 쉽게 구분할 수 있다.

Run 메뉴에서 Run Module을 선택하거나 F5키를 눌러 프로그램을 실행한다. 그러면 IDLE는 파이썬 쉘 창으로 되돌아가 프로그램을 실행한다. Hello, World! 메시지가 파란색으로 표시된다. 표시가 되지 않으면 프로그램을 확인해야 한다. print 문 뒤에 있는 텍스트 메시지의 앞과 뒤에 이중 따옴표가 제대로 있는지 특히 주의해서 본다.

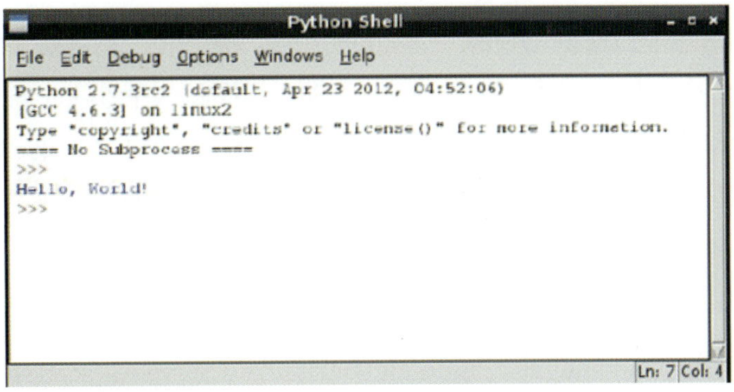

그림 8-4 IDLE에서 helloworld.py 실행

텍스트 에디터를 사용해서 프로그램을 작성하는 경우에는 터미널 창을 열고 cd 명령어를 이용하여 프로그램을 저장한 디렉토리로 이동한다. 이후 다음 명령어를 키인하여 사용자 프로그램을 실행한다.

```
$ python helloworld.py
```

이 명령어는 운영체제가 파이썬을 실행한 후 helloworld.py 파일을 로드하여 실행하도록 한다. IDLE의 파이썬 셸과 달리 프로그램이 파일 끝까지 실행된 후 파이썬은 종료가 되고 터미널 창으로 제어가 되돌아온다. 결과는 동일하다. Hello, World!가 표준 출력으로 출력된다.

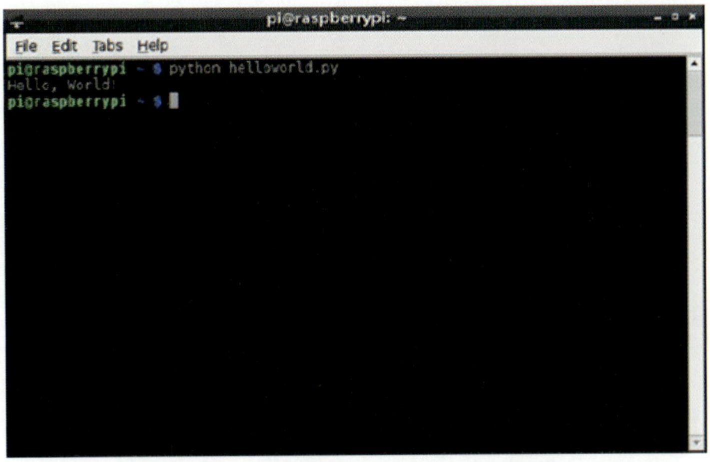

그림 8-5 터미널에서 helloworld.py 실행

8.3 작성된 파이썬 프로그램을 유틸리티로 사용

일반적으로 파이썬 프로그램을 실행하는 유일한 방법은 파이썬이 그 프로그램 파일을 열어서 실행하도록 하는 것이다. 하지만 프로그램 첫 줄에 셔뱅행을 써두었다면 파이썬을 호출하지 않고도 프로그램을 직접 실행할 수 있다. 이 방법은 사용자가 작성한 자신의 프로그램을 터미널에서 직접 실행시킬 수 있게 만드는 유용한 방법이다. 일단 프로그램을 시스템의 $PATH 환경 변수에 있는 위치로 복사한 후에는 어느 위치에서든 프로그램명만을 타이핑하면 실행된다. 우선 파이썬 파일에 실행 가능 속성을 부여한다.

```
$ chmod +x helloworld.py
```

직접 실행한다.

```
$ ./helloworld.py
```

전체 경로를 입력하지 않고 실행하려면 $PATH에 등록되어 있는 디렉토리로 복사를 한다.

```
$ sudo cp helloworld.py /usr/local/bin/
```

이제 경로 없이 파일명만으로 실행이 가능하다.

```
$ helloworld.py
```

좀 더 기본 유틸리티처럼 사용하려면 확장자도 없애주면 된다.

```
$ sudo mv /usr/local/bin/helloworld.py /usr/local/bin/helloworld
```

이제는 helloworld라고 입력만 해도 실행이 된다.

8.4 계산기 프로그래밍 작성

이제 좀 더 흥미로운 대화형으로 작동하는 계산기 프로그램을 작성해보자. 첫 줄은 셔뱅 라인을 입력한다.

```
#! /usr/bin/env python
```

둘째 줄은 코멘트를 입력한다.

```
# Python program : Calculator
```

파이썬에서는 셔뱅라인을 제외한 #으로 시작하는 행은 코멘트로 처리된다. 행 중간에 # 기호가 있으면 그 앞까지만 실행된다.

다음 행은 사용자에게 이름을 입력하도록 요청한다.

```
userName = raw_input( "What is your name?" )
```

userName이라는 변수가 생성된다. raw_input 명령은 괄호 안의 텍스트 메시지를 표준 출력에 표시하고 키보드로부터 표준 입력을 받는다. 등호(=)는 우측의 값이나 명령어 실행 결과를 왼쪽의 변수에 대입하는 기능을 한다. 텍스트 메시지 끝에 공백을 두어야 사용자가 입력한 텍스트가 질문 텍스트에 달라붙어 표시되는 것을 방지할 수 있다.

CAUTION

사용자에게 입력을 요구할 때 input 명령어를 사용하면 사용자가 자신의 프로그램을 주입하여 보안상의 위협을 초래할 수 있다. 항상 raw_input 명령어를 사용해야만 의도치 않은 동작을 막을 수 있다.

사용자 이름을 username 변수에 받았으면 이제 다음 행을 추가한다.

```
print "Welcome to the program, " , userName
```

이 print 명령은 텍스트 메시지를 출력하고 뒤이어 콤마(,)로 나뉘어진 뒷부분을 출력한다. 콤마는 출력할 부분이 뒤이어 더 있음을 의미한다. 이중 따옴표로 둘러싸인 앞부분은 그대로 출력되지만 그렇지 않은 뒷부분은 변수로 인식되어 그 안에 든 값이 출력된다.

TIP

출력될 문자열을 간편하게 포맷팅하는 방법은 print명령어 끝에 .format 지시자를 사용하는 것이다. .format을 써서 위의 print명령을 다시 써보면 다음과 같이 쓸 수 있다.

```
print "Welcome, {0}, to this program.".format(userName)
```

이 예제 프로그램은 점차 간단하지만 친숙한 계산기 프로그램 형태를 갖춰갈 것이다. 첫 번째 예제와 달리 이 예제는 사용자가 멈추기 전까지 계속 실행되도록 한다. 그렇게 하기 위해서 스크래치에서 했던 것처럼 반복문을 사용한다. 다음 두 행을 입력해서 반복문을 만든다.

```
goAgain = 1
while goAgain == 1:
```

첫 번째 행은 goAgain 변수를 만들고 그 값을 1로 설정한다. 두 번째 행은 반복문을 시작하되 goAgain이 1과 같은 동안 뒤에 오는 일련의 코드들을 반복한다. 뒤에 오는 반복될 코드들은 들여 쓰기 되어야 한다.

가장 기본적인 계산기 형태로써 두 개의 숫자를 입력으로 받아 두 숫자를 사용하여 계산을 해보자. 일단 두 개의 숫자를 입력 받는다.

```
firstNumber = int(raw_input( “Type the first number: ” ))
secondNumber = int(raw_input( “Type the second number: ” ))
```

여기서는 두 개의 숫자를 입력 받기 위해 raw_input을 사용할 뿐만 아니라 int를 사용한다. int는 integer의 약자로 입력 받은 문자열을 숫자로 변환한다. 계산기가 단어들을 가지고 계산할 수는 없으니 분명히 중요한 부분이다.

변수들에 두 개의 숫자를 저장했으므로 이제 계산을 할 수 있다. 덧셈, 뺄셈, 곱셈, 나눗셈을 한 후 사용자에게 결과를 출력해보자.

```
print firstNumber, “added to” , secondNumber, “equals” , firstNumber + secondNumber
print firstNumber, “minus” , secondNumber, “equals” , firstNumber - secondNumber
print firstNumber, “multiplied by” , secondNumber, “equals” , firstNumber * 
secondNumber
```

덧셈과 뺄셈은 당연히 덧셈기호와 뺄셈기호를 사용하지만 곱셈은 애스터리스크(*)를 사용한다. 문자열에 사용된 이중따옴표 사이에 공백이 없는 점을 주목하자. 파이썬은 숫자들과 문자열을 섞어서 출력할 때는 자동으로 공백을 넣어 띄워 준다. 나눗셈은 / 기호를 연산기호로 사용한다.

```
print firstNumber, “divided by” , secondNumber, “equals” , firstNumber / secondNumber
```

계산 부분은 완성이 되었지만 언제 반복문을 빠져나갈지 지시하는 부분이 없으므로 이 프로그램은 무한 반복을 벗어나지 못한다. 빠져나갈 수 있도록 하기위해 다음 행들을 추가하자.

```
goAgain = int(raw_input("Type 1 to enter more numbers, or any other number to quit: "))
```

이제 사용자가 goAgain의 값을 바꿀 수 있어 while 루프를 제어할 수 있게 되었다. 사용자가 1을 입력하면 goAgain 변수는 계속 1이므로 루프는 다시 반복될 것이고, 다른 숫자를 입력하면 조건식의 결과는 더 이상 참이 아니므로 루프는 반복을 끝낼 것이다.
완성된 프로그램의 전체 코드는 다음과 같다.

```
#! /usr/bin/env python
# Example 2: A Python program
userName = raw_input( "What is your name?" )
print  "Welcome to the program, " , userName
goAgain = 1
while goAgain == 1:
        firstNumber = int(raw_input( "Type the first number: " ))
        secondNumber = int(raw_input( "Type the second number: " )
        print firstNumber, "added to", secondNumber,  "equals" , firstNumber + secondNumber
        print firstNumber,  "minus" , secondNumber,  "equals" , firstNumber - secondNumber
        print firstNumber, "multiplied by", secondNumber,  "equals" , firstNumber* secondNumber
        print firstNumber,  "divided by" , secondNumber,  "equals" , firstNumber / secondNumber
        goAgain = int(raw_input( "Type 1 to enter more numbers, or any other number to quit: " ))
```

프로그램을 calculator.py로 저장하고 실행한다. 이름을 입력하라는 메시지가 나오면 이름을 입력하고 두 개의 숫자를 입력한다. 프로그램을 끝내고 싶으면 1이 아닌 숫자를 입력하여 프로그램을 끝낸다.

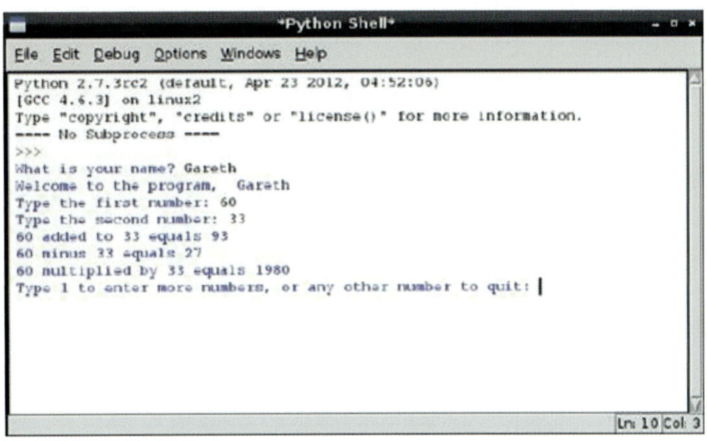

그림 8-6 IDLE에서 calculator.py 실행

파이선의 주요 개념을 소개가 위한 짧은 프로그램 예제들을 더 원하면 다음의 공식 예제사이트인 위키 페이지를 방문하면 된다.

http://wiki.python.org/moin/SimplePrograms

8.5 파이썬 문법 Basics

파이썬에 대한 보다 더 깊은 학습은 〈byte of Python〉라는 책자와 사이트를 추천한다. 온라인으로 이 책을 먼저 보려면 이 책의 마지막 페이지를 참고하면 된다. 몇 가지 중요한 기본 사항을 이 장에서 학습해 보자.

가. 리터럴 상수

리터럴 상수는 5, 1.23과 같은 숫자나, 'This is a string' 혹은 "It's a string!"과 같은 문자열 등을 말한다. 이것들이 리터럴 상수라고 불리는 이유는 이것들이 프로그램 내에 직접 문자 형태로(literally) 지정되는 값들이기 때문이다. 이러한 값들은 한번 지정되면 변하지 않는다. 예를 들면 숫자 2는 언제나 자기 자신이 2라는 숫자임을 나타내며 어떤 다른 의미도 갖지 않는다. 이들은 한번 지정되면 그 값을 변경할 수 없기 때문에 상수이다. 그 중에서도 특별히 이러한 값들을 리터럴 상수라고 부른다.

나. 숫자형

숫자형에는 정수형(Integer)과 부동 소수점 숫자형(Float)의 두 가지 종류가 있다. 정수형 숫자의 예는 2이다. 이것은 단순히 2라는 숫자를 의미하는 것이다. 부동 소수점 숫자의 예는 3.23, 52.3E-4와 같은 값이다. E 표기법은 E 뒤의 값이 10의 지수임을 나타낸다. 예를 들어 52.3E-4는 $52.3 * 10^{-4}$라는 값을 의미한다.

TIP

파이썬에서는 long 형이 따로 없다. 대신, int 형에 어떤 크기의 정수든지 담을 수 있다.

다. 문자열

문자열이란 문자의 나열을 뜻한다. 문자열은 간단하게 말하자면 문자들의 집합이다. 아마도 앞으로 작성하게 될 거의 모든 파이썬 프로그램에서 문자열을 사용하게 될 것이다. 따라서 아래 항목들을 주의 깊게 살펴보아야 한다.

(1) 작은 따옴표

작은 따옴표를 이용하여 문자열을 지정할 수 있다. 예를 들어 'Hello my friends!'와 같이 하면 된다. 모든 공백 문자, 즉 띄어쓰기나 탭 등은 입력한 그대로 유지된다.

(2) 큰 따옴표

큰 따옴표로 둘러싸인 문자열은 작은 따옴표로 둘러싸인 문자열과 완전히 동일하게 취급된다. 예를 들면, "What's your name?"과 같다 (큰 따옴표로 둘러싸인 문자열 안에 작은 따옴표가 포함되어도 된다.

(3) 따옴표 세 개

여러 줄에 걸친 문자열은 세 개의 따옴표로 표현할 수 있다 """ 또는 '''으로 쓸 수 있다. 세 개의 따옴표로 묶여진 문자열 안에서는 작은 따옴표든 큰 따옴표든 마음대로 사용할 수 있다. 예를 들면 다음과 같다.

```
' ' 'This is a multi-line string. This is the first line.
This is the second line.
"What's your name?," I asked.
He said "Bond, James Bond."
' ' '
```

(4) 문자열 포맷팅

문자열을 생성하려고 할 때, 종종 다른 정보들을 포함하여 생성하고 싶을 때가 있다. 이것을 문자열 포맷팅이라고 하며, 이를 위해 format()을 이용한다.

다음을 str_format.py라는 이름으로 저장한다.

```
age = 50
name = 'KimKS'
print '{0} was {1} years old when he makes the thing'.format(name, age)
print 'Why is {0} playing with this Raspberry?'.format(name)
```

실행 결과:

```
$ python str_format.py
KimKS was 50 years old when he makes the thing
Why is KimKS playing with this Raspberry?
```

먼저 중괄호로 표현된 특별한 표시들이 포함된 문자열을 만들고, 그 후에 문자열의 format 메소드를 사용하여 이 표시들을 format 메소드에 주어진 인자들로 치환한 것이다.

위 예시에서는 문자열 내에서 첫 번째로 {0}이 사용되었으며 이것은 format 메소드에 주어진 첫 번째 인자, 즉 변수 name에 해당된다. 마찬가지로, 두 번째 사용된 표시는 {1}이며 이것은 format 메소드에 주어진 두 번째 인자인 age에 해당된다. 파이썬은 숫자를 셀 때 항상 0부터 세기 시작한다는 점에 유의한다. 즉, 첫 번째 인자의 인덱스는 0이며, 두 번째는 1이다. 또한 다음과 같이 문자열 더하기를 이용하여 동일한 결과를 얻을 수도 있다.

```
name + ' is ' + str(age) + ' years old'
```

그러나 이것은 척 보기에도 깔끔하지 못하며, 작성 중 실수하기도 쉽다. 또 이 경우 각 변수를 일일이 명시적으로 문자열로 변환해주어야 하지만, format 메소드를 이용할 경우에는 알아서 자동으로 변환해 준다. 또 format 메소드를 이용할 경우 변수들을 신경 쓰지 않고 문자열의 내용을 수정하기 쉽고, 문자열에 신경쓰지 않고도 변수의 위치나 순서 등을 변경하기가 더 쉽다.

(5) 이스케이프(Escape) 문자

작은 따옴표(')를 포함하고 있는 문자열 하나를 정의하고 싶다고 해보자. 이 경우 어떻게 이 문자열을 정의하면 될까? 예를 들면 What's your name? 과 같은 문자열을 정의하는 것이다. 물론 "What's your name?"이라고 하면 되겠지만, 'What's your name?'과 같은 방식을 사용할 수는 없다. 왜냐면 이 경우 문자열의 시작과 끝이 어디부터 어디까지인지 모호해지기 때문이다.

따라서 문자열 안에 포함된 작은 따옴표가 문자열의 끝을 의미하는 것이 아니라는 것을 파이썬에게 알려줘야 한다. 이것은 이스케이프 문자라 불리우는 것을 이용하면 해결할 수 있다. 사용법은 작은 따옴표 앞에 ₩ 문자(enter 키 위에 있다)를 붙여 ₩' 와 같은 방식으로 표기하면 된다. 이를 이용하면, 위의 문자열은 'What's your name?'과 같이 표기할 수 있다. 위 문자열을 정의하는 또 다른 방법은 큰 따옴표를 사용하여 "What's your name?"과 같이 표기하는 것이다.

큰 따옴표로 지정된 문자열 안에 포함된 큰 따옴표도 마찬가지로 이스케이프 문자를 이용하여 표기할 수 있다. 또한, ₩ 문자를 표기하고 싶을 경우에는 ₩₩라고 표기한다.

한편 두 줄짜리 문자열을 정의하고 싶을 경우 어떻게 하면 될까? 한 가지 방법은 위에서 다루었듯이 따옴표 세 개로 문자열을 정의하거나, 혹은 이스케이프 문자를 이용하여 줄바꿈 문자(newline character) ₩n을 사용하여 줄바꿈을 표현할 수 있다.

다음 예제를 확인하세요.

```
'This is the first line\nThis is the second line'
'This is the first line\tThis is the second line'
```

아래 줄의 이스케이프 문자는 '₩t'로 표현되는 탭 문자이다.
또 한 가지 유용한 것은 문자열을 정의할 때 줄의 끝에 ₩ 문자를 붙여 주면, 그 다음 줄에 정의된 문자열을 끊김 없이 이어 붙여 문자열을 정의하게 된다. 예를 들면 다음과 같다.

```
"This is the first sentence. \
This is the second sentence."
```

위 예제는 다음 예제와 동일하다.

```
"This is the first sentence. This is the second sentence."
```

(6) 순 문자열

문자열 내에 포함된 이스케이프 문자 등을 처리하지 않고 그대로 출력하고 싶을 때, 문자열 앞에 r 또는 R 문자를 붙여 순(Raw) 문자열임을 표기한다. 다음 예제를 확인해보자.

```
r "Newlines are indicated by \n"
```

정규 표현식을 사용할 때는 항상 순 문자열을 사용하면 된다. 그렇지 않으면 문자열 내에 이스케이프 문자가 너무 많아져 알아볼 수 없게 된다.

순 문자열을 사용하면, '₩₩1'을 r'₩1'로 짧게 표기가 가능하다.

라. 변수

리터럴 상수만 사용하여 프로그램을 작성할 수는 없다. 뭔가 정보를 담고, 수정할 수 있는 어떤 공간이 필요하다. 즉, 변수를 이용하는 것이 좋다. 변수는 이름 그대로 변할 수 있는 공간을 말하며, 여기에는 무엇이든 저장할 수 있다. 변수들은 단순히 정보를 저장할 때 사용되는 컴퓨터의 기억 장치의 한 부분을 가져다가 적당한 이름을 붙여 사용하는 것이다. 리터럴 상수와는 달리, 변수들은 프로그램 내에서 여러 방법을 통해 변경되고 사용되기 때문에 한눈에 알아보기 쉬운 이름을 지어준다.

예제 변수와 리터럴 상수 사용하기

다음 프로그램을 입력 후 실행하시오.

```
# Filename : var.py
i = 5
print i
i = i + 1
print i
s = ' ' 'This is a multi-line string.
This is the second line.' ' '
print s
```

실행결과

```
5
6
This is a multi-line string.
This is the second line.
```

동작원리

위 프로그램의 동작 원리는 다음과 같다. 먼저, 리터럴 상수 5라는 값을 변수 i에 할당 연산자(=)를 이용하여 할당하였다. 이러한 한 줄을 명령이라고 부르는데, 이 경우 변수명 i를 값 5에 할당하는 행위를 지정해 준 것이기 때문이다. 다음으로, i에 할당된 값을 print 명령을 이용하여 출력한다. 그러면 변수에 지정된 값이 화면에 나타난다. 그리고 i에 할당된 값에 1을 더한 후 그 값을 다시 변수에 할당한다. 이제 이 값을 출력하면, 예상대로, 6이라는 값이 출력된다. 리터럴 문자열 상수 또한 앞에서 설명한 과정과 동일한 과정을 거쳐 변수 s에 저장된 후 화면에 출력된다.

마. 논리적/물리적 명령행

물리적 명령행이란 프로그램 코드 내에 직접 표현된 한 줄을 의미하는 반면, 논리적 명령행은 파이썬 인터프리터 관점에서의 한 명령 단위를 의미한다. 파이썬은 각각의 물리적 명령행이 곧 논리적 명령행일 것이라고 내부적으로 간주하고 프로그램을 실행한다. 논리적 명령행이란 예를 들면 print 'hello world' 같은 것이다. 만약 이것이 실제 코드 상으로도 한 줄로 표현되어 있다면 (편집기에서 보이는 그대로를 말한다), 이 한 줄은 물리적 명령행이라고도 말할 수 있다.

일반적으로 파이썬으로 프로그래밍할 경우, 한 명령을 한 행에 적어 전체적인 코드를 파악하기 쉽게 작성하기를 권한다. 만약 여러분이 한 물리적 명령행에 둘 이상의 논리적 명령행을 넣고 싶다면, 세미콜론 (;)을 이용하여 논리적 명령행의 끝을 명시적으로 파이썬 인터프리터에게 알려줄 수 있다. 다음 예제를 확인해보자.

```
i = 5
print i
```

위 예제는 다음 예제와 같다.

```
i = 5;
print i;
```

이것은 다음 예제와도 같다.

```
i = 5; print i;
```

또한 다음 예제와도 같다.

```
i = 5; print I
```

하지만, 향후에 한 물리적 명령행에 두 개 이상의 논리적 명령행을 사용하지 말 것을 강력히 권한다. 즉, 세미콜론을 사용하지 말아야 한다.

한 명령행이 너무 길어서 보기가 불편한 경우, 백슬래시 문자(₩)를 이용하여 한 논리적 명령행을 여러 물리적 명령행으로 나눌 수 있다. 이를 명시적 행간 결합이라 부른다.

```
s =  'This is a string. \
This continues the string.'
print s
```

실행결과

```
This is a string. This continues the string.
```

다음과 같이 쓸 수도 있다.

```
print \
i
```

위 예제는 다음과 같다.

```
print i
```

가끔, 백슬래시 없이 행간을 합칠 수 있는 경우도 있다. 이것은 명령행의 중간에 괄호가 있을때, 즉 대괄호나 중괄호를 열었을 경우 괄호를 닫을 때까지 백슬래시 없이도 모두 같은 명령행으로 간주되기 때문이다. 이것은 비명시적 행간 결합이라고 부른다.

바. 들여쓰기

파이썬에서 공백은 중요한 역할을 한다. 한 행의 앞에 붙어있는 공백이 정말 중요하다. 이것을 들여쓰기라고 부른다. 한 논리적 명령행의 앞에 붙어있는 공백(빈 칸 혹은 탭)은 논리적 명령행의 들여쓰기 단계를 의미하며, 이것은 한 명령의 범위를 구분하는 데 사용된다. 이것은 같은 들여쓰기 단계에 있는 명령들은 반드시 같은 들여쓰기를 사용해야 함을 의미한다.

이러한 같은 들여쓰기를 사용하고 있는 명령들의 집합을 블록(block)이라고 부른다. 뒷장에서 예제를 통해 블록에 대해 다루어 본다. 지금 기억하셔야 할 것은 잘못된 들여쓰기는 오류를 일으킨다는 것이다.

예제 들여쓰기

```
i = 5
```

다음 행에서 오류가 발생합니다! 행 앞에 잘못된 공백이 한 칸 있습니다.

```
 print 'Value is ' , i
print 'I repeat, the value is ' , i
```

위 예제를 실행하면 다음과 같이 오류가 발생한다.

```
File "whitespace.py" , line 5
  print 'Value is ' , i
  .
IndentationError: unexpected indent
```

두 번째 행 앞에 공백이 한칸 있다는 점을 확인하라. 위와 같은 오류는 파이썬이 우리에게 프로그램의 문법이 잘못되었음을, 즉 프로그램이 뭔가 잘못 작성되었다는 것을 알려주는 것이다. 들여쓰기를 할 때에는 공백 4개를 이용한다. 이것은 파이썬 언어에서 공식적으로 추천하는 방법이다. 좋은 편집기들은 이 사항을 자동으로 준수한다. 또, 들여쓰기를 할 때에는 항상 같은 개수의 공백을 사용해야 한다는 점에 유의해야 한다.

8.6 연산자와 수식

앞으로 작성하게 될 모든 프로그램 명령문(논리적 명령행)은 수식을 포함하게 된다. 아주 간단한 수식의 한 예는 2+3이다. 수식은 연산자와 피연산자로 나눌 수 있다.

연산자란 무언가를 계산할 때 쓰이는 한 기능을 뜻하며, +와 같이 기호로 나타내어지거나 또는 특별한 키워드로 나타내어진다. 또 연산자는 계산에 사용될 데이터를 필요로 하는데, 이들을 피연산자라고 부른다. 이 경우, 피연산자는 2와 3이다.

가. 연산자와 수식

+ (덧셈 연산자)

두 객체를 더한다.

3 + 5는 8을 반환한다. 'a' + 'b' 는 'ab' 를 반환한다.

– (뺄셈 연산자)

한 숫자에서 다른 숫자를 뺀다. 첫 번째 피연산자가 주어지지 않으면, 0으로 간주된다. -5.2 는 음수를 표현하고 50 - 24 는 26을 반환한다.

* (곱셈 연산자)

두 숫자의 곱 혹은 지정된 숫자만큼 반복된 문자열을 반환한다.

2 * 3 은 6이고 'la' * 3 은 'lalala' 를 반환한다.

** (거듭제곱 연산자)

x의 y제곱을 반환한다.

3 ** 4는 81을 반환한다. (이 값은 3 * 3 * 3 * 3과 같다.)

/ (나눗셈 연산자)

x를 y로 나눈 몫을 반환한다. 13 / 3은 4를 반환한다. 13.0 / 3은 4.333333333333333을 반환한다.

% (나머지 연산자)

x를 y로 나눈 나머지를 반환한다.

13 % 3은 1을 반환하고 -25.5 % 2.25는 1.5를 반환한다.

〈〈 (왼쪽 시프트 연산자)

지정된 숫자에 대해 지정된 비트 수 만큼 왼쪽 시프트 연산한다. (모든 숫자는 메모리상에서 0 또는 1의 비트로 구성된 이진수로 표현된다.)

2 〈〈 2 는 8을 반환한다. 2는 이진수로 10으로 표현된다. 이것을 왼쪽으로 2비트 시프트 연산하면 이진수 1000이 되고, 이것을 정수로 표현하면 8이 된다.

〉〉 (오른쪽 시프트 연산자)

지정된 숫자에 대해 지정된 비트 수만큼 오른쪽 시프트 연산한다.

11 〉〉 1은 5를 반환한다. 11은 이진수로 1011로 표현된다. 이것으로 오른쪽으로 1비트 시프트 연산하면 이진수 101이 되고, 이것을 정수로 표현하면 5가 된다.

& (비트 AND 연산자)

비트 AND 연산값을 반환한다. 5 & 3은 1을 반환한다.

| (비트 OR 연산자)

비트 OR 연산값을 반환한다. 5 | 3은 7을 반환한다.

^ (비트 XOR 연산자)

비트 XOR 연산값을 반환한다. 5 ^ 3은 6을 반환한다.

〈 (작음)

x가 y보다 작은지 여부를 반환한다. 모든 비교 연산자는 True(참) 또는 False(거짓)을 반환한다. 각 반환값의 첫글자는 대문자라는 점에 유의한다.

5<3는 False를 반환한다. 3<5는 True를 반환한다. 다음과 같이 여러 숫자에 대해 한꺼번에 비교 연산을 수행할 수 있다. 3<5<7은 True이다.

〉 (큼)

x가 y보다 큰지 여부를 반환한다.

5>3은 True를 반환한다. 만약 두 피연산자가 모두 숫자라면, 같은 숫자형으로 변환된 후 크기를 비교한다. 피연산자가 숫자형이 아닐 경우, 항상 False를 반환한다.

〈= (작거나 같음)

x가 y보다 작거나 같은지 여부를 반환한다. x = 3; y = 6; x 〈= y는 True를 반환한다.

〉= (크거나 같음)

x가 y보다 크거나 같은지 여부를 반환한다.

x = 4; y = 3; x 〉= 3는 True를 반환한다.

== (같음)

두 객체가 같은지 여부를 반환한다. x = 2; y = 2; x == y는 True를 반환한다.

x = 'str'; y = 'stR'; x == y는 False를 반환한다.

x = 'str'; y = 'str'; x == y는 True를 반환한다.

!= (같지 않음)
두 객체가 같지 않은지 여부를 반환한다. x = 2; y = 3; x != y는 True를 반환한다.

not (불리언 NOT 연산자)
x가 True라면, False를 반환한다. x가 False라면, True를 반환한다.
x = True; not x는 False를 반환한다.

and (불리언 AND 연산자)
x and y를 계산할 경우, x가 False이면 False를 반환하며 True이면 y와의 and 연산값을 반환한다. x = False; y = True; x and y를 계산할 경우, x가 False이므로 y값에 관계없이 x and y의 값은 False임이 자명하므로, x의 값이 False임이 확인되는 즉시 곧바로 결과값 False가 반환되며 이때 y의 값은 계산되지 않는다. 이것을 단축 계산(short-circuit evalulation)이라고 부른다.

or (불리언 OR 연산자)
x가 True이면 True가 반환되며, False이면 y와의 or 연산값을 반환한다.
x = True; y = False; x or y는 True가 반환된다. 여기서도 위와 같이 단축 계산이 적용된다.

나. 연산 및 할당 연산자

아래 예제와 같이, 변수의 값에 어떤 연산을 한 뒤 다시 그 변수에 연산값을 할당하는 경우가 자주 발생한다.

```
a = 2
a = a * 3
```

이런 경우, 아래와 같이 연산과 할당을 한 번에 줄여 쓸 수 있다.

```
a = 2
a *= 3
```

즉 (변수) = (변수) (연산자) (수식)이 (변수) (연산자) = (수식)의 형태가 된다.

다. 연산 순서

'2 + 3 * 4'와 같은 수식을 계산한다고 하자. 덧셈이 먼저일까, 곱셈이 먼저일까?

곱셈을 먼저 계산해야 한다. 초등학교 시절에 이미 배우는 내용이지만, 이것은 곱셈 연산이 덧셈 연산보다 연산 순서에서 우위에 있기 때문이다.

(1) 연산자 우선순위

아래 표는 파이썬에서의 연산 순서를 나타낸다. 맨 위부터 가장 늦게 계산되는 순서대로 나열한 것이다. 이것은 특정한 수식이 주어졌을 때, 파이썬은 이 표의 가장 아래에 위치한 연산부터 차례대로 계산하게 된다는 것을 의미한다.

아래 표는 파이썬 레퍼런스 매뉴얼에서 가져온 것이다. 연산 순서를 적절히 조절하기 위해서는 괄호를 적당한 위치에 사용하는 것이 좋다. 또, 적절한 괄호의 사용은 프로그램을 좀 더 읽기 쉽게 해준다. 프로그램 작성시 아래의 연산 순서 변경 항목을 이용하여 참고하기 바란다.

연산자	연산자 이름
lambda	람다 수식
if - else	조건 수식
or	불리언 OR
and	불리언 AND
not x	불리언 NOT
in, not in, is, is not, 〈, ⇐, 〉, 〉=, !=, ==	비교 연산, 요소 연산, 관계 연산
|	비트 OR
^	비트 XOR
&	비트 AND
〈〈, 〉〉	시프트 연산
+, -	덧셈 및 뺄셈
*, /, //, %	곱셈, 나눗셈, 나눗셈 후 내림 연산, 나머지 연산
+x, -x, ~x	양수 표현, 음수 표현, 비트 NOT 연산
**	거듭제곱
x[index], x[index:index], x(arguments…), x.attribute	원소 접근, 슬라이스, 함수 호출, 속성 참조
(expressions…), [expressions…], {key: value…}, {expressions…}	괄호 또는 튜플, 리스트, 사전, 집합

아직 위 모든 연산자들에 대해 다 다루지 않았지만, 곧 다루게 된다. 같은 연산 순서를 갖는 연산자들은 위 표에서 같은 행에 위치하고 있다. 예를 들어, + 연산자와 - 연산자는 같은 연산 순서를 가지고 있다.

(2) 연산순서 변경

괄호를 사용하여 수식을 좀 더 읽기 쉽게 할 수 있다. 예를 들어, 2 + (3 * 4)라고 쓰면 2 + 3 * 4로 쓰는 것에 비해 연산자 순서를 잘 모르는 사람도 쉽게 읽을 수 있기 때문이다. 그렇지만, 괄호를 적당히 사용하는 것이 중요하다. (2 + (3 * 4))와 같이 괄호를 너무 많이 사용하는 것은 피해야 한다. 또 괄호를 사용하면 연산의 순서를 바꿀 수 있다. 예를 들어 위 수식에서 덧셈을 곱셈보다 먼저 계산하고 싶을 경우 (2 + 3) * 4라고 적을 수 있다.

(3) 같은 연산순서를 가진 경우

기본적으로 연산자는 왼쪽에서 오른쪽으로 차례대로 계산된다. 즉, 같은 연산 순서를 가진 연산자들의 경우 왼쪽에서 오른쪽으로 순서대로 계산됨을 의미한다. 예를 들어, 2 + 3 + 4는 (2 + 3) + 4와 같이 계산된다. 다만, 할당 연산자와 같은 몇몇 특별한 연산자들은 오른쪽에서 왼쪽으로 계산된다. 예를 들어 a = b = c는 a = (b = c)와 같이 계산된다.

예제 수식예제

예제이름을 expression.py로 저장하시오.

```
length = 5
breadth = 2
area = length * breadth
print 'Area is' , area
print 'Perimeter is' , 2 * (length + breadth)
```

출력결과

```
$ python expression.py
Area is 10
Perimeter is 14
```

동작원리

먼저 직사각형의 높이와 너비가 각각 length와 breadth라는 변수에 저장된다. 이제 앞서 배운 수식을 이용하여, 두 변수를 이용해 직사각형의 면적과 둘레를 계산한다. 첫 번째로 area라는 변수에 length * breadth라는 수식의 결과가 저장되며, 이 값은 print 명령에 의해 화면에 출력된다. 두 번째로는 print 명령에 곧바로 2 * (length + breadth)라는 수식을 직접 입력하고, 그 결과를 화면에 출력한다.

파이썬이 얼마나 예쁘게 결과를 보여주는지 확인해보자. 우리가 'Area is'라는 문자열이나 'area'라는 변수에 공백을 지정하지 않았음에도, 파이썬이 그 둘 사이에 자동으로 공백을 넣어 줌으로 결과물이 깔끔하고 멋지게 출력될 수 있도록 해 주기 때문에 프로그램을 좀 더 읽기 쉽게 작성할 수 있다. 이것은 파이썬이 프로그래머를 좀 더 편하게 해주는 하나의 좋은 예라고 할 수 있다.

8.7 흐름 제어 (Flow Control)

지금까지 우리가 본 파이썬 프로그램들은 전부 맨 윗줄부터 차례대로 실행되기만 했다. 이러한 실행 흐름을 바꿀 수 있어야 한다. 예를 들어, 프로그램이 현재 시간에 따라 'Good Morning' 혹은 Good Evening을 출력하는 결정을 내리도록 할 수 있어야 하기 때문이다.

예상하겠지만, 흐름 제어문이 이러한 프로그램을 제작가능하게 해준다. 파이썬에서는 if, for, while이라는 세 종류의 흐름 제어문을 사용할 수 있다.

가. if 문

if 문은 조건을 판단할 때 사용된다. if (만약) 조건이 참이라면, if 블록의 명령문을 실행하며 else (아니면)이면 else 블록의 명령문을 실행한다. 이 때 else 조건절은 생략이 가능하다.

예제

프로그램의 이름을 if.py로 저장하시오

```
number = 23
guess = int(raw_input( 'Enter an integer : ' ))
if guess == number:
    # New block starts here
    print  'Congratulations, you guessed it.'
    print  '(but you do not win any prizes!)'
    # New block ends here
elif guess < number:
    # Another block
    print  'No, it is a little higher than that'
    # You can do whatever you want in a block ...
else:
    print  'No, it is a little lower than that'
    # you must have guessed > number to reach here

print  'Done'
# This last statement is always executed,
# after the if statement is executed.
```

실행결과

```
$ python if.py
Enter an integer : 50
No, it is a little lower than that

Done
$ python if.py
Enter an integer : 22
No, it is a little higher than that
Done

$ python if.py
Enter an integer : 23
Congratulations, you guessed it.
(but you do not win any prizes!)
Done
```

동작원리

이 프로그램에서는, 사용자로부터 숫자를 입력받아 그 숫자가 프로그램에 지정된 숫자와 같은지 확인한다. 먼저 number 변수에 원하는 숫자를 넣는다. 여기서는 23이다. 그리고 raw_input() 함수를 통해 사용자로부터 입력을 받는다. 여기서 함수란 재사용 가능한 프로그램 조각을 의미한다. 다음 장에서, 함수에 대해 좀 더 자세히 배운다. 파이썬에 내장된 raw_input 함수에 문자열을 넣어 주면 화면에 이 문자열이 출력되며, 또 사용자의 입력을 기다리게 된다. 이제 사용자가 무엇인가를 입력하고 enter키를 누르면, raw_input() 함수는 사용자가 입력한 것을 문자열의 형태로 반환해 준다. 이제 int를 이용하여 이것을 정수형으로 변환한 뒤, 그 값을 변수 'guess'에 대입한다. 사실 여기에서 사용된 'int'는 클래스라고 불리우지만, 일단 여기서는 이것이 문자열을 숫자형으로 변환해 준다는 것만 기억한다. (다만 이 때 사용된 문자열은 올바른 숫자를 포함하고 있어야 한다.) 다음으로, 사용자가 입력한 숫자와 프로그램에서 사용하는 숫자를 비교한다. 만약 이 두 숫자가 같으면, 성공했다는 메시지를 화면에 출력한다.

이때 들여쓰기를 이용하여 어디부터 어디까지가 이 블록에 해당하는지를 표시했다는 것을 확인해본다. 이러한 이유로 파이썬에서 들여쓰기는 굉장히 중요하다. 앞서 강조한것처럼 "일관성 있게 들여쓰는" 습관을 들여야 한다. 또한 if 문의 뒷부분에 콜론(:)이 붙어 있는 것을 확인해본다. 콜론은 그 다음 줄부터 새로운 블록이 시작된다는 것을 의미한다.

이제, 사용자가 입력한 숫자가 프로그램이 정한 숫자에 비해 작다면, 사용자에게 좀 더 큰 숫자를 입력하라고 알려 준다. 여기에 사용된 것은 elif 절인데, 이것은 두 개의 if 문을 중첩해서 사용해야 할 경우 (즉 if else를 쓰고 else 밑에 또 다시 if else를 써야 될 경우) 이것을 ifelif-else로 한번에 줄여서 쓸 수 있게 해 주는 것이다. 즉 elif는 프로그래밍을 좀 더 쉽게 해주고 더 많은 들여쓰기를 해야 하는 수고도 줄여 준다. elif와 else문을 사용할 경우, 논리적 명령행의 마지막에는 항상 콜론이 붙어 있어야 하며 그 다음 줄에는 다른 들여쓰기 단계로 시작되는 새로운 명령문 블록이 시작되어야 한다. 또한 if문의 if-block안에 또다른 if문을 넣고, 또 넣고 하는 식으로 작성할 수 도 있다. 이 경우 이것을 중첩된 if 문이라 부른다. elif와 else 절은 생략이 가능하다. 최소한의 올바른 if문 사용법은 다음과 같다.

```
if True:
    print 'Yes, it is true'
```

if – elif – else 문의 실행이 끝나면, 파이썬은 if 문을 담고 있는 블록의 다음 줄부터 실행을 재개한다. 위 예제의 경우 그 블록은 최상위 블록 (프로그램이 실행된 시점의 블록)이 되며, 따라서 그 다음에 실행될 명령문은 print 'Done' 이 된다. 그 이후는 프로그램의 끝이므로 실행이 종료된다.

이 예제는 굉장히 간단한 프로그램이지만, 이를 통해서도 충분히 많은 것들에 대해 이야기했다. 하지만 이 모든 내용은 상당히 직관적이다(만약 당신이 C/C++ 경험이 있다면 훨씬 더 쉽다고 느껴지기까지 할 것이다).

switch 문

파이썬에는 switch 문이 없다. 대신 if..elif..else 문을 이용해야 한다.

나. while 문

while 문은 특정 조건이 참일 경우 계속해서 블록의 명령문들을 반복하여 실행할 수 있도록 한다. while 문은 반복문의 한 예이다. 또한 while 문에는 else 절이 따라올 수 있다.

예제

프로그램의 이름을 while.py로 저장하시오.

```
number = 23
running = True
while running:
    guess = int(raw_input( 'Enter an integer : ' ))
    if guess == number:
        print 'Congratulations, you guessed it.'
        # this causes the while loop to stop
        running = False
    elif guess < number:
        print 'No, it is a little higher than that.'
    else:
        print 'No, it is a little lower than that.'
else:
    print 'The while loop is over.'
    # Do anything else you want to do here
print 'Done'
```

실행결과

```
$ python while.py
Enter an integer : 50
No, it is a little lower than that.
Enter an integer : 22
No, it is a little higher than that.
Enter an integer : 23
Congratulations, you guessed it.
The while loop is over.
Done
```

동작원리

이 프로그램도 위 예제와 같이 숫자 알아맞히기 게임이다. 그러나 더 나은 점은 사용자가 답을 맞출 때까지 계속 숫자를 입력할 수 있다는 것이다. 즉, 앞의 예제에서 작성한 프로그램처럼 다른 숫자를 입력해 보기 위해 프로그램을 또 실행시킬 필요가 없다. 이 예제는 while문의 사용법을 잘 보여준다.

먼저 while 루프가 실행되기 전 변수 running이 True로 설정되어 있으므로, while문에 딸려 있는 while 블록이 실행되며 raw_input과 if문이 실행된다. 이 블록의 실행이 끝나면, while 문은 변수 running의 값을 다시한번 확인하고, 이 값이 참인 경우 while 블록을 다시 한번 실행하며, 거짓인 경우 else블록을 실행한 뒤 루프를 빠져나와 다음 명령문이 실행된다.

else 블록은 while 루프 조건이 False인 경우 실행된다. 물론 루프 조건을 처음으로 확인했을 경우에도 이 블록이 실행될 수 있다. while 루프에 else절이 딸려있는 경우, break명령으로 루프를 강제로 빠져나오지 않는 이상 이 블록은 항상 실행되게 된다. 여기서 True와 False라는 값들은 불리언 형식이라고 불리우며, 각각은 숫자 1과 0이다.

TIP **while문과 else**

c와 c++ 경험자는 파이썬의 while루프에 else절이 사용될 수 있음을 반드시 기억하시오.

다. for 문

for..in 문은 객체의 열거형(Sequence)을 따라서 반복하여 실행할 때 사용되는 파이썬에 내장된 또 하나의 반복문으로, 열거형에 포함된 각 항목을 하나씩 돌아가며 실행한다. 열거형에 대해서는 이후에 좀 더 자세히 설명한다. 일단 여기서는, 열거형이란 여러 항목이 나열된 어떤 목록을 의미한다고 생각하면 된다.

예제

프로그램의 이름은 for.py로 저장하시오

```
for i in range(1, 5):
    print i
else:
    print  'The for loop is over'
```

실행결과

```
$ python for.py
1
2
3
4
The for loop is over
```

동작원리

이 프로그램은 화면상에 숫자를 나열한다. 파이썬에 내장된 range 함수를 통해 이러한 숫자의 나열을 생성한다. 여기서는 range 함수에 1과 5, 두 개의 숫자를 넣어 주었으며, 그러면 이 함수는 첫 번째 숫자 이상, 그리고 두 번째 숫자 미만까지의 숫자 목록(리스트)을 반환한다 (리스트는 자료 구조에서 학습한다.) 예를 들어, range(1,5) 는 리스트 [1, 2, 3, 4]를 반환한다. 기본적으로, range는 1씩 증가하는 숫자의 리스트를 반환한다. 그러나 range에 세 번째 숫자를 입력하면, 이 세 번째 숫자만큼씩 증가하는 숫자들의 리스트를 얻을 수 있다. 예를 들어, range(1,5,2)는 [1,3]을 반환한다. 반환되는 리스트는 두 번째 숫자 미만까지 반환되며, 이하까지 반환되는 것이 아니라는 점을 꼭 기억해야 한다.

range함수는 호출될 때 해당 범위 내의 모든 숫자를 한 번에 생성하여 반환해 주기 때문에, 매우 큰 숫자 범위를 지정해 주면 시간이 오래 걸릴 수 있다. 따라서 아주 큰 범위의 숫자를 다룰 때는 한 번에 하나씩 숫자를 생성하도록 하는 편이 낫다. 이 경우 for 문에 xrange()를 대신 사용할 수 있다.

위 예제의 for 루프는 range 함수에서 반환된 리스트를 따라 반복하여 실행된다. 즉, for i in range(1,5)는 for i in [1, 2, 3, 4]와 동일하다. 이것은 리스트에 들어 있는 각각의 숫자 (각 숫자는 곧 객체이다.)를 한 번에 하나씩 i에 대입하고, 이렇게 대입된 각 i 값을 이용하여 for에 딸린 블록을 실행한다. 이 경우, for 블록에서 하는 일은 단순히 i 값을 화면에 출력해 주는 것이다. 또한, 추가로 else 절을 포함시켜 줄 수 있다. 이것이 포함되면, break 문으로 루프를 강제로 빠져나오지 않는 한 루프를 다 돌고 난 뒤에는 이 절이 항상 실행되게 된다.

for..in 루프는 어떤 종류의 열거형 자료형과도 함께 사용될 수 있다. 여기서는 range라는 내장 함수를 통해 숫자 리스트를 생성하여 사용하였으나 일반적으로는 아무 종류의 객체를 담고 있는 아무 열거형에서도 사용이 가능하다.

TIP 파이썬의 for

파이썬의 for 루프는 C/C++ 에서 제공하는 for 루프와는 근본적으로 다르다. 파이썬의 for는 차라리 C#의 foreach 루프와 비슷하며, Java 1.5의 for (int i : IntArray)와도 비슷하다. C/C++ 처럼 for (int i = 0; i 〈 5; i) 와 같이 사용하고 싶은 경우, 파이썬에서는 단순히 for i in range(0,5)라고 입력하기만 하면 된다.
파이썬의 for 루프는 더 단순하며, 더 보기 좋고 오류가 발생하기도 어렵다.

라. break 문

break 문은 루프 문을 강제로 빠져나올 때, 즉 아직 루프 조건이 False가 되지 않았거나 열거형의 끝까지 루프가 도달하지 않았을 경우에 루프 문의 실행을 강제로 정지시키고 싶을 때 사용된다. 중요한 점은 만약 break 문을 써서 for 루프나 while 루프를 빠져나왔을 경우, 루프에 딸린 else 블록은 실행되지 않는다는 점이다.

예제

프로그램의 이름은 break.py로 저장하시오.

```
while True:
    s = raw_input( 'Enter something : ' )
    if s ==  'quit' :
        break
    print  'Length of the string is' , len(s)
print  'Done'
```

실행결과

```
$ python break.py
Enter something : Programming is fun
Length of the string is 18
Enter something : When the work is done
Length of the string is 21
Enter something : if you wanna make your work also fun:
Length of the string is 37
Enter something : use Python!
Length of the string is 11
Enter something : quit
Done
```

동작원리

이 프로그램에서는 사용자의 입력을 반복해서 받고, 입력받은 문자열의 길이를 출력한다. 다만 사용자가 입력한 문자열이 quit일 경우, break문으로 루프를 빠져나와 프로그램을 정지하도록 특별한 조건을 넣어 주었다. 입력받은 문자열의 길이는 내장함수 len을 이용하여 계산할 수 있다. break 문은 for 루프 내에서도 이용될 수 있다.

마. continue 문

continue문은 현재 실행중인 루프 블록의 나머지 명령문들을 실행하지 않고 곧바로 다음 루프로 넘어가도록 한다.

예제

프로그램의 이름은 continue.py로 저장하시오.

```
while True:
    s = raw_input( 'Enter something : ' )
    if s ==  'quit' :
        break
    if len(s) < 3:
        print  'Too small'
        continue
    print  'Input is of sufficient length'
```

실행결과

```
$ python continue.py
Enter something : a
Too small
Enter something : 12
Too small
Enter something : abc
Input is of sufficient length
Enter something : quit
```

동작원리

이 프로그램에서는 사용자로부터 입력을 받아 처리한다. 그러나 입력받은 문자열의 길이가 적어도 3 이상인 경우에만 문자열을 처리한다. 즉, 내장함수 len을 통해 입력받은 문자열의 길이를 알아낸 후 그 길이가 3보다 작으면, continue문을 이용하여 그 이하의 명령문을 실행하지 않고 다음 루프로 넘어가도록 한다. 입력받은 문자열의 길이가 3이상일 경우에만 그 이하의 명령문이 실행되고, 지정된 작업이 실행된다. continue 문은 for 루프 내에서도 이용될 수 있음을 기억해야 한다.

8.8 함수 (Function)

함수는 재사용 가능한 프로그램의 한 부분을 말한다. 프로그램의 한 부분? 이해하기가 더 어려워 보인다. 이 말은 특정 블록의 명령어 덩어리를 묶어 이름을 짓고, 그 이름을 프로그램 어디에서나 사용함으로써 그 블록에 포함된 명령어들을 몇 번이고 다시 실행할 수 있게 하는 것이다.

이를 보고 〈함수를 호출한다〉라고 한다. 사실 우리는 이미 앞에서 len이나 range와 같은 많은 내장 함수들을 사용해 왔다. 이러한 함수라는 것은 프로그램을 작성할 때 아마도 가장 중요한 단위가 될 것이다. 따라서 이 장에서는 함수라는 것을 다양한 관점에서 살펴보도록 한다. 함수는 def 키워드를 통해 정의된다. def 뒤에는 함수의 식별자 이름을 입력하고, 괄호로 감싸여진 함수에서 사용될 인자(arguments)의 목록을 입력하며 마지막으로 콜론을 입력하면 함수의 정의가 끝난다. 새로운 블록이 시작되는 다음 줄부터는 이 함수에서 사용될 명령어들을 입력해 준다. 복잡해 보이지만, 아래 예제를 통해 함수를 정의하는 것이 얼마나 간단한지 알아본다.

예제

프로그램의 이름은 function1.py로 저장한다.

```
def say_hello():
    # block belonging to the function
    print 'hello world'
# End of function

say_hello() # call the function
say_hello() # call the function again
```

실행결과

```
$ python function1.py
hello world
hello world
```

동작원리

여기에서는 위에서 설명한 문법을 이용하여 say_hello 라는 함수를 정의하였다. 이 함수는 어떤 인자도 넘겨받지 않으므로, 괄호 내에 매개 변수를 정의하지 않았다. 함수의 인수란 함수로 넘겨지는 입력값들을 말하며, 함수는 이 값을 처리하여 결과를 넘겨준다. 함수를 두 번 호출하는 것은 같은 코드를 두 번 작성하는 것과 같은 효과를 가진다.

가. 함수와 매개변수

함수를 정의할 때 매개 변수를 지정할 수 있다. 매개 변수란 함수로 넘겨지는 값들의 이름을 말하며, 함수는 이 값들을 이용해 무언가를 할 수 있다. 매개 변수는 변수와 거의 같이 취급되지만, 매개 변수의 값들은 함수가 호출되어질 때 넘겨받은 값들로 채워지며 함수가 실행되는 시점에서는 이미 할당이 완료되어 있다는 점이 다르다.

매개 변수는 함수를 정의할 때 괄호 안에 쉼표로 구분하여 지정한다. 함수를 호출할 때에는, 동일한 방법으로 함수에 값을 넘긴다. 이 때 함수를 정의할 때 주어진 이름을 매개 변수라고 부르고, 함수에 넘겨준 값들을 인자라고 부른다.

예제

프로그램의 이름은 function_param.py로 저장하시오.

```
def print_max(a, b):
    if a 〉 b:
        print a, 'is maximum'
    elif a == b:
        print a, 'is equal to' , b
    else:
        print b, 'is maximum'
# directly pass literal values
print_max(3, 4)
x = 5
y = 7
# pass variables as arguments
print_max(x, y)
```

실행결과

```
$ python function_param.py
4 is maximum
7 is maximum
```

동작원리

여기서는 두 매개 변수 a와 b를 사용하는 print_max라는 함수를 정의하였다. 그리고 간단한 if…else문을 이용하여 크기를 비교하고 둘 중에 더 큰 값을 출력한다.

print_max 함수를 처음 호출할 때에는 값을 직접 인자로 입력하여 넘겨주었다. 반면 두 번째 호출시에는 변수를 인자로 입력하여 주었다. 이것은 print_max(x, y)는 변수 x 에 지정된 값을 변수 a에 입력해 주고 변수 y의 값을 변수 b에 입력해 주는 것을 의미한다. 따라서 이 함수는 두 경우 모두 동일하게 동작된다.

나. 지역변수

정의한 함수 안에서 변수를 선언하고 사용할 경우, 함수 밖에 있는 같은 이름의 변수들과 함수 안에 있는 변수들과는 서로 연관이 없다. 이러한 변수들을 함수의 지역(local) 변수라고 하며, 그 범위를 변수의 범위(스코프, scope)라고 부른다. 모든 변수들은 변수가 정의되는 시점에서의 블록을 스코프로 가지게 된다.

예제

프로그램은 function_local.py로 저장하시오.

```
x = 50
def func(x):
    print 'x is' , x
    x = 2
    print 'Changed local x to' , x
func(x)
print 'x is still' , x
```

실행결과

```
$ python function_local.py
x is 50
Changed local x to 2
x is still 50
```

동작원리

먼저 함수의 첫 번째 줄에서 x라는 이름을 가진 변수에 담긴 값을 출력한다. 이 때 함수 정의 위에 정의된 변수의 값을 함수의 매개 변수 x로 넘겨받은 값이 출력된다. 다음으로, x에 값 2를 대입한다. 그러나 x는 함수의 지역 변수이므로, 함수 안에서 x의 값이 대입된 값으로 변하는 반면 메인 블록의 x는 변하지 않고 그대로 남아 있다. 프로그램에서 사용된 마지막 print문을 통해 메인 블록의 x값을 출력해 보면, 그 이전에 호출된 함수 안에서 시행된 지역 변수값의 변화가 적용되지 않았음을 확인할 수 있다.

다. global문

함수나 클래스 내부에서 상위 블록에서 선언된 변수의 값을 변경하고 싶을 경우, 파이썬에게 이 변수를 앞으로 지역 변수가 아닌 전역(global) 변수로 사용할 것임을 알려 주면 된다. 이때 global 문을 이용한다. global 문을 사용하지 않으면, 함수 외부에서 선언된 변수의 값을 함수 내부에서 변경할 수 없다. 함수 안에서 동일한 이름으로 선언된 변수가 없을 경우, 함수 밖의 변수값을 함수 안에서 읽고 변경할 수도 있다. 그러나 이것은 프로그램을 읽을 때 변수가 어디서 어떻게 선언되었는지 파악하기 힘들게 만들기 때문에 추천할만한 방법이 아니며, 가능한 이런 프로그램을 만들면 안 된다. global 문을 사용하면 그 블록의 밖에서 그 변수가 선언되어 있음을 알려 주므로 프로그램이 좀 더 명확해진다.

예제

프로그램의 이름은 function_global.py로 저장하시오.

```
x = 50
def func():
    global x
    print 'x is' , x
    x = 2
    print 'Changed global x to' , x
func()
print 'Value of x is' , x
```

실행결과

```
$ python function_global.py
x is 50
Changed global x to 2
Value of x is 2
```

동작원리

global 문을 통해 x가 전역 변수임을 파이썬에게 알려준다. 따라서 이후로 x에 값을 대입하면 메인 블록의 x값 또한 변경된다. 하나의 global 문으로 여러 개의 전역 변수를 동시에 지정해 줄 수도 있다. global x, y, z처럼 하면 된다.

라. 기본 인수값

어떤 특별한 경우, 함수를 호출할 때 인수를 선택적으로 넘겨주게 하여 사용자가 값을 넘겨주지 않으면 자동으로 기본값을 사용하도록 하는 것이 편할 때가 있다. 이런 경우, 기본 인수값을 지정하면 된다. 함수를 선언할 때 원하는 매개 변수 뒤에 대입 연산자 (=)와 기본값을 입력하여 기본 인수값을 지정한다.

이 때, 기본 인수값은 반드시 상수이어야 한다. 좀 더 정확히 말하자면, 불변값이어야 한다. 불변값에 대해서는 뒤에서 다룬다.

예제

프로그램은 function_default.py로 저장하시오.

```
def say(message, times=1):
    print message * times
say( 'Hello' )
say( 'World' , 5)
```

실행결과

```
$ python function_default.py
Hello
WorldWorldWorldWorldWorld
```

동작원리

함수 say는 지정된 숫자만큼 문자열을 반복하여 출력하는 함수이다. 숫자를 지정하지 않으면, 기본값이 적용되어, 문자열이 한 번 출력된다. 이 결과는 매개 변수 times의 기본 인수값을 1로 지정해 줌으로써 얻어진다.

프로그램에서 처음 say를 호출할 때에는 함수에 문자열만 넘겨주어 한번 출력하게 한다. 두 번째 호출에서는 문자열과 인수 5를 넘겨주어 함수가 문자열을 5번 반복하게 한다. 매개 변수 목록에서 마지막에 있는 매개 변수들에만 기본 인수값을 지정해 줄 수 있다. 예를 들어, def func(a, b=5)는 옳은 함수 정의이지만 def func(a=5, b)는 옳지 않다.

마. 키워드 인수

여러 개의 매개 변수를 가지고 있는 함수를 호출할 때, 그 중 몇 개만 인수를 넘겨주고 싶을 때가 있다. 이때 매개 변수의 이름을 지정하여 직접 값을 넘겨줄 수 있는데 이것을 키워드 인수라고 부른다. 함수 선언시 지정된 매개 변수의 순서대로 값을 넘겨주는 것 대신, 매개 변수의 이름 (키워드)를 사용하여 각각의 매개 변수에 인수를 넘겨주도록 지정해준다. 키워드 인수를 사용하는 데 두 가지 장점이 있다. 첫째로, 인수의 순서를 신경쓰지 않고도 함수를 쉽게 호출할 수 있는 점이고 둘째로는, 특정한 매개 변수에만 값을 넘기도록 하여 나머지는 자동으로 기본 인수값으로 채워지게 할 수 있다.

예제

프로그램은 function_keyword.py로 저장하시오.

```
def func(a, b=5, c=10):
    print 'a is' , a, 'and b is' , b, 'and c is' , c
func(3, 7)
func(25, c=24)
func(c=50, a=100)
```

실행결과

```
$ python function_keyword.py
a is 3 and b is 7 and c is 10
a is 25 and b is 5 and c is 24
a is 100 and b is 5 and c is 50
```

동작원리

위의 func라는 이름의 함수는 기본 인수값이 지정되지 않은 한 개의 매개 변수와, 기본 인수값이 지정된 두 개의 매개 변수, 총 세 개의 매개 변수를 가지고 있다.

첫 번째 호출 func(3, 7) 에서, 매개 변수 a는 값 3, 매개 변수 b는 7을 넘겨 받으며, c 에는 기본 인수값 10이 주어진다. 두 번째 호출 func(25, c=24) 에서는, 첫 번째 인수인 25가 변수 a에 넘겨진다. 그리고 매개 변수 c는 키워드 인수를 통해 값 24가 지정되며, 변수 b에는 기본값 5가 주어진다. 세 번째 호출 func(c=50, a=100) 에서는, 모든 값을 지정하는 데 키워드 인수가 사용된다. 함수 정의에는 a 다음에 c가 정의되어 있지만, 키워드 인수를 사용하면 그 순서에 상관없이 c를 먼저 지정하고 a를 나중에 지정할 수도 있다.

바. VarArgs 매개변수

가끔 함수에 임의의 개수의 매개 변수를 지정해주고 싶을 때가 있다. 이때 VarArgs 매개 변수를 사용한다. 아래 예제와 같이 별 기호를 사용하여 임의의(Variable) 개수의 인수(Arguments)를 표현한다.

예제

프로그램의 이름은 function_varargs.py로 저장하시오.

```
def total(initial=5, *numbers, **keywords):
    count = initial
    for number in numbers:
        count += number
    for key in keywords:
        count += keywords[key]
    return count
print total(10, 1, 2, 3, vegetables=50, fruits=100)
```

실행결과

```
$ python function_varargs.py
166
```

동작원리

앞에 별 기호가 달린 매개 변수, 예를 들어 *param과 같이 매개 변수를 지정해 주면 함수에 넘겨진 모든 위치 기반 인수들이 'param'이라는 이름의 튜플로 묶여서 넘어온다. 또 이와 비슷하게 앞에 별 두 개가 달린 매개 변수, 예를 들어 **param 과 같이 매개 변수를 지정해 주면 함수에 넘겨진 모든 키워드 인수들이 param이라는 이름의 사전으로 묶여서 넘어온다. 여기서는 이 프로그램의 동작원리를 이해 못해도 상관없다. 튜플과 사전을 공부하고 난 이후에 이해가 될 것이다.

사. return 문

return 문은 함수로부터 되돌아(return) 나올 때, 즉 함수를 빠져 나올 때 사용된다. 이 때 return값처럼 값을 지정해 주면, 함수가 종료될 때 그 값을 반환하도록 할 수 있다.

예제

프로그램의 이름은 function_return.py로 저장하시오.

```
def maximum(x, y):
    if x > y:
        return x
    elif x == y:
        return 'The numbers are equal'
    else:
        return y

print maximum(2, 3)
```

실행결과

```
$ python function_return.py
3
```

동작원리

여기에서 사용된 maximum함수는 매개 변수들 중 최대값을 반환한다. 위 경우에는 함수에 넘겨진 숫자들 중 최대값을 반환하는 프로그램인데 간단한 if..else 구문을 통해 더 큰 값을 찾고, 최종 값을 반환(return)한다. return 문 뒤에 아무 값도 지정하지 않는 경우, return None을 실행하는 것과 같다. None이란 파이썬에서 사용되는 특별한 형식으로 아무것도 없음을 의미한다. 예를 들면, 어떤 변수의 값이 None이라는 것은 변수에 할당된 값이 없다는 것을 의미한다. return 문을 함수에 지정하지 않으면, 함수는 끝날 때 자동으로 return None 구문을 암시적으로 호출한다. 아래 예제에서 return 문이 지정되지 않은 some_function 이라는 함수를 선언하고 print some_function()을 실행하여 그 결과를 확인해 본다.

```
def some_function():
    pass
```

pass 문은 아무 기능이 없는 구문이다. 이것은 빈 블록을 지정해 줄 때 사용된다.
사실 파이썬에는 최대값을 찾는 내장 함수 max가 이미 포함되어 있다. 따라서 가능하면 이 내장 함수를 사용하는 편이 낫다.

아. DocString

파이썬은 설명(Documentation) 문자열(String)이 있다.(짧게 줄여서 DocStrings) DocString은 작성한 프로그램을 알아보기 쉽게 해 주고, 또 이후 프로그램에 대한 설명서를 작성할 때 유용하게 사용될 수 있는 중요한 도구이다. 아래 예제와 같이, DocString은 프로그램이 실행중일 때도 읽어올 수 있다.

예제

프로그램명은 function_docstring.py로 저장하시오.

```
def print_max(x, y):
    ' ' 'Prints the maximum of two numbers.
    The two values must be integers.' ' '
    # convert to integers, if possible
    x = int(x)
    y = int(y)
    if x > y:
        print x, 'is maximum'
    else:
        print y, 'is maximum'

print_max(3, 5)
print print_max.__doc__
```

실행결과

```
$ python function_docstring.py
5 is maximum
Prints the maximum of two numbers.

    The two values must be integers.
```

동작원리

함수에 포함된 첫 논리적 명령행에 적어둔 문자열은 함수의 DocString이라고 불리는 것이다. 여기에서 설명하는 DocString은 모듈과 클래스에도 똑같이 적용된다. 각각에 대해서는 각 챕터에서 좀 더 자세히 알아보도록 한다. DocString은 일반적으로 첫째 줄의 첫 문자는 대문자로, 마지막 문자는 마침표로 끝나도록 작성한다. 그리고 두 번째 줄은 비워 두고, 세 번째 줄부터는 이것이 어떤 기능을 하는지에 대해 상세하게 작성한다. 앞으로 당신이 함수의 DocString를 작성할 때 이 규칙을 따르기를 강력히 권한다. print_max함수의 DocString은 함수의 doc속성을 통해 접근할 수 있다 (밑줄이 두 개임을 다시 한 번 확인한다.). doc은 함수 객체가 갖고 있는 기본 속성이다.

파이썬에서 help()를 이용해 보셨다면, 당신은 이미 DocString을 본 적이 있는 것이다. help()가 하는 일은 주어진 대상의 doc 속성을 가져와 화면에 보여주는 것이기 때문이다. 위에서 만든 함수에 대해서도 마찬가지로 동작한다. 이 프로그램에 help(print_max)라고 한 줄 추가해 보라. help 창을 닫으려면 q키를 누르면 된다.

이를 이용하여 여러분의 프로그램에 대한 명세서를 자동으로 만들어주는 프로그램들이 있다. 따라서 당신이 어떤 함수를 작성하시던지 DocString을 작성할 것을 강력히 권한다. 파이썬과 함께 설치되는 pydoc 또한 help()와 비슷한 방법으로 DocString을 이용하여 동작한다.

8.9 자료구조 (Data Structure)

자료 구조란 간단하게, 어떤 〈자료〉를 담는 〈구조〉를 말한다. 다른 말로 하면, 서로 연관있는 어떤 자료들의 집합을 저장하는 데 사용된다. 파이썬에는 네 종류의 자료 구조가 있는데, 각각 리스트, 튜플, 사전, 집합이다. 이들 각각의 사용법에 대해 알아보고 또 각각이 얼마나 편리한지 확인해본다.

가. 리스트

리스트란 순서대로 정리된 항목들을 담고 있는 자료 구조이다. 즉, 리스트에는 항목의 목록을 저장할 수 있다. 이것은 메모로 적는 일종의 장바구니 목록 같은 것인데, 실생활에서 실제 사용하는 리스트와는 다르게, 파이썬에서는 쉼표로 각 항목을 구분한 다는 것만 다르다. 리스트를 정의할 때는 대괄호 [ ]를 이용해서 정의한다. 한번 리스트를 만들어 두면 여기에 새로운 항목을 추가하거나 삭제할 수 있으며, 특정 항목이 존재하는지 검색할 수도 있다.

예제

프로그램은 ds_using_list.py로 저장하시오.

```
# This is my shopping list
shoplist = ['apple', 'mango', 'carrot', 'banana']

print 'I have', len(shoplist), 'items to purchase.'

print 'These items are:',
for item in shoplist:
print item,

print '\nI also have to buy rice.' shoplist.append('rice')
print "My shopping list is now', shoplist

print 'I will sort my list now' shoplist.sort()
print 'Sorted shopping list is', shoplist

print 'The first item I will buy is', shoplist[0] olditem = shoplist[0]
del shoplist[0]
print 'I bought the', olditem
print 'My shopping list is now', shoplist
```

실행결과

```
$ python ds_using_list.py
I have 4 items to purchase.
These items are: apple mango carrot banana I also have to buy rice.
My shopping list is now ['apple', 'mango', 'carrot', 'banana', 'rice']
I will sort my list now
Sorted shopping list is ['apple', 'banana', 'carrot', 'mango', 'rice']
The first item I will buy is apple
I bought the apple
My shopping list is now ['banana', 'carrot', 'mango', 'rice']
```

동작원리

장 보러 갈 때 장바구니 목록을 변수 shoplist에 담아 두었다고 하자. shoplist에는, 구매할 항목들의 이름 문자열들만이 담겨 있다. 사실 리스트에는 어떤 종류의 객체든지 담을 수 있으며 숫자, 문자 심지어는 리스트 안에 리스트도 담을 수 있다.

여기서는 for..in 반복문을 사용하여 리스트 안에 담겨 있는 항목들을 하나씩 반복하여 읽어왔다. 이제 리스트가 하나의 열거 형식의 예가 됨을 알게 되었을 것이다.

print 문 맨 뒤에 추가한 쉼표는 출력될 내용 뒤에 줄바꿈 기호 대신 공백을 출력하도록 지정₩해준다. 쉼표는 파이썬에게 앞으로 출력될 내용을 같은 줄에 이어서 출력하라고 알려 준다.

다음으로, 앞서 설명했던 리스트 객체의 append 메소드를 이용해서 리스트에 항목을 한 개 추가한다. 그리고 추가된 항목이 제대로 추가되었는지 확인하기 위해 print 문에 리스트를 넘겨주어 리스트의 내용을 화면에 출력한다.

이제 리스트의 sort 메소드를 이용하여 리스트의 내용을 정렬한다. 여기서 이 메소드는 해당 리스트 자체를 변화시키며 수정된 리스트를 또 반환해주지 않는데 이 점을 이해하는 것이 중요하다. 즉 정적인 문자열과 달리 리스트는 변화될 수 있는 성질을 지녔다.

다음으로 시장에서 물건을 구매하면 이제 장바구니 목록에서 해당 항목을 지워야 할 것이다. 이 때 del 문을 사용하여 항목을 삭제한다. 항목을 삭제할 때는 어떤 항목을 지울지 del 문에 알려 주면 리스트로부터 해당 항목이 삭제된다. 여기서는 del shoplist[0] 이라고 입력하여 첫 번째 항목을 삭제할 것임을 알려 준다. 그리고 리스트 객체가 갖고 있는 모든 메소드에 대해 알고 싶으시면, help(list)를 입력한다.

나. 튜플

튜플은 여러 개의 객체를 모아 담는데 사용된다. 튜플은 리스트와 비슷하지만, 리스트 클래스에 있는 여러 가지 기능이 없다. 또 튜플은 수정이 불가능하며, 그래서 주로 문자열과 같이 고정적인 객체들을 담을 때 사용된다.

튜플은 생략할 수 있는 괄호로 묶인 쉼표로 구분된 여러 개의 항목으로 정의된다. 튜플에 저장된 값들은 수정이 불가능하기 때문에, 단순 값들의 목록을 다루는 구문이나 사용자 정의 함수에서 주로 사용된다.

예제

프로그램은 ds_using_tuple.py로 저장하시오.

```
# I would recommend always using parentheses # to indicate start and end of tuple

# even though parentheses are optional.
# Explicit is better than implicit.
zoo = ('python', 'elephant', 'penguin')
print 'Number of animals in the zoo is', len(zoo)

new_zoo = 'monkey', 'camel', zoo
print 'Number of cages in the new zoo is', len(new_zoo)
print 'All animals in new zoo are', new_zoo
print 'Animals brought from old zoo are', new_zoo[2]
print 'Last animal brought from old zoo is', new_zoo[2][2]
print 'Number of animals in the new zoo is', \
len(new_zoo)-1+len(new_zoo[2])
```

실행결과

```
$ python ds_using_tuple.py
Number of animals in the zoo is 3
Number of cages in the new zoo is 3
All animals in new zoo are ('monkey', 'camel', ('python', 'elephant', 'penguin')) Animals
brought from old zoo are ('python', 'elephant', 'penguin')

Last animal brought from old zoo is penguin
Number of animals in the new zoo is 5
```

동작원리

변수 zoo는 여러 항목들을 담고 있는 튜플이다. 보는 바와 같이 len함수를 통해 튜플의 길이를 알아올 수 있다. 튜플은 열거형 자료의 하나이다.

이제 동물원(zoo) 안의 동물들을 새로운 동물원으로 옮겨야 한다고 할 때, 이를 위해 새로운 동물원 new_zoo 튜플에 원래 있던 동물들과 함께 기존의 동물원에 있던 동물들을 옮겨온다. 다시 파이썬으로 돌아와서, 이와 같이 튜플 안에 튜플을 담아도 튜플의 성질을 잃지 않는다.

리스트에서 했던 것과 같이, 튜플 안에 있는 항목의 위치를 대괄호로 묶어 지정해주면 각 항목에 접근할 수 있다. 이를 인덱싱 연산자라고 부른다. new_zoo 의 세 번째 항목에 접근하려면 new_zoo[2] 와 같이 하며, 이 세 번째 항목은 튜플이므로 이것의 세 번째 항목에 접근하려면 new_zoo[2][2]와 같이 하면 된다.

TIP **공백 튜플**

비어있는 튜플은 괄호 안에 아무것도 적지 않고 myempty = ()와 같이 생성할 수 있다. 그러나, 항목 한 개만 담고 있는 튜플을 정의할 때는 주의해야 한다. 이 경우 첫 번째 항목의 뒤에 쉼표를 붙여 주어 파이썬에게 이것이 숫자 연산에 사용되는 괄호가 아니라 객체를 담는 튜플을 의미하는 것이라고 단서를 주어야 한다. 예를 들어, 항목 2를 담고 있는 튜플을 정의하려면 singleton = (2 ,)와 같이 한다.

다. 사전

사전은 전화번호부 같은 것인데, 누군가의 이름을 찾으면 그 사람의 주소와 연락처를 알 수 있는 것과 같다. 이 때 그 사람의 이름에 해당하는 것을 키라고 부르고, 주소와 연락처 등에 해당하는 것을 값이라 부른다. 전화번호부에 동명이인이 있을 경우 어떤 정보가 맞는 정보인지 제대로 알아낼 수 없듯이, 사전의 키는 사전에서 유일한 값이어야 한다.

사전의 키는 정적 객체(문자열 등등)이어야 하지만, 값으로는 정적 객체나 비정적 객체 모두 사용할 수 있다. 이것을 간단하게 다시 말하면 사전의 키로는 단순 객체만 사용할 수 있다고 말한다.

사전을 정의할 때 키와 값의 쌍은 d = {key1 : value1, key2 : value2 }와 같이 지정한다. 이 때 키와 값은 콜론으로 구분하며 각 키-값 쌍은 쉼표로 구분하고 이 모든 것을 중괄호 `{}`로 묶어 준다는다. 여기서 사전의 키-값 쌍은 자동으로 정렬되지 않는다. 이를 위해서는 사용하기 전에 먼저 직접 정렬을 해준다.

앞으로 여기서 사용하게 될 사전은 dict클래스의 인스턴스/객체이다.

예제

프로그램의 이름은 ds_using_dict.py로 저장하시오.

```
# 'ab' is short for 'a'ddress''b'ook
ab = {  'Swaroop' : 'swaroop@swaroopch.com', 'Larry': 'larry@wall.org',
        'Matsumoto' : 'matz@ruby-lang.org', 'Spammer'  :'spammer@hotmail.com'
     }
print "Swaroop's address is", ab['Swaroop']

# Deleting a key-value pair
```

```
del ab['Spammer']
print '\nThere are {} contacts in the address-book\n'.format(len(ab))

for name, address in ab.items():
    print 'Contact {} at {}'.format(name, address)

# Adding a key-value pair
ab['Guido'] = 'guido@python.org'

if 'Guido' in ab:
    print "\nGuido's address is", ab['Guido']
```

실행결과

```
$ python ds_using_dict.py
Swaroop' s address is swaroop@swaroopch.com

There are 3 contacts in the address-book

Contact Swaroop at swaroop@swaroopch.com
Contact Matsumoto at matz@ruby-lang.org
Contact Larry at larry@wall.org

Guido' s address is guido@python.org
```

동작원리

먼저 설명한 표기법을 이용하여 사전 ab를 생성한다. 그러면 앞서 리스트와 튜플을 설명할 때 언급했던 인덱싱 연산자에 키를 지정해 주어 사전의 키-값 쌍에 접근할 수 있다. 키-값 쌍 또한 del 문으로 삭제할 수 있다. del 문에 인덱싱 연산자에 해당키를 지정해 준 사전을 넘겨 주기만 하면 된다. 이 때 그 키에 해당하는 값은 알 필요가 없다.

다음으로, 사전의 items 메소드를 사용하여 각 키-값 쌍에 접근한다. 이 메소드는 키와 값 순 으로 구성된 튜플들을 묶은 튜플 하나를 반환한다. 그 후 for..in 문을 사용하여 각각을 변수 name과 address에 반복하여 지정하고 그 값을 출력한다.

위 예제의 'Guido' 와 같이 인덱싱 연산자를 사용하여 새 키-값 쌍을 추가할 수도 있다. 또, 사전 안에 키-값 쌍이 존재하는지 in 연산자를 통해 확인할 수 있다.
dict 클래스의 모든 메소드 목록을 확인하려면 help(dict)를 입력한다.

라. 열거형

열거형들은 리스트, 튜플, 문자열을 말한다. 그러면 열거형이란 무엇이고 열거형에서는 무엇이 중요할까? 열거형의 주요한 두 가지 기능은 멤버십 테스트(in과 not in 연산)와 열거형의 특정 항목을 얻어올 수 있는 인덱싱 연산이다.

또한 리스트, 튜플, 문자열과 같은 세 가지 열거형은 슬라이스 연산 기능을 가지고 있는데, 이것은 열거 형의 일부분을 잘라낸(slice) 것을 반환하는 연산, 즉 부분 집합을 반환해 주는 연산이다.

예제

프로그램의 이름을 ds_seq.py로 저장하시오.

```
shoplist = ['apple', 'mango', 'carrot', 'banana']
name = 'swaroop'

# Indexing or 'Subscription' operation #
print 'Item 0 is', shoplist[0]
print 'Item 1 is', shoplist[1]
print 'Item 2 is', shoplist[2]
print 'Item 3 is', shoplist[3]
print 'Item -1 is', shoplist[-1]
print 'Item -2 is', shoplist[-2]
print 'Character 0 is', name[0]

# Slicing on a list #
print 'Item 1 to 3 is', shoplist[1:3]
print 'Item 2 to end is', shoplist[2:]
print 'Item 1 to -1 is', shoplist[1:-1]
print 'Item start to end is', shoplist[:]

# Slicing on a string #
print 'characters 1 to 3 is', name[1:3]
print 'characters 2 to end is', name[2:]
print 'characters 1 to -1 is', name[1:-1]
print 'characters start to end is', name[:]
```

실행결과

```
$ python ds_seq.py
Item 0 is apple
Item 1 is mango
Item 2 is carrot
Item 3 is banana
Item -1 is banana
Item -2 is carrot
Character 0 is s
Item 1 to 3 is ['mango', 'carrot']
Item 2 to end is ['carrot', 'banana']
Item 1 to -1 is ['mango', 'carrot']
Item start to end is ['apple', 'mango', 'carrot', 'banana']
characters 1 to 3 is wa
characters 2 to end is aroop
characters 1 to -1 is waroo
characters start to end is swaroop
```

동작원리

먼저, 열거형의 각 항목을 얻어오기 위해 어떻게 인덱스를 사용하는지 알아본다. 이를 다른 말로 서브스크립션 연산이라고 한다. 위 예제에서 보인 것과 같이 대괄호 내에 특정 숫자를 지정하면, 파이썬은 열거형에서 해당 숫자의 위치에 있는 항목을 얻어온다.(파이썬은 숫자를 0부터 시작한다) 따라서 shoplist[0]과 shoplist[3]은 각각 열거형 shoplist의 첫 번째와 네 번째 항목을 읽어오는 연산이다.

인덱스에는 음수가 지정될 수도 있다. 이 경우, 열거형의 마지막부터 위치가 계산된다. 따라서, shoplist[-1]은 열거형의 마지막 항목을 의미하며 shoplist[-2]는 열거형의 마지막 항목 바로 뒤의 항목을 의미한다.

슬라이스 연산은 대괄호 안에 콜론으로 구분한 숫자들을 입력해 주는 것이다. 슬라이스 연산은 앞서 설명한 인덱싱 연산과 굉장히 비슷하다. 이 경우 숫자는 반드시 지정해 줄 필요는 없지만 콜론은 반드시 들어간다.

슬라이스 연산에서 콜론 앞의 첫 번째 숫자는 슬라이스를 시작할 위치를 의미하며 콜론 뒤의 두 번 째 숫자는 슬라이스를 멈출 위치이다. 만약 첫 번째 숫자가 지정되지 않았을 경우, 파이썬은 열거형의 맨 처음부터 슬라이스를 시작한다. 두 번째 숫자가 지정되지 않았을 경우, 파이썬은 열거형의 맨 끝에서 슬라이스를 멈춘다. 이 때 슬라이스는 시작 위치부터 슬라이스를 시작하며 끝 위치의 직전까지 수행된다. 즉, 시작 위치에 해당하는 항목은 슬라이스에 포함되나 마지막 위치에 해당하는 항목은 포함되지 않는다.

따라서, shoplist[1:3] 은 위치 1에 해당하는 항목부터 시작하여 위치 2에 해당하는 항목을 포함하지만,

위치 3에 해당하는 항목은 포함하지 않는다. 따라서 두 개의 항목의 슬라이스가 반환된다. 이와 비슷하게, shoplist[:]는 전체 열거형의 복사본이 반환된다.

슬라이스 숫자로도 음의 위치를 지정해 줄 수 있다. 음수는 열거형의 마지막부터 위치를 계산하는 것을 의미한다. 예를 들어, shoplist[:-1]은 마지막 항목을 제외한 모든 항목을 포함하고 있는 슬라이스를 반환한다. 슬라이스 숫자에 세 번째 인수를 지정해 줄 수 있는데, 이것은 슬라이스 스텝에 해당한다. 기본값은 1이다.

```
>>> shoplist = ['apple', 'mango', 'carrot', 'banana']
>>> shoplist[::1]
['apple', 'mango', 'carrot', 'banana']
>>> shoplist[::2]
['apple', 'carrot']
>>> shoplist[::3]
['apple', 'banana']
>>> shoplist[::-1]
['banana', 'carrot', 'mango', 'apple']
```

보는 바와 같이 스텝이 2일 경우 위치 0, 2, … 에 해당되는 항목들이 반환되며 스텝이 3일 경우 0, 3, … 에 해당되는 항목들이 반환된다.

파이썬 인터프리터에서 여러 가능한 슬라이스 숫자의 조합들을 시험해 보면 그 결과를 곧바로 확인해 볼 수 있다. 이 모든 사항은 모든 열거형에 적용되므로, 튜플, 리스트, 문자열의 경우 모두 동일한 방법을 사용할 수 있다.

마. 집합

집합은 정렬되지 않은 단순 객체의 묶음이다. 집합은 포함된 객체들의 순서나 중복에 상관없이 객체를 묶을 때 사용한다.

집합끼리는 멤버십 테스트를 통해 한 집합이 다른 집합의 부분집합인지 확인할 수 있으며, 두 집합의 교집합 등을 알아낼 수도 있다.

```
>>> bri = set(['brazil', 'russia', 'india'])
>>> 'india' in bri
True
>>> 'usa' in bri
False
```

```
>>> bric = bri.copy()
>>> bric.add('china')
>>> bric.issuperset(bri)
True
>>> bri.remove('russia')
>>> bri & bric # OR bri.intersection(bric)
{'brazil', 'india'}
```

동작원리

직접 위 코드를 인터랙티브 파이썬에서 수행해 본다. 집합에 관한 내용이므로 직관적으로 알 수 있다.

바. 참조

객체를 생성하고 변수에 할당해 줄 때, 사실 실제 객체가 변수에 할당되는 것은 아니다! 변수에는 객체의 참조가 할당된다. 참조란, 그 변수의 이름이 여러분의 컴퓨터 메모리 어딘가에 저장되어 있는 실제 객체의 위치를 가리키는 것을 말한다. 이를 객체에 이름을 바인딩 한다고 한다.

일반적으로는 이에 대해 크게 신경쓸 필요가 없다. 다만, 참조로 인해 발생하는 몇 가지 현상에 대해 알고 있을 필요가 있다.

예제

프로그램 이름은 ds_reference.py로 저장하시오.

```
print 'Simple Assignment'
shoplist = ['apple', 'mango', 'carrot', 'banana']
# mylist is just another name pointing to the same object!
mylist = shoplist

# I purchased the first item, so I remove it from the list
del shoplist[0]

print 'shoplist is', shoplist
print 'mylist is', mylist
# Notice that both shoplist and mylist both print
# the same list without the 'apple' confirming that
```

```
# they point to the same object
print 'Copy by making a full slice'
# Make a copy by doing a full slice
mylist = shoplist[:]
# Remove first item
del mylist[0]

print 'shoplist is', shoplist
print 'mylist is', mylist
# Notice that now the two lists are different
```

실행결과

```
$ python ds_reference.py Simple Assignment

shoplist is ['mango', 'carrot', 'banana']
mylist is ['mango', 'carrot', 'banana']
Copy by making a full slice
shoplist is ['mango', 'carrot', 'banana']
mylist is ['carrot', 'banana']
```

동작원리

리스트와 같은 어떤 열거형이나 복잡한 객체 (정수형과 같이 단순 객체를 제외하고)의 복사본을 생성하고 싶을 때에는, 슬라이스 연산자를 이용하여 복사본을 생성한다. 단순히 한 변수를 다른 변수에 할당하게 되면 두 변수는 같은 객체를 "참조" 하게 되며 실제 복사본이 생성되지 않는다.

사. 문자열 메소드

앞서 문자열에 대해 이미 상세히 다루었지만, 몇 가지 더 알아보자. 문자열도 객체이므로 여러 메소드를 가지고 있는데 이를 통해 문자열의 앞 뒤 공백을 제거한다거나 하는 일들을 할 수 있다. 파이썬에서 사용되는 모든 문자열은 str클래스의 객체이다. 다음 예제에 이 객체가 제공하는 몇 가지 유용한 메소드들을 보이고 있다. str클래스의 모든 메소드의 목록을 확인하려면 help(str)을 실행한다.

예제

프로그램 이름은 ds_str_methods.py로 저장하시오.

```
# This is a string object
name = 'Swaroop'

if name.startswith('Swa'):
    print 'Yes, the string starts with "Swa"'

if 'a' in name:
    print 'Yes, it contains the string "a"'

if name.find('war') != -1:
    print 'Yes, it contains the string "war"'

delimiter = '_*_'
mylist = ['Brazil', 'Russia', 'India', 'China']
print delimiter.join(mylist)
```

실행결과

```
$ python ds_str_methods.py
Yes, the string starts with "Swa"
Yes, it contains the string "a"
Yes, it contains the string "war"
Brazil_*_Russia_*_India_*_China
```

동작원리

여기서는 문자열이 제공하는 여러 메소드에 대해 알아본다. startswith 메소드는 문자열이 주어진 문자열로 시작하는지 여부를 반환한다. in 연산자는 문자열에 주어진 문자열이 포함되어 있는지 확인한다.

find 메소드는 문자열 내에 포함된 특정 문자열의 위치를 반환한다. 이 때 주어진 문자열을 찾지 못한 경우 find는 −1을 반환한다. 또 str클래스는 join이라는 좋은 메소드를 가지고 있는데, 이것은 주어진 문자열들을 해당 문자열을 구분자로 하여 결합한 하나의 큰 문자열을 만들어 반환한다.

8.10 파이썬 고급 학습

이 장에서는 파이썬 프로그래밍을 맛보기 수준으로 살펴보았다. 언어 하나를 충분히 다루려면 훨씬 많은 분량이 필요하기 때문에 여기서 마친다. 파이썬 언어에 대해 더 자세히 알고자 하면 다음의 다양한 사이트들을 참고하기 바란다.

- 맛보기 파이썬 공식 초보자 가이드:

  http://wiki.python.org/moin/BeginnersGuide

- 다운로드 가능한 무료 인터랙티브 튜토리얼:

  http://www.learnpython.org

- Zed A. Shaw의 Learn Python The Hard Way (Shavian Publishing 2012), 〈파이썬을 위한 베스트 프랙티스 코딩〉을 볼 수 있다. 책 이름과는 달리 초보자에게도 적합하다. 책을 구입할 수 도 있고 다음 사이트에서 무료로 읽을 수도 있다.

  http://learnpythonthehardway.org/

9 파이썬 GPIO 프로그래밍 기초

CHAPTER

라즈베리파이와 파이썬을 학습하는 가장 큰 이유는 파이썬으로 라즈베리파이의 GPIO핀 40개를 제어하여 아두이노를 사용할 때처럼 LED를 켜고 모터를 구동하고 통신이 가능하고 소리를 나게 할 수 있기 때문이다. 앞에서 라즈베리파이와 플라스크, MySQL, HTML, CSS 등을 이용하여 종합적인 서버네트워크 시스템을 개발하는 학습도 하였다. 이 장에서 학습하는 GPIO제어를 이것에 추가한다면 보다 더 창의적이고 융합적인 시스템을 개발할 수 있다.

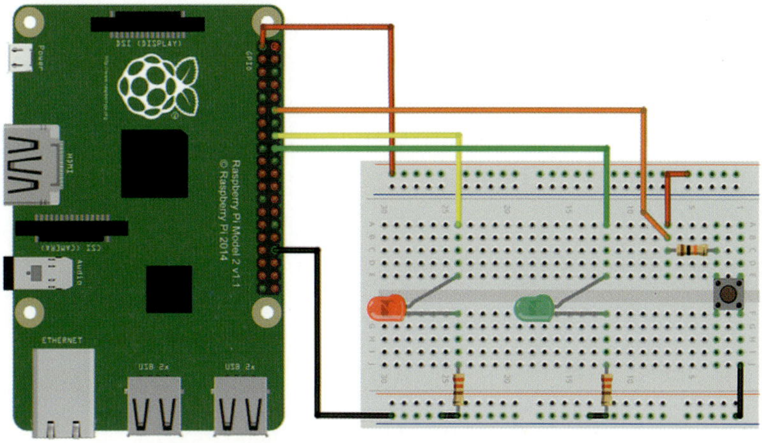

그림 9-1 라즈베리파이 GPIO 제어 회로

9.1 파이썬 GPIO 라이브러리 설치

라즈베리파이가 출시된 이후 많은 개발자들이 라즈베리파이의 기능을 모두 활용하기 위해 라이브러리를 만들어 왔다. 그 숫자가 2019년 현재, 20만개를 넘어섰다(라이브러리 혹은 패키지는 www.pypi.org에서 확인가능하다). 이들은 특별한 목적을 가지는 소프트웨어 모듈이다.

특히 GPIO라이브러리를 이용한다면 라즈베리파이 사용자들은 하드웨어의 저수준 프로그래밍에 대한 지식이 없이도 GPIO 포트를 쉽게 다룰 수 있게 되었다.

이 라이브러리들은 우리가 다루었던 pymysql, MySQLdb, 플라스크 등과 같이 다양한 분야에서 기본 파이썬 언어의 기능을 확장하도록 디자인된 것이다.

RPi.GPIO 라이브러리를 설치하면 라즈베리파이의 GPIO 포트를 쉽게 사용할 수 있다. 같은 의미겠지만, 우리가 작성한 소프트웨어를 다른 사용자가 사용하려면 그 역시 해당 라이브러리를 먼저 설치해야 된다.

여러 가지 파이썬 라이브러리들이 있지만 이 책에서는 raspberry-gpio-python 라이브러리를 사용하여 GPIO프로그래밍을 한다.

다음 구글 코드 웹사이트에서 이 라이브러리를 다운로드 할 수 있다.

```
https://sourceforge.net/projects/raspberry-gpio-python/
```

이 책을 작성할 때(2019년 10월)는 0.7.0이 최신 버전이다. (RPi.GPIO-0.7.0.tar.gz)
이것을 이용하여 다음과 같이 설치한다.

❶ 라즈베리파이의 웹 브라우저를 열고 위의 링크에 접속하여 홈 폴더에 RPi.GPIO-0.7.0.tar.gz 파일을 다운로드 받는다.
❷ 다음 명령을 사용하여 홈 디렉토리에 압축을 푼다.

```
$ tar xvfz RPi.GPIO-0.7.0.tar.gz
```

❸ 라이브러리를 설치한다.

```
$ cd RPi.GPIO-0.7.0
$ sudo apt-get install python-dev
$ sudo python setup.py install
```

이제 라이브러리가 파이썬에 설치되기는 했지만 기본으로 로드가 되는 것은 아니다. 이를 사용하기 위해서는 pymysql처럼 프로그램에서 명시적으로 임포트를 해주어야만 된다. 프로그램을 import RPi.GPIO as GPIO로 시작한다.

CAUTION

라즈베리파이의 GPIO 포트는 전압 스파크나 단락에 대한 어떠한 보호도 제공하지 않는다. 자신이 만든 회로를 라즈베리파이에 연결하기 전에 항상 이상이 없는지를 확인해야 된다. 가능하면 회로 보호기능을 제공하는 아이솔레이션 보드를 사용하는 것이 좋다.

연습문제 9-1

프로그래밍을 하기 위해서 인터넷 상의 다양한 소스코드 제공 및 공유 사이트를 사용한다. 다음 공유사이트에 접속하여 자세히 살펴보고, 각각의 특징에 대하여 간단하게 적어보세요.

(1) github

(2) sourceforge

(3) codegrue

(4) code.google.com

9.2 저항값 계산

LED는 과도한 전류가 흐르면 타버리기 때문에 전류를 제한할 저항이 필요하다. 저항이 필요하다는 점을 아는 것 이외에도 어떤 값을 가지는 저항을 써야 하는지도 알아야 한다. 저항 값이 너무 크면 빛의 밝기가 너무 어둡거나 아예 켜지지 않게 되고 너무 낮으면 LED를 태울 수 있다.

LED에 흐를 수 있는 순방향 최대 전류(mA)와 순방향 최대 전압(V)을 알아야 적정한 저항 값을 계산할 수 있다. 순방향 최대 전압은 3.3 V 이하여야 한다. 그보다 큰 경우에는 트랜지스터 같은 스위칭 소자를 사용해야 한다.

얼마나 큰 저항 값을 가진 저항이 필요한지를 알 수 있는 가장 쉬운 방법은 $R=(V-F)/I$ 공식을 사용하는 것이다. 여기서 R은 오옴 단위의 저항 값이고, V는 LED에 가해지는 전압, F는 LED의 순방향 최대 전압, I는 암페어 단위의 LED의 순방향 최대전류이다.

전형적인 빨간색 LED의 순방향 최대 전류를 25 mA, 순방향 최대 전압을 1.7 V 그리고 가해지는 전압을 라즈베리파이의 GPIO 포트의 출력전압인 3.3 V라고 가정해보면 저항 값은 (3.3−1.7) / 0.025=64 오옴이다. 64 오옴 이상의 저항을 사용하면 LED를 안전하게 보호할 수 있다. 판매되는 저항 중에는 정확히 이 값을 가지는 저항이 흔치 않다. 따라서 그 이상 되는 저항 중 쉽게 구할 수 있는 것은 68오옴 저항이다.

사용하고자 하는 LED의 순방향 최대 전압과 전류를 모르는 경우(데이터시트가 없다거나 고장 난 전자제품에서 뜯어낸 경우) 충분히 큰 저항부터 시작해 값이 작은 저항으로 바꿔가면서 밝기를 살펴보면 된다. 한번 타버린 LED는 수리할 수 없다.

연습문제 9-2

다음 조건의 회로에 LED 보호용 저항값을 계산하세요.

(1) LED 최대 전류 25 mA
(2) LED 최대 전압 1.7 V
(3) 전원전압 3.3 V

9.3 GPIO 출력 : LED ON

첫 예제는 LED와 저항을 이용하여 간단한 회로를 구성해보자. 파이썬 프로그램을 작성하여 GPIO 포트에 명령을 내리면 LED로 동작을 확인해 볼 수 있다. 저항은 LED가 과전압으로 타는 것을 방지하기 위한 것이다.

회로를 구성하기 위해 브레드보드와 두 개의 점퍼케이블, LED, 저항이 필요하다. 브레드보드 없이 전선을 꼬아서 회로를 구성할 수도 있고, 납땜으로만 만들 수도 있겠지만 처음에는 브레드보드를 사용하는 것이 편리한 방법이다.

아래 그림을 참조하여 브레드보드에 회로를 구성해보자.

❶ LED의 긴 다리(Anode, +)를 브레드보드의 한 열에 꽂고 짧은 다리(Cathode, -)를 다른 열에 꽂는다. 두 다리를 같은 열에 꽂으면 안 된다.

❷ 저항의 한쪽 다리를 LED의 긴 다리와 같은 열에 꽂고 반대편 다리는 빈 열에 꽂는다. 방향은 상관이 없다. 저항은 극성이 없는 소자이다.

❸ 점퍼선을 이용해서 라즈베리파이 GPIO 포트의 Physical핀 16번(이 핀은 BCM으로 23번)을 저항과 같은 열에 연결한다.

❹ 다른 점퍼선을 이용해서 라즈베리파이 GPIO 6번 핀(GROUND)을 LED의 짧은 다리에 연결된 열에 연결한다.

CAUTION

라즈베리파이의 GPIO 포트에 선을 연결할 때 매우 주의해야 한다. 앞서도 설명한 바 있지만 잘못된 핀에 연결하면 라즈베리파이에 심각한 손상을 줄 수 있다.

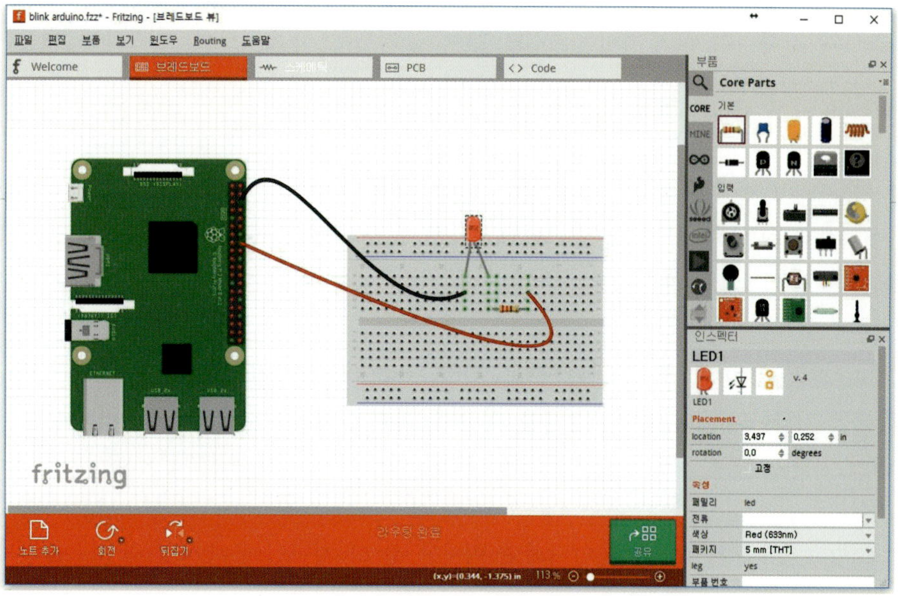

그림 9-2 회로구성

기본적으로 라즈베리파이의 GPIO 핀들은 꺼져 있기 때문에 이 시점에서는 당연하게도 아무 일도 일어나지 않는다. 16번 핀에 연결된 선을 물리핀 1이나 2, 4번에 꽂아보면 LED가 켜질 것이다. 핀2나 핀4에 연결할 때는 위 회로처럼 꼭 저항이 연결되도록 주의한다. 저항 값이 3.3V에 맞추어져 있기 때문에 5V 핀(핀2, 핀4)에 직접 연결하기에는 부적합하다. 불이 켜지는 것을 확인한 후에는 점퍼선을 다시 16번 핀에 되돌려 놓는다.

LED를 동작시키기 위한 새로운 파이썬 프로젝트를 시작한다. 파이썬 프로그래밍 장에서 해보았던 것처럼 라즈비안에 포함되어 있는 IDLE를 이용해도 되고 Nano 에디터를 이용해도 되고 VI와 같은 텍스트에디터를 사용하는 것도 된다.

이 장의 앞에서 설치했던 GPIO 라이브러리를 파이썬 프로그램에서 사용하려면 임포트를 해주어야 한다. 따라서 소스 프로그램의 맨 첫 줄에 다음 행을 입력한다.

```
import RPi.GPIO as GPIO
```

파이썬은 대소문자를 구별하기 때문에 주의해서 그대로 입력해야 한다. LED를 주기적으로 반짝이게 하려면 시간 개념이 필요하다. time모듈을 임포트한다.

```
import time
```

GPIO 포트들은 사용하기 전에 먼저 입력 또는 출력으로 초기화를 해주어야 한다. 아두이노의 pinMode()와 같다. 이 예제에서는 BCM 23이 출력으로 사용되므로 초기화를 해준다.

```
GPIO.setup(23, GPIO.OUT)
```

다른 장치들을 더 제어할 경우에는 더 많은 핀들을 초기화해야겠지만 우선은 하나만으로 충분하다. 출력으로 초기화 되었으므로 BCM 핀 23의 출력을 3.3V로 켜거나 끔으로써 간단한 이진 논리를 보일 수 있다.

GPIO.output(23, True)명령은 핀을 켜고, GPIO.output(23, False) 명령은 핀을 끈다. 핀은 최근 상태를 기억한다. 핀을 켜는 명령을 내린 후 파이썬 프로그램을 끝내면 핀은 다른 명령을 다시 내리기 전까지는 계속 켜진 상태를 유지한다.

간단히 GPIO.output(23, True)만 입력해도 되지만 좀 더 재미있게 하기 위해 다음의 무한루프를 추가해보자.

```
while True:
```

그 다음, 다음 행들을 추가하여 핀을 켠 후 1초간 기다렸다가 핀을 끄고 다시 1초를 기다리는 동작을 반복하도록 한다.

```
GPIO.output(23, True)
time.sleep(1)
GPIO.output(23, False)
time.sleep(1)
```

완성된 프로그램은 다음과 같다.

```
import RPi.GPIO as GPIO
import time

PIN = 23
GPIO.setmode(GPIO.BCM)
GPIO.setup(PIN, GPIO.OUT)

while True:
        GPIO.output(PIN, True)
        time.sleep(1)
        GPIO.output(PIN, False)
        time.sleep(1)
```

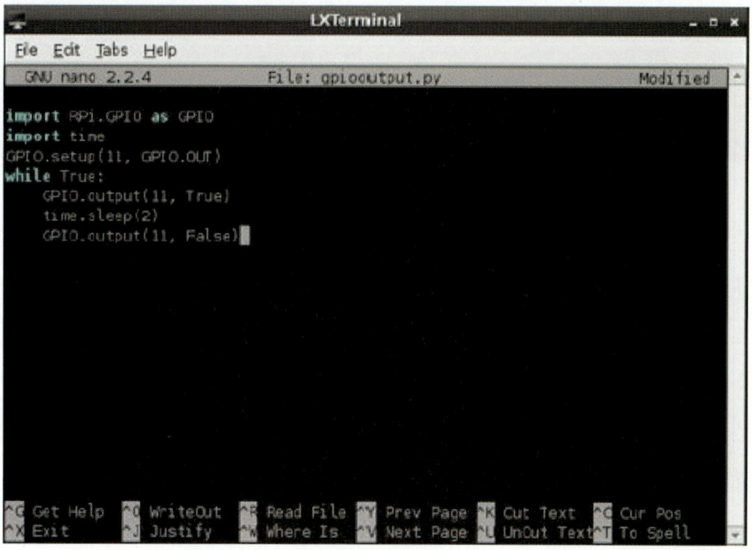

그림 9-3 IDE에서 nano를 이용한 gpioout.py 프로그래밍

파일을 gpiooutput.py로 저장한다. nano에서 파일저장 및 종료메뉴는 Cntl-x다.
여기서 GPIO.setmode(GPIO.BCM)이란 핀번호를 BCM 칩에 맞추어 부여한다는 의미이다.
이 프로그램에서는 23으로 부여했는데 이 핀은 다음 그림에서 찾을 수 있다.

아래 그림같은 GPIO 매핑 테이블을 보려면 다음 명령을 입력한다.

```
$ gpio readall
```

나타난 그림의 한가운데를 보면 라즈베리파이3의 물리적인 40개의 핀번호를 나타내는 Physical 번호가 있다. 이 물리적 핀번호 16번을 찾아가서 맨 우측의 BCM을 보면 23번이라고 표기되어 있는 것을 볼 수 있다.

BCM	wPi	Name	Mode	V	Physical		V	Mode	Name	wPi	BCM
		3.3v			1	2			5v		
2	8	SDA.1	IN	1	3	4			5v		
3	9	SCL.1	IN	1	5	6			0v		
4	7	GPIO. 7	OUT	0	7	8	1	OUT	TxD	15	14
		0v			9	10	1	OUT	RxD	16	15
17	0	GPIO. 0	OUT	1	11	12	0	IN	GPIO. 1	1	18
27	2	GPIO. 2	IN	0	13	14			0v		
22	3	GPIO. 3	OUT	0	15	16	0	OUT	GPIO. 4	4	23
		3.3v			17	18	0	IN	GPIO. 5	5	24
10	12	MOSI	IN	0	19	20			0v		
9	13	MISO	IN	0	21	22	0	IN	GPIO. 6	6	25
11	14	SCLK	OUT	1	23	24	0	OUT	CE0	10	8
		0v			25	26	1	IN	CE1	11	7
0	30	SDA.0	IN	1	27	28	1	IN	SCL.0	31	1
5	21	GPIO.21	IN	1	29	30			0v		
6	22	GPIO.22	IN	1	31	32	0	IN	GPIO.26	26	12
13	23	GPIO.23	IN	0	33	34			0v		
19	24	GPIO.24	IN	0	35	36	0	IN	GPIO.27	27	16
26	25	GPIO.25	IN	0	37	38	0	IN	GPIO.28	28	20
		0v			39	40	0	IN	GPIO.29	29	21
BCM	wPi	Name	Mode	V	Physical		V	Mode	Name	wPi	BCM

그림 9-4 라즈베리파이3 핀번호 맵

파이썬 개발환경을 사용할 경우 에디터 안에서 프로그램을 직접 실행하려고 시도하면 안 된다. 대부분의 라즈베리파이 리눅스 배포판들은 GPIO 포트를 슈퍼유저만 사용할 수 있도록 제한하고 있다. 따라서 터미널 창에서 sudo python gpiooutput.py 명령으로 실행해야 한다.
오류가 없다면 LED가 주기적인 간격으로 깜빡일 것이다. 나만의 최초의 라즈베리파이 GPIO 장치가 완성되었다.

동작을 하지 않더라도 실망할 필요는 없다. 우선 모든 연결들을 점검한다. 브레드보드의 구멍들은 아주 작아서 부품들을 생각과는 달리 다른 곳에 꽂았을 가능성이 있다. 그 다음 점퍼선을 GPIO포트의 제대로 된 핀 번호에 연결했는지를 점검한다. 라즈베리파이에 라벨링이 되어 있지 않기 때문에 잘못 꽂기가 쉽다. 그 다음 부품들을 재점검해 본다. LED가 3.3V 이상의 전압을 필요로 하거나 너무 큰 경우 불이 켜지지 않는다.

이 예제는 기초적이기는 하지만 라즈베리파이 GPIO제어의 원리를 알기에 충분하다. 기능을 확장하여 LED대신 부저를 연결하면 경고음을 내도록 할 수 있고, 서보모터나 DC모터를 연결하면 로보틱스 플랫폼의 일부로 사용할 수도 있다. GPIO 핀들을 켜거나 끄는 코드는 새 이메일이 왔을 때 LED가 켜지게 하거나 IRC 채널에 친구가 입장했을 때 깃발을 들게 하는 등의 다른 프로그램의 일부로 통합시킬 수도 있다.

연습문제 9-3

LED 1개를 점멸하려고 한다. 파이썬 GPIO 소스코드가 다음과 같다면, 실제로 라즈베리파이 GPIO 40개 물리핀중에서 어떤 핀에 LED가 연결되어야 하는가?

```
PIN = 24
GPIO.setmode(GPIO.BCM)
GPIO.setup(PIN, GPIO.OUT)
```

9.4 GPIO 입력 : 버튼 읽기

GPIO포트를 출력으로 사용하는 것도 유용하지만, 하나 또는 그 이상의 입력과 같이 결합하여 사용하면 훨씬 더 유용해진다. 푸시 버튼 스위치를 다른 GPIO핀에 연결하여 파이썬에서 상태를 읽을 수 있는지 보자.

LED출력 프로그램과 마찬가지로 이 입력 예제도 파이썬 GPIO 라이브러리를 사용한다. 라이브러리는 앞 절에서 이미 설치되어 있다고 가정한다. 이제부터 회로를 구성해보자.

브레드보드에 이미 만들어 놓은 GPIO 출력 예제가 있으면 라즈베리파이와 연결된 점퍼선을 빼도 되고 그대로 두어도 상관없다. 이 예제는 다른 핀을 사용하기 때문에 같이 연결되어 있어도 괜찮다. 이전 예제를 그대로 두기로 결정했으면 이번 예제는 이전 예제와는 다른 행을 사용해서 구성한다.

가. 회로구성

다음과 같이 회로를 구성한다.

❶ 푸시 버튼 스위치를 브레드보드에 꽂는다. 대부분의 스위치는 다리가 두 개이거나 네 개이다. 다리가 네 개인 경우 두 개씩 쌍으로 연결되어 있다. 어느 다리가 같이 연결되어 있는지 데이터시트를 참조하여 확인하고 서로 연결되지 않은 다리가 다른 행에 꽂히도록 해야 된다.

❷ 10 kΩ 저항의 한 쪽 다리를 푸시 버튼 스위치의 한 쪽 다리와 같은 행에 꽂고 다른 쪽다리는 사용되지 않은 행에 꽂는다. 이 저항은 풀업 저항으로 스위치가 눌리지 않았을 때 라즈베리파이의 입력 핀을 참조 전압(3.3V)에 연결되도록 함으로써 확실히 high 상태로 감지되도록 하는 역할을 한다.

❸ 풀업 저항의 연결되지 않은 쪽 다리를 라즈베리파이의 물리핀 1에 연결한다. 이 핀은 참조 전압(3.3V)을 제공한다.

❹ 푸시 버튼 스위치의 사용되지 않은 다리를 라즈베리파이의 물리 핀 6에 연결한다. 이 핀은 그라운드 연결을 제공한다.

❺ 라즈베리파이의 물리 핀 16을 10 kΩ 저항과 푸시 버튼 스위치가 연결된 행에 연결한다. 브레드보드의 전체 모습은 그림 9-5와 같이 되어야 한다.

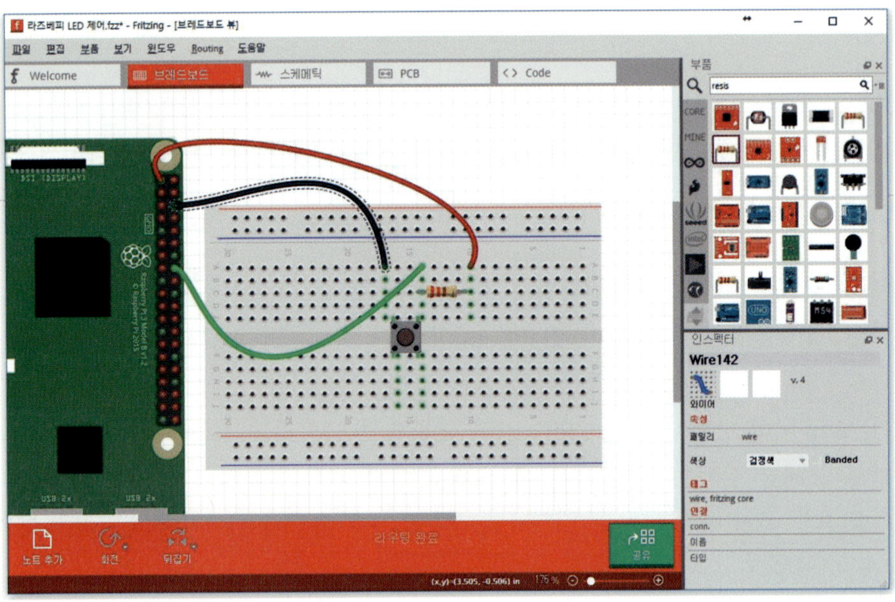

그림 9-5 풀업저항 회로연결

라즈베리파이의 GPIO 포트 물리 핀 16은 3.3V 전압에 풀업 저항을 통해 연결된 덕분에 high 상태를 유지한다. 푸시 버튼이 눌리게 되면 물리 핀 16은 그라운드에 연결되고 상태는 low로 바뀐다. 파이썬 프로그램은 버튼이 눌린 것을 알게 된다.

풀업 저항이 왜 필요한지 의아해 할 수 있다. 저항을 제거한 상태에서는 스위치를 누르기 전까지는 물리 핀 16의 상태가 high인지 low인지가 불명확하다. 프로그램에서 이 핀의 상태를 읽으면 high로 읽힐 수도 있고 low로 읽힐 수도 있다. 이런 상태의 핀을 플로팅 핀이라고 한다.

나. 소스 프로그램 작성

새 파이썬 파일을 열어 GPIO 라이브러리 임포트 명령을 입력한다.

```
import RPi.GPIO as GPIO
```

이 예제에서는 시간과 관련된 명령이 없기 때문에 time라이브러리는 임포트할 필요가 없다. 물리핀 16(BCM 핀 23)을 입력으로 초기화한다. 당연히 핀번호를 BCM으로 한다는 명령을 추가한다.

```
GPIO.setmode(GPIO.BCM)
GPIO.setup(23, GPIO.IN)
```

다른 핀을 사용하려면 핀 번호를 바꾸어 주면 된다.
입력 핀이 low가 되는지를 체크하기 위해 (바꿔 말하면 스위치가 눌리는지) 무한 루프를 만든다.

```
while True:
```

입력 핀의 상태를 읽는 것은 결과 값을 받아 변수에 저장하는 것만 빼고는 출력 핀의 상태를 설정하는 것과 매우 유사하다. 다음의 명령어는 input_value라고 하는 변수를 생성하고 핀 12의 값을 대입한다.

```
input_value = GPIO.input(23)
```

지금이라도 프로그램을 실행하면 동작을 하기는 하지만 아무 유용한 일도 하지 않는다. 무슨 일이 일어나고 있는지를 알 수 있도록 다음 print 명령을 입력한다.

```
if input_value == False:
        print( "The button has been pressed." )
while input_value == False:
        input_value = GPIO.input(23)
```

마지막 두 행 〈두 번째 루프와 두 번째 input_value, 내부 루프〉 은 중요하다. 라즈베리파이가 고성능의 데스크톱이나 랩톱보다는 낮은 성능을 가지고 있지만 그래도 파이썬 프로그램은 상당히 빠른 속도로 실행되고 있다. 내부 루프는 핀 23의 상태가 더 이상 low가 아닐 때까지 즉, 버튼이 놓일 때까지 체크를 반복한다. 이 내부 루프가 없으면 버튼이 눌려 있는 동안 메시지가 반복적으로 화면에 출력된다.

최종 프로그램은 다음과 같다.

```
import RPi.GPIO as GPIO
GPIO.setmode(GPIO.BCM)
GPIO.setup(23, GPIO.IN)
while True:
        input_value = GPIO.input(23)
        if input_value == False:
                print "The button has been pressed."
        while input_value == False:
                input_value = GPIO.input(23)
```

다. 프로그램 실행

파일을 gpio-read.py로 저장하고 터미널 창에서 sudo python gpio-read.py 명령으로 실행한다. 처음에는 아무 일도 일어나지 않는다. 버튼을 누르면 프로그램에서 메시지를 화면에 출력할 것이다 (다음 그림 참조). 버튼을 눌렀다 놓았다 반복해보면 메시지가 반복해서 출력된다. 간단한 프로그램이지만 여러 목적으로 사용될 수 있다. 스위치뿐만 아니라 센서 또는 외부 마이크로 컨트롤러 같은 별개의 장치가 연결되어 있을 때 이를 읽는데 사용될 수 있다.

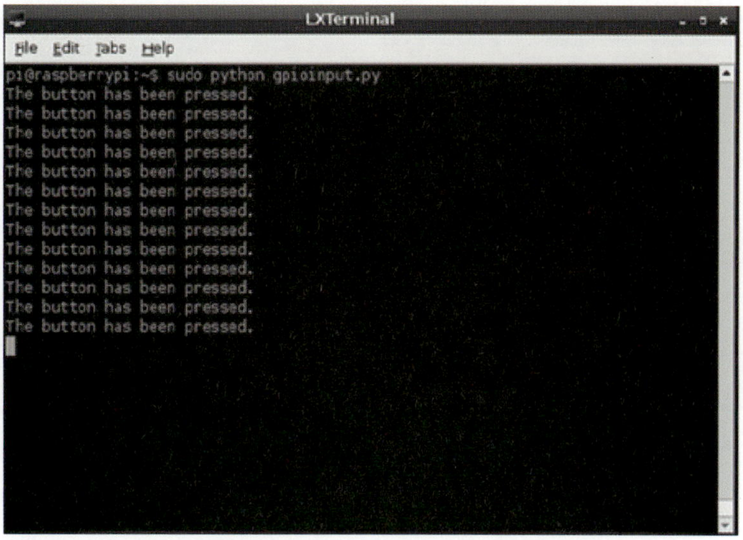

그림 9-6 gpio-read.py 프로그램의 출력 결과

여러 개의 푸시 버튼을 읽도록 코드를 확장하면 푸시버튼 명령기나 게임 컨트롤러를 만들 수 있다. 예제로 많이 나오는 파이썬 프로그래밍의 스네이크 게임과 연결하면 라즈베리파이를 간단한 게임 콘솔로 변신시킬 수도 있다.

입력과 출력 예제를 결합하여 하나의 프로그램으로 만들 수도 있다. 버튼이 눌리기를 기다렸다가 출력 핀에 high를 보내어 LED나 부저를 작동시킬 수 있다.

라. 프로그램의 확장

버튼이 눌려지면 특정 GPIO핀에 전압을 가하여 부저나 LED를 작동시키도록 프로그램을 확장시킬 수 있다. 아래 소스코드는 물리핀 12번(BCM 18번)에 부저를 연결하여 푸시버튼 스위치가 눌려지면 부저에서 소리가 나도록 작성한 프로그램이다.

아래 그림의 핀 맵에서 구분이 가능한 것처럼 푸시버튼 스위치는 물리핀 16번(BCM 23), 부저는 물리핀 12번(BCM 18번)에 연결한 것을 확인하면 된다.

B Plus

BCM	wPi	Name	Mode	V	Physical		V	Mode	Name	wPi	BCM
		3.3v			1	2			5v		
2	8	SDA.1	IN	1	3	4			5V		
3	9	SCL.1	IN	1	5	6			0v		
4	7	GPIO. 7	IN	1	7	8	1	ALT0	TxD	15	14
		0v			9	10	1	ALT0	RxD	16	15
17	0	GPIO. 0	OUT	0	11	12	0	IN	GPIO. 1	1	18
27	2	GPIO. 2	IN	0	13	14			0v		
22	3	GPIO. 3	IN	0	15	16	0	IN	GPIO. 4	4	23
		3.3v			17	18	0	IN	GPIO. 5	5	24
10	12	MOSI	IN	0	19	20			0v		
9	13	MISO	IN	0	21	22	0	IN	GPIO. 6	6	25
11	14	SCLK	IN	0	23	24	1	IN	CE0	10	8
		0v			25	26	1	IN	CE1	11	7
0	30	SDA.0	IN	1	27	28	1	IN	SCL.0	31	1
5	21	GPIO.21	IN	1	29	30			0v		
6	22	GPIO.22	IN	1	31	32	0	IN	GPIO.26	26	12
13	23	GPIO.23	IN	0	33	34			0v		
19	24	GPIO.24	IN	0	35	36	0	IN	GPIO.27	27	16
26	25	GPIO.25	IN	0	37	38	0	IN	GPIO.28	28	20
		0v			39	40	0	IN	GPIO.29	29	21

그림 9-7 gpio-realall 핀 맵

아래처럼 소스코드의 아래쪽을 보자.

```
while input_value == False:
            input_value = GPIO.input(SW)
            GPIO.output(BUZ, True)
            time.sleep(0.1)
            GPIO.output(BUZ, False)
```

버튼이 눌려진 상태가 되면, 부저핀에 0.1초간 소리가 나게끔 프로그래밍 되어있다.
완성되어진 프로그래밍 소스코드는 다음과 같다.

```
import RPi.GPIO as GPIO
import time
SW=23
BUZ=18
GPIO.setmode(GPIO.BCM)
GPIO.setup(SW GPIO.IN)
GPIO.setup(BUZ, GPIO.OUT)
while True:
    input_value = GPIO.input(SW)
    if input_value == False:
        print "The button has been pressed."
    while input_value == False:
        input_value = GPIO.input(SW)
```

```
GPIO.output(BUZ, True)
time.sleep(0.1)
GPIO.output(BUZ, False)
```

연습문제 9-4

라즈베리파이 구동을 위한 회로에서 풀업저항을 사용하였다. 풀업저항의 작동원리와 사용목적을 적어보세요.

note

10 파이썬 GPIO 프로그래밍 응용

CHAPTER

앞 장에서는 파이썬을 이용한 라즈베리파이 GPIO프로그래밍의 기초에 관하여 학습하였다. 파이썬 언어를 이용한 GPIO프로그래밍은 wiringPi와 BCM 라이브러리를 사용하는데, 이 장에서는 파이썬과 BCM방식을 사용하여 몇 가지 응용 프로그래밍을 학습한다. 앞에서 기초단계로 실습한 LED 깜빡이와 푸시버튼 입력 프로그램을 다 이해했다면 이 장을 학습하는데 큰 문제는 없을 것이다.

그림 10-1 초음파센서, PIR센서, 파이캠

10.1 초음파센서를 활용한 레이더 제작

앞 장에서 우리는 버튼이 누를 때 부저가 울리는 GPIO 프로그래밍을 실습하였다. 물론 이를 위해 필요한 GPIO라이브러리를 설치했고, BCM 방식으로 라즈베리파이의 GPIO핀을 제어하는 방법도 알아보았다. 여기서는 보다 더 다양한 GPIO 프로젝트를 파이썬 언어와 BCM GPIO라이브러리를 사용하여 제작한다.

거리측정에 많이 사용되는 초음파센서 SR-04는 그 값에 비해 정밀도도 높고, 프로그래밍의 난이도도 적절하여 아두이노 혹은 라즈베리파이를 활용한 사물인터넷 응용 프로그램 제작에 많이 사용된다.

단순히 내가 원하는 지점까지의 정확한 거리측정을 해주는 디지털 자로 활용해도 되고 모터를 부착하여 360도 방향의 모든 장애물을 탐지하는 레이더로 활용해도 된다.

가. 하드웨어

필요한 부품은 라즈베리파이3와 레이더를 제작하는데 필수적인 초음파 센서 SR-04 그리고 4개의 점퍼선이다. 이것을 사용하여 다음 그림과 같이 회로를 작성한다.

초음파센서 SR-04는 4개의 핀을 가지고 있다. 왼쪽부터 VCC(5V), 송신, 수신, GND(0V)으로 구성된다.

라즈베리파이의 물리 핀 4번이 5V이므로 센서의 첫 번째 핀에 연결한다. 라즈베리파이 물리 핀 6번이 0V이므로 센서의 마지막 핀에 연결한다.

라즈베리파이의 물리 핀 33번을 센서의 두 번째 핀인 송신(TRIGER)에 연결하고, 물리핀 35번을 센서의 세 번째 핀인 수신(ECHO)핀에 연결하면 된다.

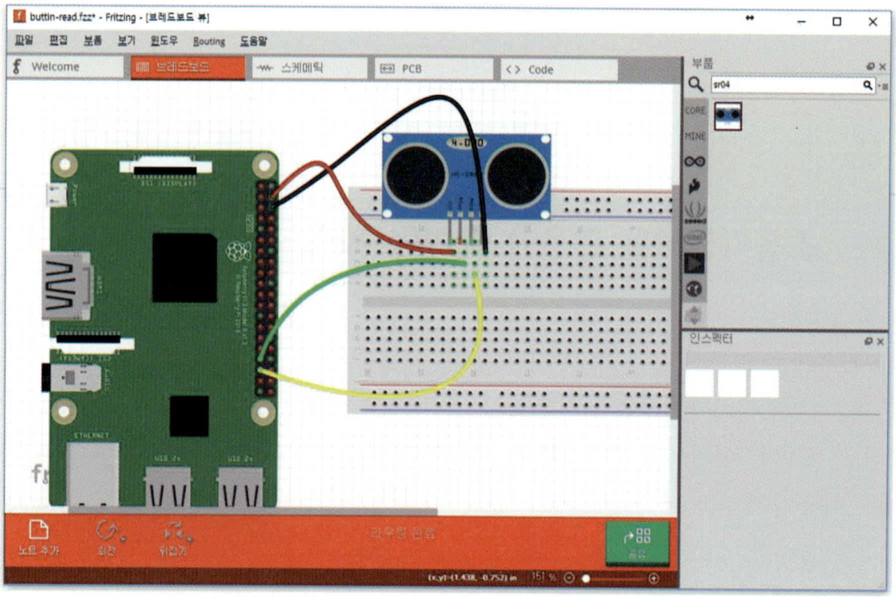

그림 10-2 초음파 센서 회로연결

나. BCM을 이용한 GPIO 핀

앞에서 말한 것처럼 GPIO라이브러리는 wiringPi와 BCM이 있다. 파이썬에서는 이 BCM을 사용하는 것이 좋다. 이 BCM을 사용하려면 프로그램의 코드속에 이 문장을 삽입하면 된다.

```
GPIO.setmode(GPIO.BCM)
```

GPIO 핀 맵을 보여주는 명령은 다음과 같다.

```
$ gpio readall
```

이 맵에서 BCM 13번과 19번핀은 각각 라즈베리파이 물리핀 33번과 35번에 해당됨을 알 수 있다. 여기에 맞추어 코드를 작성해 보자.

나. 소스코드 프로그래밍

putty나 VNC를 이용하여 헤드리스모드로 라즈베리파이3에 로그온하고 나서 바로 radar라는 폴더를 만들고 sonic.py라는 이름의 파이썬 프로그램을 작성한다.

```
$ cd
$ mkdir radar
$ cd radar
$ nano sonic.py
```

sonic.py 파이썬 프로그램 코드는 다음과 같다.

```
import RPi.GPIO as gpio
import time
TRI = 13
ECO = 19
gpio.setmode(gpio.BCM)
gpio.setup(TRI, gpio.OUT)
gpio.setup(ECO, gpio.IN)
while True :
        gpio.output(TRI, False)
        time.sleep(0.5)
        gpio.output(TRI, True)
        time.sleep(0.00001)
        gpio.output(TRI, False)
        while gpio.input(ECO) == 0 :
                pulse_start = time.time()
```

```
while gpio.input(ECO) == 1 :
        pulse_end = time.time()
pulse_period = pulse_end - pulse_start
distance = pulse_period * 17000
distance = round(distance, 2)
print "distance is", distance, "cm"
```

완전하게 작성한 후에는 Ctrl-x를 눌러 파일을 저장하고 빠져나온다.

다. 프로그램 실행

```
$sudo python sonic.py
```

라는 명령어를 입력했을 때 화면에 아무런 에러 메시지가 나타나지 않으면 소스코드가 잘 입력된 결과다.

초음파센서의 측정치가 센티미터 단위로 화면에 나타나면 레이더 제작이 성공한 것이다. 거리가 나타나지 않으면 배선에 문제가 생긴 것이라고 보면 된다. 천천히 배선도와 실제 연결된 하드웨어를 살펴보고 수정한다.

10.2 PIR센서를 이용한 인간 동작감지기

가. 하드웨어

필요한 부품은 라즈베리파이3, PIR센서, 점퍼선 3개이다. 이것을 사용하여 다음과 같이 회로를 구성하면 된다.

PIR센서는 적외선 센서이다. 인간이나 생물체의 움직임을 포착하는 센서이다. 주로 센서등, 동작감지기, 동물 움직임감지기 등의 제작에 사용된다.

PIR센서는 VCC(5V), Data, GND(0V) 핀으로 이루어진다. 아래 그림처럼 라즈베리파이 2번핀을 센서의 VCC에, 라즈베리파이 6번핀을 센서의 GND에 연결한다. 그리고 라즈베리파이 물리

핀 12번을 센서의 Data 핀에 연결하면 된다.

앞에서 설명한 것처럼 물리핀 12번은 BCM GPIO 18번이다. 이후 소스코드에서는 GPIO 18번으로 코딩하면 된다.

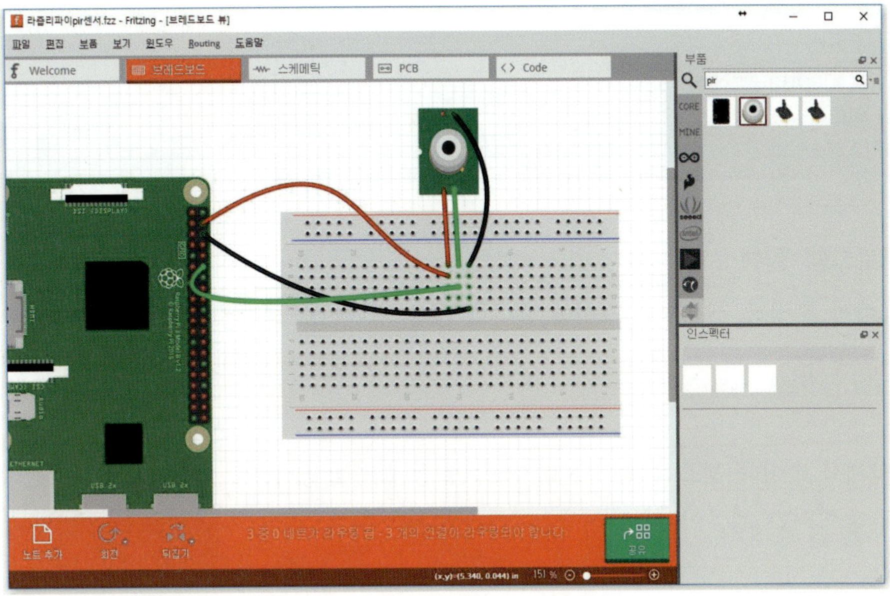

그림 10-3 PIR 센서 회로연결

나. 소스코드 프로그래밍

헤드리스모드로 라즈베리파이3에 로그온하고나서 바로 mov-sensor라는 폴더를 만들고 move.py라는 이름의 파이썬 프로그램을 작성한다.

```
$ cd
$ mkdir mov-sensor
$ cd mov-sensor
$ nano move.py
```

전체적인 파이썬 프로그램 리스트는 다음과 같다.

```
import RPi.GPIO as GPIO
import time
GPIO.setmode(GPIO.BCM)
GPIO.setup(18, GPIO.IN)
while 1:
    if GPIO.input(18):
        print ("Detected")
    else:
        print ("Not Detected")
    time.sleep(0.5)
GPIO.cleanup()
```

다. 프로그램 실행

하드웨어의 구성과 소스코드 작성이 끝나면 다음 명령어로 파이선 소스코드를 실행시킨다.

```
$sudo python move.py
```

센서 앞에서 손이나 책을 흔들어 본다. 이렇게 동작을 발생시켰을 때 "Detected"라는 문자가 화면에 출력되면 성공이다.

앞의 경우와 마찬가지로 움직임을 탐지하지 못한다면 거의 대부분 하드웨어 결선에 문제가 생긴 것이라고 보면 된다. 꼼꼼히 수정한 후 다시 실행해 본다.

라. 응용 프로그램.

위 move.py 프로그램을 아래 요구사항에 맞게 수정해 보자.

▮요구사항

움직임이 감지되면 부저가 울리고 LED에 불이 들어오게 한다.
움직임이 없어지면 부저도 꺼지고 LED에 불도 꺼지게 한다.

수정한 프로그램 소스코드는 다음과 같다.

```
import RPi.GPIO as GPIO
import time
PIR=18
BUZ=23
```

```
GPIO.setmode(GPIO.BCM)
GPIO.setup(PIR, GPIO.IN)
GPIO.setup(BUZ, GPIO.OUT)
while 1:
    if GPIO.input(18):
        print ("Detected")
        GPIO.output(BUZ, 1)
    else:
        print ("Not Detected")
        GPIO.output(BUZ, 0)
    time.sleep(1)
GPIO.cleanup()
```

10.3 파이캠을 이용한 사진 동영상 촬영

가. 하드웨어

(1) 파이캠 장착

라즈베리파이에서 사진과 동영상을 찍는데 필요한 하드웨어는 파이캠이다. 이것은 아래 그림처럼 라즈베리파이 용으로 출시된 카메라 모듈 Raspberry Pi camera이다. 이 파이캠은 고화질 비디오 뿐만 아니라 스틸사진을 찍는데 사용할 수 있으며, 초보자가 사용하기 쉽게 만들어 놓은 카메라 모듈이다.

그림 10-4 파이캠

라즈베리파이3에 물리적으로 이 파이캠을 연결하는 방법은 아래 그림처럼 라즈베리파이의 중간부분에 있는 파이캠 연결단자를 찾아내는 것에서 시작한다.

그림 10-5 라즈베리파이에 연결

파이캠의 연결 케이블을 보면 한쪽면은 파란색이고 반대면은 납 연결부분이 있는 은색 부분이다. 그림처럼 파란색 부분이 위치하도록 케이블을 소켓에 연결하면 된다. 이후 케이블을 단단히 붙잡아 주는 검은색 스위치부분을 눌러서 고정하면 된다. 파이캠을 빼낼 때는 이 검은색 스위치 부분을 위로 빼고 나서, 파이캠을 제거하면 된다.

(2) 파이캠 사용 설정

라즈베리파이 명령어 창에서 아래 명령을 입력한다.

```
$sudo raspi-cpnfig
```

아래와 같은 제어창에서 5번 Interface Options 선택

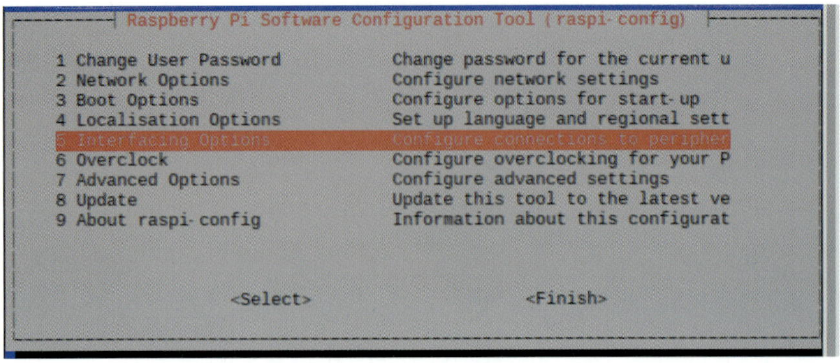

그림 10-6 raspi-config 화면

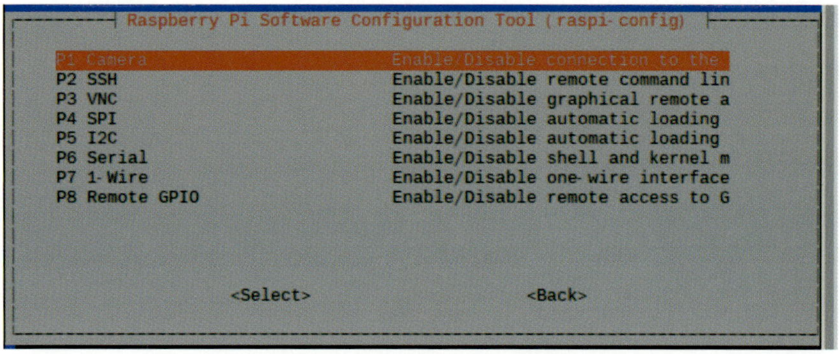

그림 10-7 파이캠 사용설정

이후 카메라를 enable 상태로 설정하고 〈예〉 버튼을 눌러서 빠져나오면 설정이 완료된다.

나. 카메라 활용

(1) 사진 촬영

사진을 촬영하는 명령은 아래와 같다.

```
$raspistill -o test.jpg
```

이 명령을 입력하면 라즈베리파이 화면에 잠시동안 카메라 모듈로 찍은 영상이 출력되다가, 마지막 장면을 test.jpg 파일로 현재 디렉토리에 저장한다. 파일이름을 변경하지 않고, 같은 명령어를 다시 입력하면 이전 파일을 덮어쓰기 한다.

이번엔 사진을 몇 초의 간격을 두고 찍어보겠다.

```
$ raspistill -o test.jpg -t 10000
```

여기서

-t 이 명령어는 10초 후에 사진을 찍으라는 명령이다.

-t 단위는 msec

```
$ raspistill -vf -o test2.jpg
```

vf : 상하반전

hf : 좌우반전

기타 명령과 옵션을 알아보려면
$raspistill

(2) 비디오 촬영

비디오 촬영 명령은

```
$raspivid -o vid.h264
```

기본적으로 이 명령은 영상을 5초간 촬영한다.

기타 명령을 확인하고 싶으면

```
$raspivid
```

를 입력하면 된다.

기본적으로 파이캠의 카메라 모듈로 영상을 촬영하면 동영상이 .h264 파일로 저장된다. 이 파일은 우리가 보통 사용하는 동영상 플레이어(곰플레이어 등)에서 재생이 되지 않으므로, MP4 파일로 바꿔주어야 한다.

```
$sudo apt-get install -y gpac
```

이 명령은 동영상의 인코딩을 사용할 수 있게 하는 명령어이다.

설치가 완료되면 h264 파일을 mp4파일로 인코딩해본다.
먼저, 비디오 촬영을 해보자.

```
$raspivid -o vid3.h264 -t 10000
```

이를 인코딩 해보자.

```
$MP4Box -add vid3.h264 vid3.mp4
```

다. 파이썬으로 사진 촬영

아래 코드를 camera.py라는 이름으로 입력한다.

```
from picamera import PiCamera
from time import time
camera = PiCamera()
camera.start_preview()
sleep(5)
camera.capture('/home/pi/capture.jpg')
camera.stop_preview()
```

위 코드에서

start_preview() 부분이 실행되면 모니터에 카메라 시점이 출력된다.
sleep(5) 코드에 의해 5초 쉬고, (모니터에 카메라 시점이 출력되는 중)
capture('/home/pi/capture.jpg') 코드에 의해 괄호 안의 디렉토리에 capture.jpg라는 파일로 사진이 저장된다.
stop_preview() 부분이 실행되면 카메라 시점이 종료된다.

sleep()
카메라 모듈에 capture() 명령을 주기 전에 sleep() 명령을 입력한 이유는, 카메라가 촬영을 하기 위해 약간의 준비시간이 필요하기 때문이다.

코드를 다 입력하고 저장했다면 이제 실행시켜 보자.

```
$ sudo python camera.py
```

파이썬 파일이 실행되면서 카메라 모듈에 의해 사진이 찍혔다.
만약, 화면이 거꾸로 찍혔다면, camera.capture()명령앞에 다음과 같이

```
camera.rotation = 180
camera.capture('/home/pi/capture.jpg')
```

명령을 추가한다.

camera.rotation = 180 코드는 카메라 시점을 회전시켜주는 코드다.
180은 180도 회전이라는 뜻이다.

잠깐 ! **파이썬에서 import의 방법**

import의 방법에는 크게 두 가지 방식이 있는데
[import 모듈명] 방법과 [from 모듈명 miport 메소드] 방법이 있다.

첫 번째 방법은 모듈 전체를 불러오는 것이고,
두 번째 방법은 모듈의 특정 부분만 불러오는 것이다.

큰 틀에서 보면 첫 번째 방법이 두 번째 방법을 포함하기 때문에 편해 보이지만, 사용방법이 살짝 다르다.

첫 번째 방법으로 import를 하면 메소드를 사용할 때 모듈의 이름을 붙여주어야 한다.
두 번째 방법으로 import를 하면 메소드의 이름만 사용하면 된다.

위의 코드를 예시로 들면
첫번째 방법일 때

camera = picamera.PiCamera()

두번째 방법일 때

camera = PiCamera()

라. 파이썬으로 비디오 촬영

이제는 파이캠 비디오 촬영을 해보자. 다음 코드를 vid.py로 입력한다.

```
from picamera import PiCamera
from time import time

camera = PiCamera()

camera.start_preview()
sleep(2)
camera.start_recording('/home/pi/vid.h264')
sleep(10)
camera.stop_recording()
camera.stop_preview()
```

start_recording, stop_recording 부분을 이용해서 영상의 시작과 끝을 지정한다.
그 사이에 있는 sleep(10)은 영상이 찍히는 시간이다.
따라서 위 코드로 찍히는 영상은 10초짜리 영상이다.
찍힌 영상을 확인해보자.

```
$omxplayer vid.h264
```

연습문제 10-1

다음과 같은 스파이 카메라 프로젝트를 개발 중입니다. 라즈베리파이에 초음파 센서를 연결하여 임의 물체가 1미터 이내로 접근하면 파이캠으로 스틸사진을 찍고, 50센티미터 이내로 접근하면 15초 동안 동영상 촬영을 하는 소스코드를 작성하세요

연습문제 10-2

파이캠과 라즈베리파이 그리고 버튼 3개를 가지고 카메라를 만들고 있습니다. 버튼1을 누르면 스틸사진이 찍히고 버튼2를 누르면 동영상을 촬영하고, 버튼3을 누르면 동영상 촬영이 중지되도록 프로그래밍 하시고 작동이 잘 되는가를 보여주세요.

note

11 CHAPTER DB시스템 구축용 필수 HTML 태그 50

11.1 HTML 개요

인공지능이나 클라우드 데이터베이스 시스템을 구축할 때 필수적으로 HTML이 사용된다. HTML은 홈페이지에 표시되는 텍스트, 이미지, 영상과 음향, 배경그림 등을 화면에 뿌려주고, 사용자의 정보를 입력받아 전달해주는 등의 기능을 제공하는 웹이나 웹앱을 제작하는데 사용하는 프로그램이다. 앞에서 배웠던 것처럼 자기만의 홈페이지를 구축한다거나 무료로 제공하는 솔루션을 이용하여 쇼핑몰을 제작하는 경우에도, 기본적인 HTML 태그를 알고 있어야 한다.

이 장에서는 HTML 중에서 가장 중요하고 많이 사용되는 50개의 태그를 선별하여 학습한다. 경험이 많은 전문가라면 메모장이나 드림위버를 이용해서 작성하겠지만, 초보자의 경우에는 나모나, 콤포저와 같이 사용하기 쉬운 전용 에디터를 이용하는 게 좋다. 이 책에서는 누구나 무료로 이용할 수 있는 콤포저를 이용해서 학습한다.

가. HTML이란?

콤포저는 무료지만, HTML 코드를 입력하여 결과를 확인하기에 부족함이 없고 웬만한 홈페이지도 구축할 수 있는 좋은 프로그램이다. 먼저 HTML의 구성 요소와 HTML 문서의 구조를 살펴본 뒤, 본격적으로 콤포저를 사용하여 HTML 태그를 입력하는 방법을 학습하기로 한다.

(1) HTML의 구성 요소

HTML의 개발은 3차 산업혁명이라고 불리는 인터넷 혁명을 불러왔다. 그만큼 중요한 HTML에 관하여 자세히 알아두는 것이 좋다. HTML를 알려면 먼저 구성 요소를 알아야 한다. HTML은 태그(Tags), 속성(Attributes), 변수(Arguments)로 구성되어 있고, 이들의 다양한 조합을 이용하여 웹 프로그래밍을 할 수 있다.

■ **태그(Tags)**

태그는 문서 중간에 들어가는 일종의 꼬리표로, 〈 기호와 〉 기호로 둘러싸여 있는 편집용 코드이다. 태그는 시작과 종료로 구분하며, 예를 들어 〈TITLE〉 태그를 사용했다면 종료 태그 〈/TITLE〉가 있어야 한다. 그러나 모든 태그가 종료 태그를 가져야하는 것은 아니며, 이미지를 뿌려주는 〈IMG〉 태그의 경우 종료 태그가 필요 없다.

■ **속성(Attributes)**

속성은 태그의 내부에서 그 태그의 형태를 구체적으로 나타내준다. 예를 들어 〈FONT〉태그는 폰트를 나타내는 태그인데, 이 태그 안에 SIZE(글자의 크기), COLOR(글자의 색상), FACE(글자의 모습) 등과 같은 구체적인 속성을 정의한다.

■ **변수(Arguments)**

변수는 태그를 구성하는 속성의 실제 값이다. 예를 들어 〈FONT〉 태그의 내부 속성인 COLOR에 red 또는 black 등의 실제 값이 들어가는데 이를 변수라고 한다. 속성과 변수는 "=" 기호로 연결된다.

잠깐 ! **팀 버너스 리(Tim Berners Lee)**

그림 11-1 팀 버너스 리

월드와이드웹의 아버지로 불린다. 1955년 6월 8일 런던의 과학자 집안에서 태어났으며 옥스퍼드대학교 퀸스칼리지 물리학과를 졸업한 뒤, 플레시 텔레커뮤니케이션을 비롯한 여러 업체에서 컴퓨터 프로그래머와 운영체계 연구원 등으로 일했다.

1980년에 유럽입자물리연구소(CERN)에 몸담아, 같은 해 최초의 월드와이드웹의 아이디어인 하이퍼텍스트 방식의 엔콰이어(Enquire) 시스템을 제안했고, 이듬해 자신이 만든 웹 브라우저의 이름을 월드와이드웹으로 정했다. 그리고 기술은 여러 사람이 나누어 써야 한다는 믿음으로 1991년에 웹 기술을 공개했고 이후 웹은 인터넷 주소 체계인 URL 등으로 발전했다. 1994년 매사추세츠공과대학(MIT)에 월드와이드웹컨소시엄(W3C)과 컴퓨터과학 및 인공지능연구소(CSAIL)를 세우고, 2005년 현재까지 W3C 소장으로 있으면서 인터넷 발전을 위한 연구 활동을 하고 있다. 2004년 대영제국 기사 작위 가운데 두 번째로 높은 '나이트 커맨더' 작위를 받았고, 같은 해 핀란드 정부가 제정한 제1회 밀레니엄기술상(상금 14억원)을 받았으며, 2005년 1월에는 '2004년 위대한 영국인'에 선정되었다.

(2) HTML 문서의 구조

HTML 문서는 기본적으로 문서 프레임(HTML), 머리글(HEAD), 본문(BODY)으로 구성된다. HTML 문서는 〈HTML〉 태그로 시작하고 〈/HTML〉 태그로 종료되며, 그 사이에 머리글 태그인 〈HEAD〉와 〈/HEAD〉, 본문을 알려주는 〈BODY〉와 〈/BODY〉가 들어간다. 다음은 가장 기본적인 〈HTML〉 태그와 같은 형태이다.

```
〈HTML〉
    〈HEAD〉
        이 사이에 머리글이 들어간다.
        〈TITLE〉김경신의 홈페이지〈/TITLE〉
    〈/HEAD〉
    〈BODY〉
        이 사이에 본문이 들어간다.
    〈/BODY〉
〈/HTML〉
```

표 11-1 HTML 문서의 기본 태그

태그	기능
〈HTML〉	프로그램이 HTML로 작성되어있다는 것을 나타내는 태그
〈HEAD〉	화면에 표시되는 문서의 제목이나 스타일, 정보 등을 포함하는 태그
〈TITLE〉	화면의 상단에 표시되는 문서의 제목을 나타내는 태그
〈BODY〉	HTML 문서의 내용이 들어가는 부분을 표시하는 태그

나. 웹 에디터 콤포저 설치 및 사용

먼저 콤포저 홈페이지(https://sourceforge.net/projects/kompozer/)에 접속하여 중앙에 있는 〈Download〉 버튼을 클릭하여 설치 프로그램을 다운로드한다. 다운로드가 완료되면 kompozer.exe 파일을 실행하여 PC에 설치한다.

콤포저는 Normal, HTML Tags, Source, Preview라는 4개의 탭(Tab)으로 구성되어 있다. 이 중에서 Normal과 Source는 홈페이지를 만드는 작업용 탭이고, HTML Tags와 Source는 작업한 코드를 보여주는 탭이다.

① Normal : HTML 코드를 잘 모를 경우에는 직접 텍스트나 이미지 등을 입력하는 곳

② HTML Tags : 작성한 HTML 코드를 태그 중심으로 보여주는 곳

③ Source : HTML 코드를 직접 입력하는 곳(주로 작업이 이루어지는 곳)

④ Preview : 작업결과를 미리 보는 곳

HTML 코드를 Source 탭에서 직접 입력하고 Preview 탭을 눌러서 그 코드가 구현된 모습을 확인하면서 작업하면 된다.

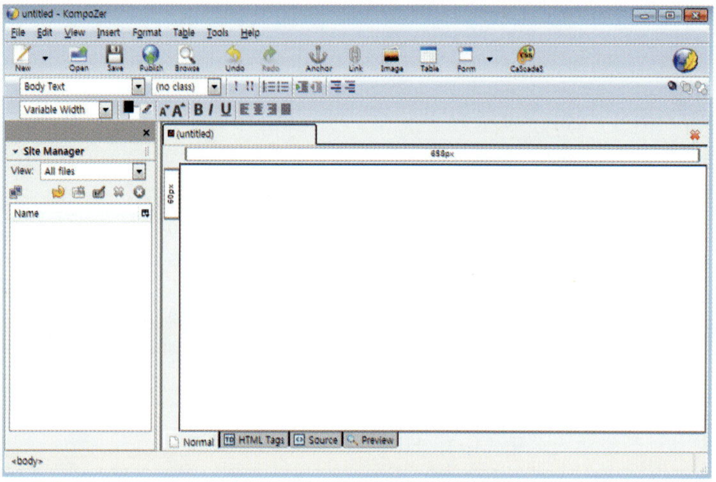

그림 11-2 콤포저 실행모습

[Normal] 탭에서 텍스트를 입력한 후 [Source] 탭을 선택하면 [Normal] 탭에서 입력한 텍스트와 이미지 등이 HTML 태그로 변환된 모습을 볼 수 있다. [Preview] 탭에서는 입력한 텍스트나 HTML 태그가 웹으로 실행된 모습을 확인할 수 있다.

HTML 태그를 작성한 후, 웹 브라우저에서 실행시켜 그 결과를 직접 확인할 수도 있지만 되 콤포저를 이용하면 좀더 쉽게 소스코드와 결과를 확인할 수 있다. 이 책에서는 웹 전용 에디터인 콤포저를 사용해서, 그리고 메모장에서 직접 HTML을 작성하는 방법을 모두 알아볼 것이다.

다. 콤포저로 HTML 태그 입력하기

지금까지 콤포저의 구성 요소에 대해 살펴보았다. 이 절에서는 콤포저를 사용하여 간단한 HTML 태그를 입력해보고, 실제로 어떻게 구동되는지 확인해보자.

(1) 홈페이지 타이틀 변경

HTML 문서의 타이틀을 바꿔보도록 하자. 윈도우 타이틀을 바꿀 때는 〈title〉 태그를 사용한다.

① 콤포저의 [Source] 탭을 열고 〈TITLE〉 태그에 타이틀을 입력한다. 여기서는 '김경신의 홈페이지'라고 입력했다.

```
〈HTML〉
  〈head〉
    〈title〉김경신의 홈페이지〈/title〉
  〈/head〉
  〈body〉
      〈br〉
  〈/body〉
〈/HTML〉
```

② 태그를 입력한 뒤 [Preview] 탭을 선택하면 다음과 같이 프로그램 입력 창의 타이틀이 바뀐 것을 볼 수 있다.

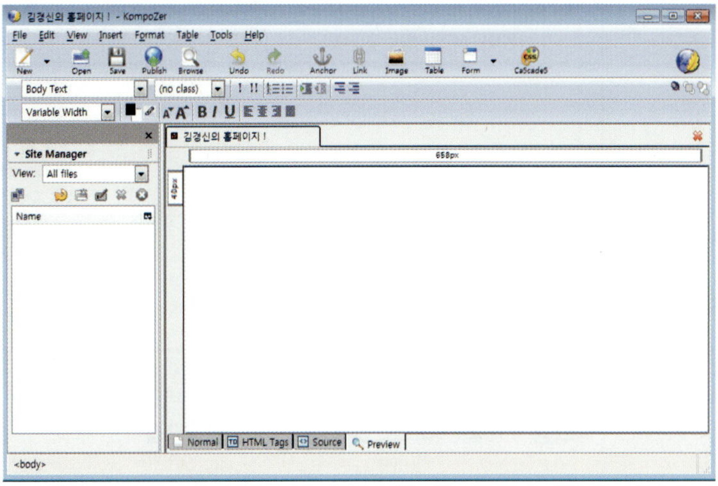

그림 11-3 타이틀 변경 모습

(2) 본문에 텍스트와 수평선 삽입

이번에는 본문 텍스트와 텍스트 위아래에 수평선을 삽입하는 태그를 입력해보자.

① [Source] 탭을 열고, 〈BODY〉 태그 안에 수평선 태그 〈HR〉과 해당 텍스트를 입력한 뒤 〈HR〉 태그를 한 번 더 입력한다.

```html
<HTML>
  <head>
    <title>김경신의 홈페이지</title>
  </head>
  <body>
     <hr>
     가장 기본적인 텍스트 입력입니다.
     <hr>
  </body>
<HTML>
```

② 태그를 입력한 뒤 [Preview] 탭을 누르면, 다음과 같이 텍스트와 수평선이 나타난다.

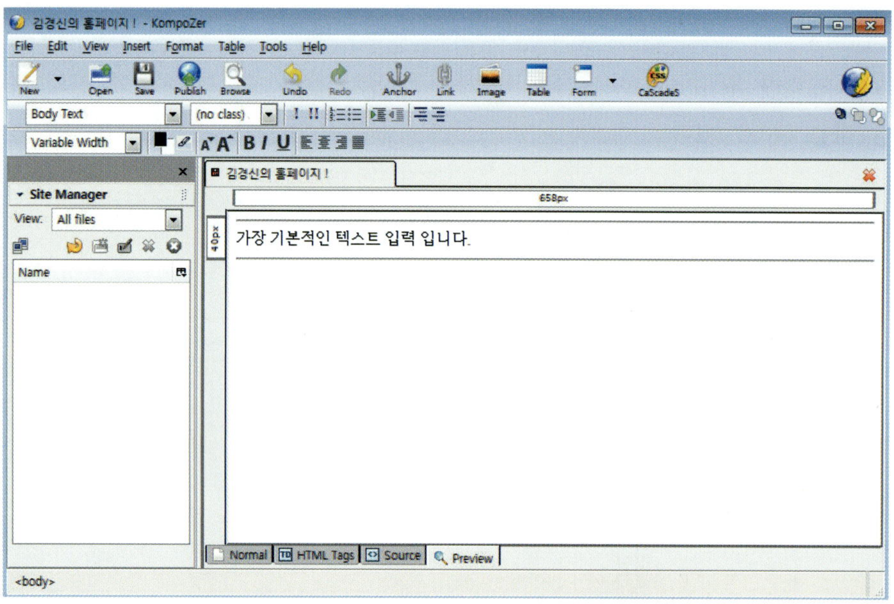

그림 11-4 텍스트 입력과 수평선 실행모습

11.2 HTML 기본

1절에서 HTML의 구성 요소인 태그, 속성, 변수에 관하여 알아보고, 콤포저를 이용해서 HTML 태그를 입력하고 실행해보았다. 이 절에서는 HTML의 문자 서식 태그와 문자 레이아웃 태그, 링크 관련 태그를 알아볼 것이다.

가. 문자 서식 관련 태그

문자 서식 관련 태그에는 글자의 크기를 조정하는 태그, 글자의 종류(글꼴)을 지정하는 태그, 글자의 색상을 지정하는 태그, 문자의 형태를 지정하는 태그 등이 포함된다. 문자 태그는 기본적으로 〈FONT〉 태그 안에 문자의 크기(SIZE), 색상(COLOR), 서체(FACE)의 속성을 지정한다. 〈FONT〉 태그는 복합 태그로 시작 태그와 종료 태그가 있다. 글자 크기는 3이 기본 값이며 폰트 크기를 지정하지 않으면 기본 값으로 표현된다.

다음과 같이 코드를 입력해보자. 〈font〉 태그 내에 크기, 색상, 서체의 속성을 지정한 뒤 텍스트를 입력하면 된다.

```
〈font size="5" color="RED" face="굴림" 〉사이즈가 5인 붉은 텍스트〈/font〉
```

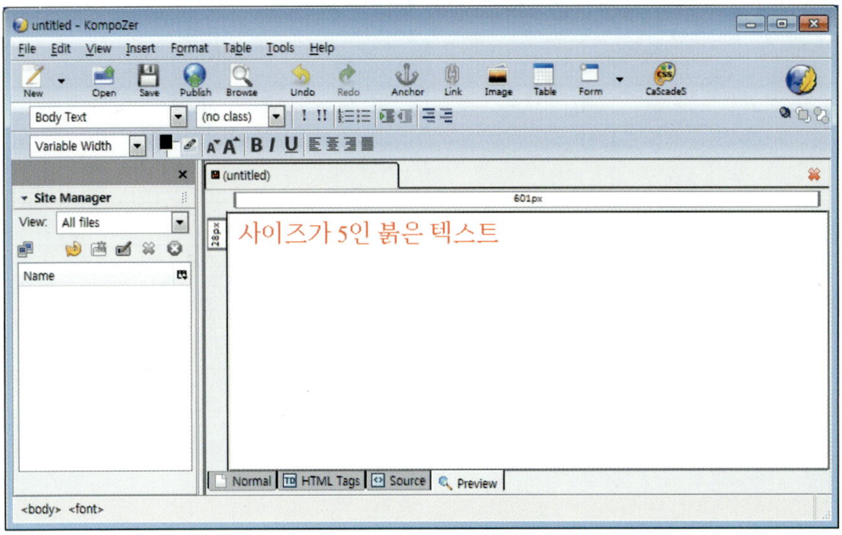

그림 11-5 텍스트 속성

color 속성은 폰트의 색깔을 나타는 것으로 영문 색상명이나 색상코드로 입력할 수 있다. 주로 많이 사용되는 색상을 [표 11-2]에 정리했으니 참고해서 코드를 입력해보자. 예를 들어 빨간색으로 설정하려면 RED 혹은 #FF0000라는 색상코드를 입력할 수 있다.

표 11-1 COLOR의 속성값

속성(색상명)	속성(색상코드)	색상
BLACK	#000000	검은색
RED	#FF0000	빨간색
GREEN	#00FF00	녹색
BLUE	#0000FF	파랑색
YELLOW	#FFFF00	노란색
PINK	#FAAFBE	핑크색
GOLD	#D4A017	황금색
MAGENTA	#FF00FF	마젠타
CYAN	#00FFFF	시안
WHITE	#000000	흰색

이번에는 문자 형태와 관련한 태그를 알아보자. 문자의 형태는 폰트의 굵기, 밑줄, 이탤릭체 등과 같은 문자의 모양을 표현하는 데 사용된다.

표 11-2 문자 형태 관련 태그

태그	설명
〈B〉 〈/B〉	굵은 문자
〈I〉 〈/I〉	이탤릭체 문자
〈U〉 〈/U〉	밑줄 문자
〈STRIKE〉 〈/STRIKE〉	취소선
〈BIG〉 〈/BIG〉	큰 문자
〈SMALL〉 〈/SMALL〉	작은 문자
〈SUP〉 〈/SUP〉	윗첨자
〈SUB〉 〈/SUB〉	아래첨자
〈TT〉 〈/TT〉	타자체 문자

다음과 같이 9개의 태그를 입력하고 결과를 확인하는 실습을 해보자.

① 콤포저의 [Source] 탭에서 다음과 같이 HTML 태그를 입력해보자. 각 문장의 끝에 있는 〈br〉은 칸을 바꾸는 태그이다.

```
이것은 〈b〉굵은 문자〈/b〉를 표시합니다.〈br〉
이것은 〈i〉이탤릭체 문자〈/i〉를 표시합니다.〈br〉
이것은 〈u〉밑줄 문자〈/u〉를 표시합니다.〈br〉
이것은 〈strike〉취소선〈/strike〉를 표시합니다.〈br〉
이것은 〈big〉큰 문자〈/big〉를 표시합니다.〈br〉
이것은 〈small〉작은 문자〈/small〉를 표시합니다.〈br〉
이것은 〈sup〉윗첨자〈/sup〉를 표시합니다.〈br〉
이것은 〈sub〉아래첨자〈/sub〉를 표시합니다.〈br〉
이것은 〈tt〉타자체 문자〈/tt〉를 표시합니다.〈br〉
```

② 결과를 확인해보자.

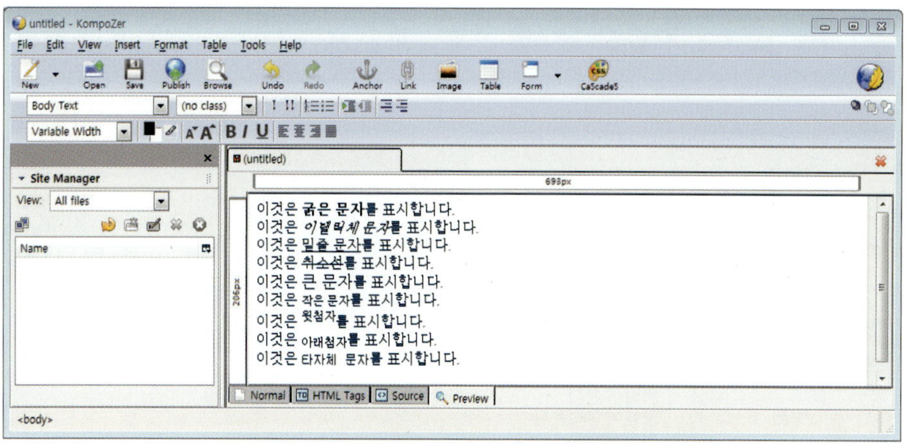

그림 11-6 문자 형태 관련 태그 실행 결과

나. 문서 레이아웃 관련 태그

레이아웃이란 디자인이나 광고 혹은 편집에서 문자, 그림, 기호, 사진 등의 각 구성 요소를 제한된 공간 안에 효과적으로 배열하는 일을 의미한다. HTML 문서에도 레이아웃과 관련한 태그가 있다. HTML에서 매우 빈번하게 사용되는 줄을 바꾸거나 문장의 글을 가운데나 오른쪽으로 정렬하는 등의 문서의 형태를 바꾸는 레이아웃 관련 태그를 알아보자.

표 11-3 문서 레이아웃 관련 태그

태그	기능
〈BR〉	줄 바꾸기
〈P〉 〈/P〉	문단 나누기
〈CENTER〉	가운데 정렬
〈DIV〉 〈/DIV〉	문장 구분
〈!-- 설명문 --〉	주석문 처리
〈PRE〉 〈/PRE〉	입력한 그대로 보여줌
〈HR〉	수평선

표 11-3에 나열된 문서 레이아웃 태그를 입력하고 실행 결과를 확인해보자.

❶ 〈BR〉 : 줄을 바꾼다.

```
바람이 분다.〈BR〉구름이 몰려온다.〈BR〉비가 내린다.〈BR〉
```

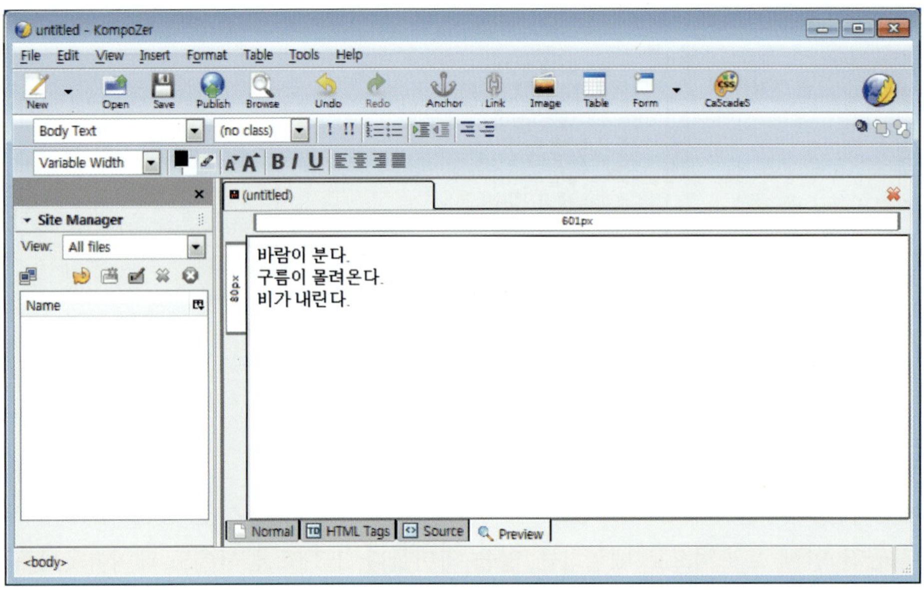

그림 11-7 BR 태그

❷ 〈P〉 : 문단을 나눈다.

```
아내가 돌아온다.〈P〉저녁을 먹는다.〈/P〉아내가 돌아온 것이다.
```

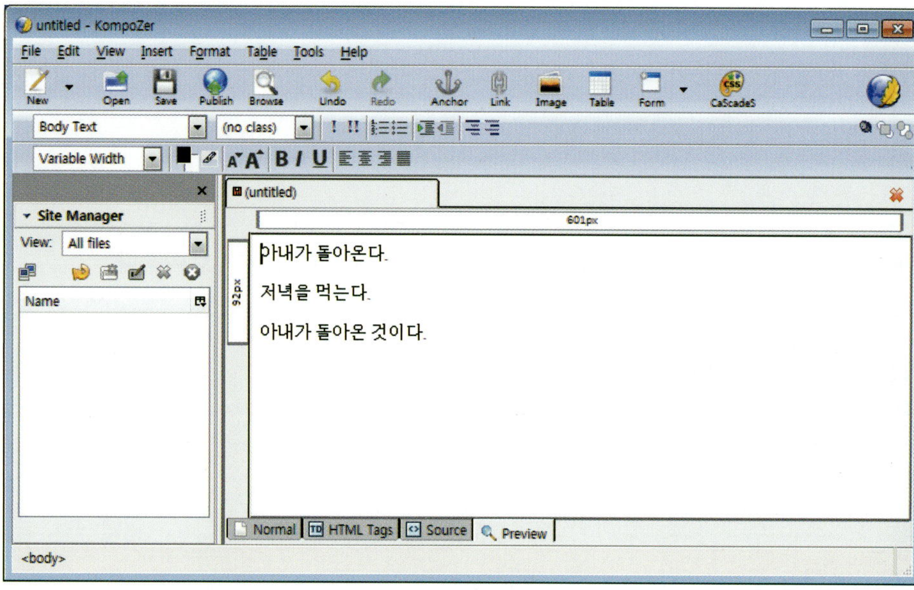

그림 11-8 P 태그

❸ 〈CENTER〉 : 그림이나 문장을 중앙에 위치시킨다.

```
〈center〉문장을 가운데 위치시키세요〈/center〉
```

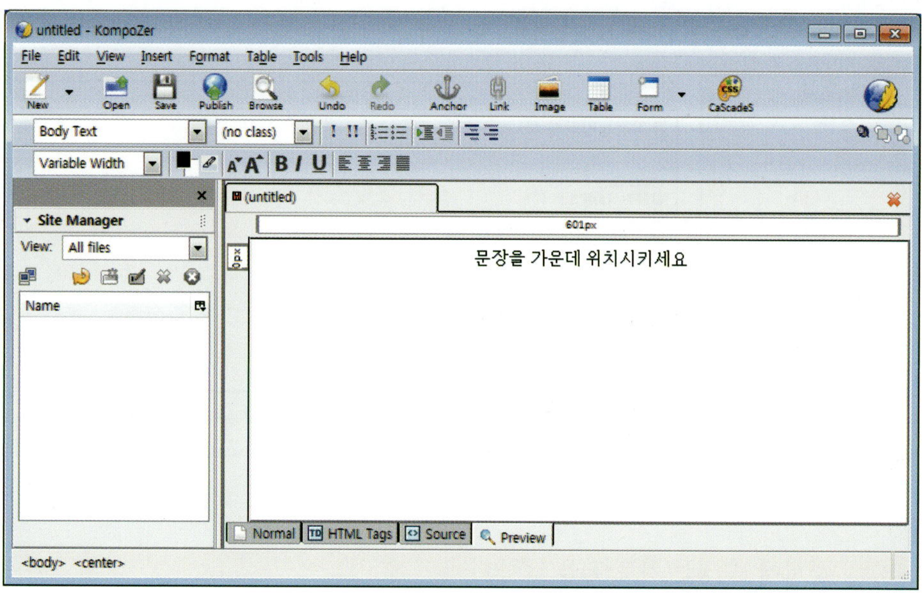

그림 11-9 CENTER 태그

❹ 〈!-- 설명문 --〉

설명문은 실행되는 부분이 아니라 HTML 코드가 어떻게 작동되는지를 타인에게 설명해준다.

```
〈!-- 아래 라인은 글씨체를 설정하는 부분입니다. 참고하세요. --〉
```

❺ 〈PRE〉 : 입력한 그대로 칸 띄우기와 문단의 형태를 유지해서 보여준다.

```
〈body〉
문장정렬방식의 하나입니다.
〈pre〉PRE태그는
입력한 대로 나
타
나는 아주 편리한 태그입니다.
〈/pre〉
〈br〉〈br〉〈br〉
Pre태그를 사용해서 편리하게 입력합니다.
〈/body〉
```

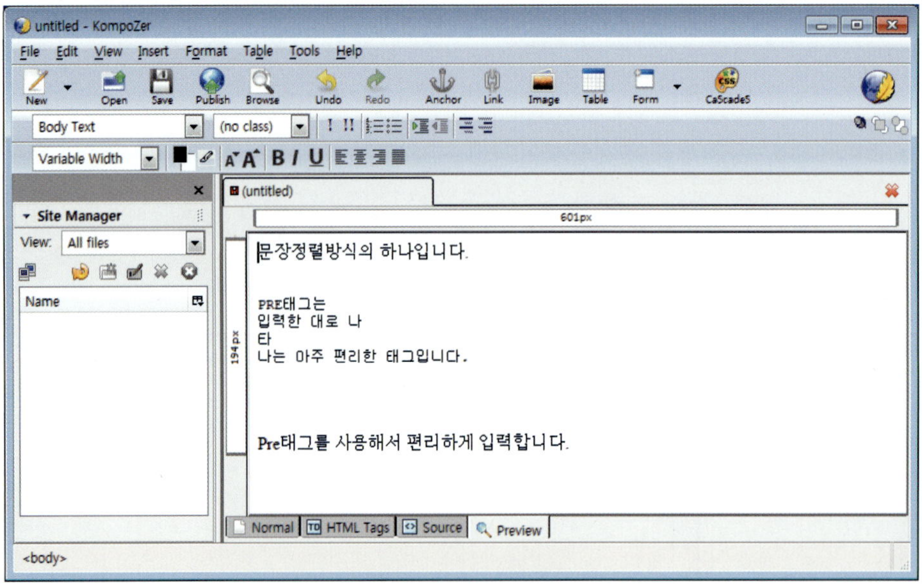

그림 11-10 PRE 태그

❻ 〈HR〉 : 문서에 수평선(가로줄)을 긋는다.

```
HR태그는 수평선을 긋습니다.〈hr〉여기는 수평선 아래쪽입니다.
```

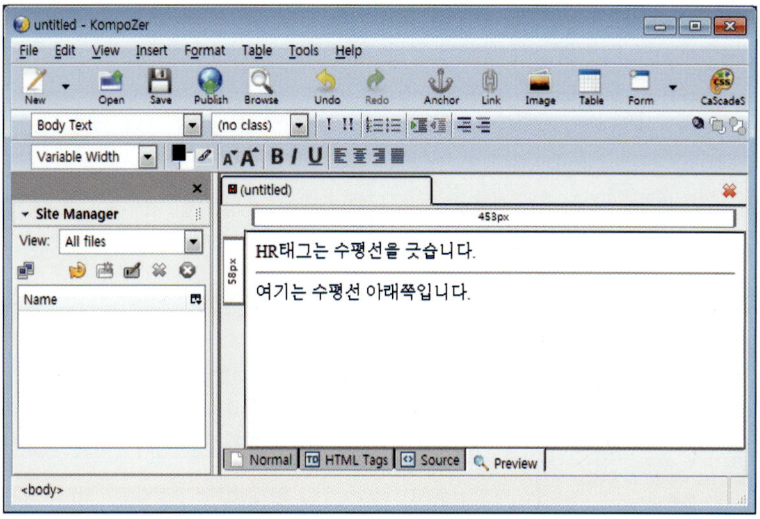

그림 11-11 HR 태그

다. 문서 목록 관련 태그

홈페이지에 정보가 보기 좋게 목록화되어 있거나 나열되어 있으면 가독성이 좋아진다. 문서 목록 태그란 특정 단어나 문장을 목록화하여 화면에 뿌려준다. 각각의 문장이나 단어를 숫자로 목록화하거나 글머리 기호로 표시해준다.

표 11-4 문서 목록 관련 태그

태그	기능
〈UL〉 〈/UL〉	순서가 없는 목록을 만들 때 사용한다.
〈OL〉 〈/OL〉	순서가 있는 목록을 만들 때 사용한다.
〈LI〉	글머리 기호를 붙일 때 사용한다.
〈DL〉 〈DT〉 〈DD〉 〈/DL〉	제목과 내용을 분리하여 설명 목록을 정의할 때 사용한다.

❶ 〈UL〉 : 순서가 없는 목록을 만들 때 사용하는 태그로, 글머리 기호를 표시해주는 〈LI〉 태그와 함께 사용된다. 〈UL〉 태그에는 TYPE 속성이 있으며, 속성값에 따라 표시되는 목록이 달라진다.

표 11-5 TYPE의 속성값

속성값	기능
disc	문단 번호가 작은 마름모 기호로 표기
circle	문단 번호가 작은 원으로 표기
square	문단 번호가 작은 정사각형으로 표기

```
〈UL TYPE=disc〉
〈LI〉첫째
〈LI〉둘째
〈LI〉셋째
〈/UL〉
```

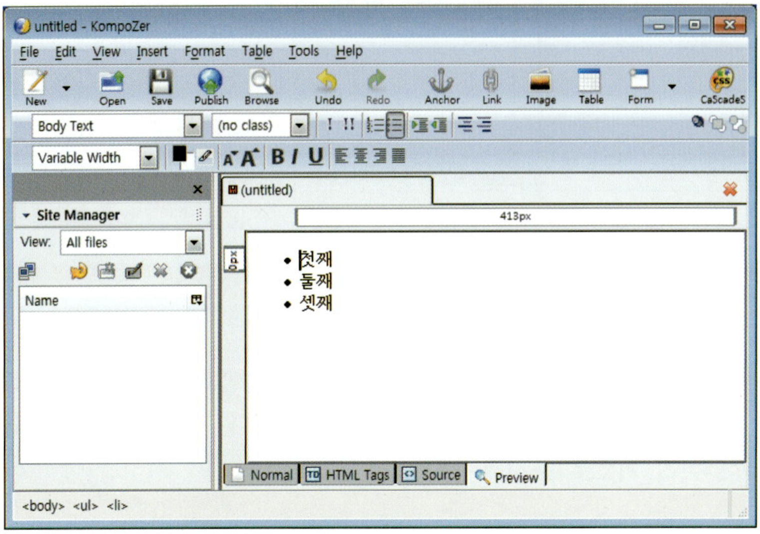

그림 11-12 순서를 가지지 않는 목록화 태그

〈tip〉 순서가 없다는 말은 번호로 〈1, 2, 3〉 또는 〈가, 나, 다〉처럼 순서를 표시하지 않는다는 의미이다.

❷ 〈OL〉 : 순서가 있는 목록을 나타날 때 사용하는 태그로, 〈LI〉와 함께 사용한다.

```
〈OL〉
〈LI〉모닝
〈LI〉런치
〈LI〉이브닝
〈/OL〉
```

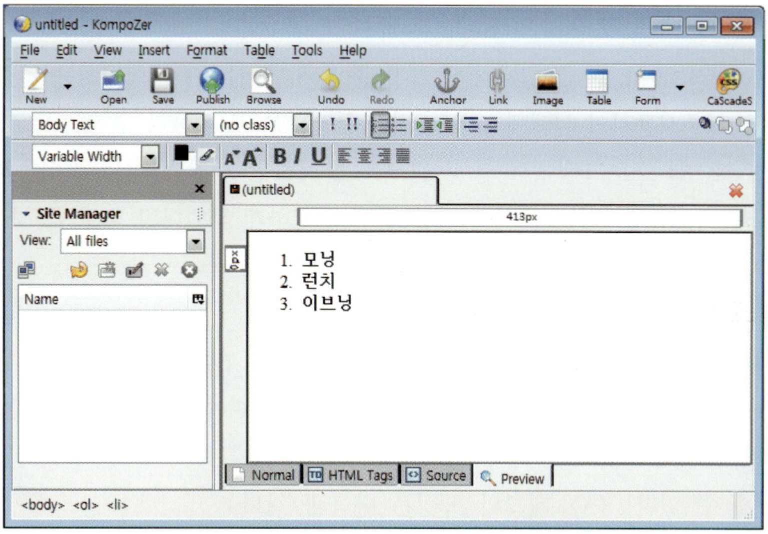

그림 11-13 순서를 가지는 목록화 태그

❸ 〈DL〉, 〈DT〉, 〈DD〉 : 설명할 목록을 정렬해주는 태그이다. 〈DT〉와 〈DD〉는 같이 사용되는데 〈DT〉에는 소제목이 들어가고 〈DD〉에는 그 소제목에 대한 설명이 들어간다.

〈DL〉
〈DT〉제1조〈DD〉남자는 여자를 사랑한다.
〈DT〉제2조〈DD〉여자는 남자를 사랑한다.
〈/DL〉

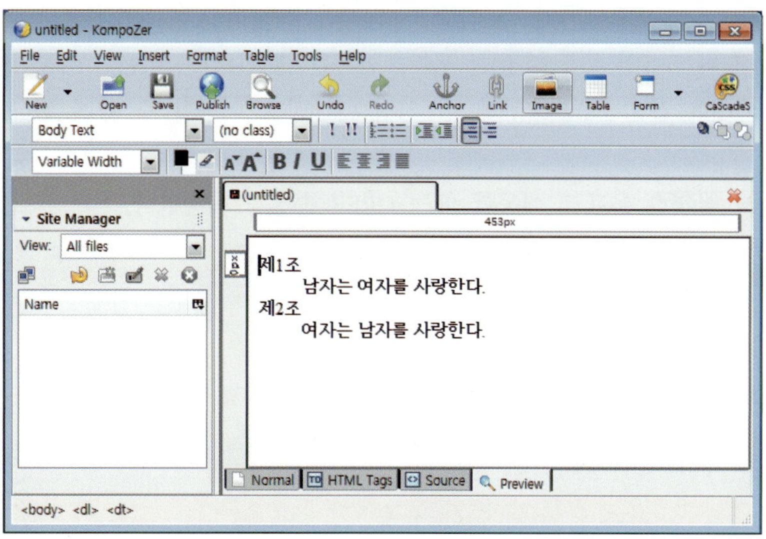

그림 11-14 기타 목록화 태그

라. 하이퍼링크와 배경 태그

HTML(Hypertext Markup Language)에서 가장 중요한 단어는 H를 의미하는 하이퍼텍스트이다. 하이퍼텍스트는 사용자의 선택에 따라 관련된 특정 정보로 이동할 수 있도록 조직된 문서를 의미하는 것으로, 웹 프로그램에서 특정 링크를 클릭하면 해당 사이트로 이동하는 것이다. 즉 하이퍼링크를 통해 웹이라는 HTTP 프로토콜이 탄생하게 되었다고 봐도 큰 무리가 아니다.

(1) 하이퍼링크 태그

하이퍼링크 태그는 핵심 태그인 〈A〉 태그에 HREF, NAME, TARGET 등의 속성으로 이루어져 있다. A는 Anchor(닻)의 약자로, 〈A〉 태그 사이의 문자는 링크임을 표현하기 위해 일반 문자와 다르게 파란색 글자에 밑줄이 그어져 있다. 〈A〉 태그로 다른 문서 혹은 같은 문서에서 다른 곳으로 이동할 수 있다. 〈A〉 태그의 속성은 다음과 같다.

표 11-6 〈A〉 태그의 속성

속성	기능
NAME	같은 HTML 문서 내에서 이동할 곳의 이름을 지정한다.
HREF	이동할 다른 문서의 이름을 지정한다.
TARGET	새롭게 열리는 웹 브라우저의 이름이다.

❶ NAME : 같은 문서 내에서 다른 위치로 옮겨갈 때 사용한다.

```
〈A NAME="건너뛰기"〉건너뛰기〈/A〉 옮길 목표설정
```

html 문서 내에 마크(옮길 목표 설정)를 해놓으면 〈건너뛰기〉라는 이름의 이동 포인트가 설정된다. 이후 아래와 같은 html을 통해 이 지점으로 바로 이동할 수 있게 된다.

이동시 위에서 설정한 목표로 이동할 때는 HREF 속성을 이용한다.

```
〈A HREF="#건너뛰기"〉건너뛰기〈/A〉 옮길 위치를 지정
```

❷ HREF : 다른 사이트로 이동

```
〈A HREF="http://my.room.com/mykorea"〉my HOME〈/A〉
```

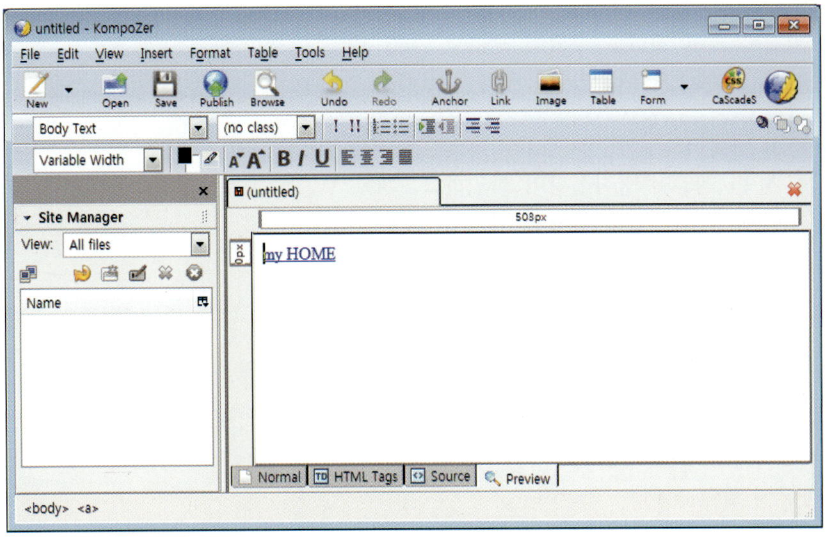

그림 11-15 하이퍼링크

❸ TARGET : 새로 생기는 웹 브라우저의 이름 지정

```
<A HREF="new.html" TARGET="window_name">새로운 창</A>
```

위 HTML 코드에서 <새로운 창>이라는 링크를 클릭하면 new.html 문서가 실행된다. 이때 new.html문서는 새로운 웹 브라우저를 통해 보여 지는데 이것의 이름은 window_name이 된다. window_name이라는 이름은 html프로그래머가 웹의 제어를 위해 필요한 내용이다.

이상과 같은 속성을 가지고 html문서를 구성하여 하이퍼링크를 구현하면 된다. 이 속성을 이해하기 위해 실습을 가지고 자세히 알아보자.

(2) 하이퍼링크 태그 실습하기

① 콤포저를 구동하고 <source>탭에 다음과 같은 html코드를 입력한다.

```
<html>
<head>
  <title>건너뛰기 테스트</title>
</head>
<body>
<a name="jump1"> </a>
첫 번째 시.<br>
```

```
  나의 지식이 독한 회의를 구하지 못하고 <br>
  내 또한 삶의 애증을 다 짐지지 못하여 <br>
  병든 나무처럼 부대낄 때<br>
  저 머나먼 아라비아 사막으로 나는 가자. <br>
  거기는 한 번 백일이 불사신같이 작열하고 <br>
  일체가 모래 속에 사멸한 영겁의 허적에  <br>
  오직 알라의 신만이 <br>
  밤마다 고민하고 방황하는 열사의 끝. <br>
  <a name="jump2"> </a>
두 번째 시. <br>
내 죽으면 한 개 바위가 되리라 <br>
아예 애련에 물들지 않고 <br>
희로에 움직이지 않고 <br>
비와 바람에 깎이는 대로 <br>
억 년 비정의 함묵에 <br>
안으로 안으로만 채찍질하여 <br>
드디어 생명도 망각하고 <br>
꿈꾸어도 노래하지 않고 <br>
소리하지 않는 바위가 되리라 <br>
<a name="jump3"> </a>
세 번째 시. <br>
그 여자가 꽃 같은 열 아홉 살까지 살던 집 <br>
우리 동네 바로 윗동네 가운데 고샅 첫 집 <br>
내가 밖에서 집으로 갈 때 <br>
차에서 내리면 제일 먼저 눈길이 가는 집 <br>
그 집 앞을 다 지나도록 그 여자 모습이 보이지 않으면 <br>
저절로 발걸음이 느려지는 그 여자네 집 <br>
지금은 아, 지금은 이 세상에 없는 집 <br>
내 마음 속에 지어진 집 <br>
눈 감으면 살구꽃이 바람에 하얗게 날리는 집 <br>
눈내리고, 아 눈이, 살구나무 실가지 사이로 <br>
목화송이 같은 눈이 사흘이나 내리던 집 <br>
<a name="jump4"> </a>
네 번째 시. <br>
가을이면 은행나무 은행잎이 노랗게 물드는 집 <br>
해가 저무는 날 먼 데서도 내 눈에 가장 먼저 뜨이는 집 <br>
생각하면 그리웁고 <br>
바라보면 정다웠던 집 <br>
어디 갔다가 늦게 집에 가는 밤이면 <br>
불빛이, 따뜻한 불빛이 검은 산 속에 깜박깜박 살아 있는 집 <br>
그 불빛 아래 앉아 수를 놓으며 앉아 있을  <br>
그 여자의 까만 머릿결과 어깨를 생각만 해도 <br>
손길이 따뜻해져오는 집 <br>
```

```
<a name="jump5"> </a>
다섯 번째 시. <br>
오늘은 바람이 불고 <br>
나의 마음은 울고 있다. <br>
일찍이 너와 거닐고 바라보던 그 하늘 아래 거리언마는 <br>
아무리 찾으려도 없는 얼굴이야 <br>
바람 센 오늘은 더욱 너 그리워 <br>
진종일 헛되이 나의 마음은 <br>
공중의 깃발처럼 울고만 있나니 <br>
오오 너는 어디메 꽂같이 숨었느뇨 <br>
<a href="#jump1">goto 1</a>
<a href="#jump2">goto 2</a>
<a href="#jump3">goto 3</a>
<a href="#jump4">goto 4</a>
<a href="#jump5">goto 5</a>
</body>
</html>
```

② 이 html 코드를 입력이 끝나면 jump.html로 저장한다. 이후 이 jump.html을 실행하면 다음과 같은 결과를 볼 수 있다.

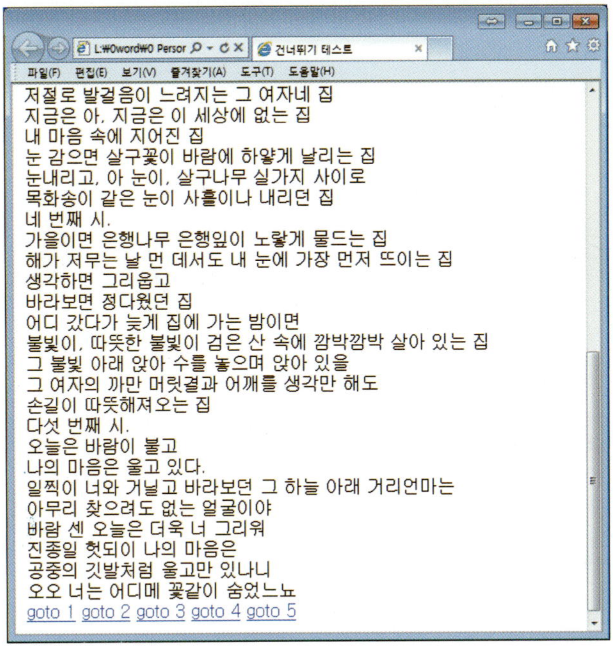

그림 11-16 하이퍼링크 태그

③ 위 그림의 맨 하단에 있는 goto1이나 goto2를 누르게 되면 화면이 NAME속성으로 설정해놓은 지점으로 이동하는 것을 볼 수 있다.

(2) 배경

배경 태그는 이란 웹 페이지의 배경화면을 지정하는 태그이다. 본문 태그인 〈BODY〉 내에 background, bgcolor 등의 다양한 속성을 이용하여 문서를 장식할 수 있다. 배경과 관련한 〈BODY〉의 속성값은 표 11-7과 같은 것이 있다.

표 11-7 〈BODY〉의 배경 관련 속성값

속성	기능
BACKGROUND	문서의 배경그림
BGPROPERTIES	배경그림 고정
BGCOLOR	문서의 배경 컬러
TEXT	기본 글자 컬러
LINK	링크 컬러
VLINK	방문한 링크컬러
ALINK	클릭에서 연결까지 링크컬러
LEFTMARGIN	문서의 왼쪽 여백
TOPMARGIN	문서의 위쪽 여백

표 11-7의 〈BODY〉의 배경 관련 속성을 예를 통해 하나씩 살펴보자.

❶ BACKGROUND : 문서의 배경 그림을 image.gif 파일로 지정한다.

```
<BODY BACKGROUND="image.gif">
```

❷ BGCOLOR : 바탕색을 ~~~색으로 지정한다.

```
<BODY BGCOLOR="#ffffff">
```

❸ TEXT : 글꼴의 색깔을 검은색으로 지정한다.

```
<BODY TEXT="#000000">
```

❹ LINK : 기본 링크의 색을 파랑, 활성화 상태의 링크를 노랑, 방문했던 링크의 색을 빨강으로 지정한다. 단 ALINK 속성은 넷스케이프 브라우저에서만 사용할 수 있다.

```
〈BODY LINK="blue" VLINK="red" ALINK="yellow"〉
```

❺ BGPROPERTIES : 문서에서 위치를 변경해도 배경이 움직이지 않고 고정시킨다. 이 속성은 익스플로러 브라우저에서만 사용할 수 있다.

```
〈BODY BACKGROUND="image.gif" BGPROPERTIES=FIXED〉
```

화면의 배경과 속성을 넣어보자.
배경 화면을 노랑, 활성화 링크는 초록, 이미 방문했던 링크는 빨강으로 나타나도록록 배경을 설정해보자.

```
〈body BGCOLOR="#FFFF00" alink="yellow" link="green" vlink="blue"〉
〈a href=" http://www.daum.net="〉다음으로 이동하세요....〈/a〉〈br〉
〈/body〉
```

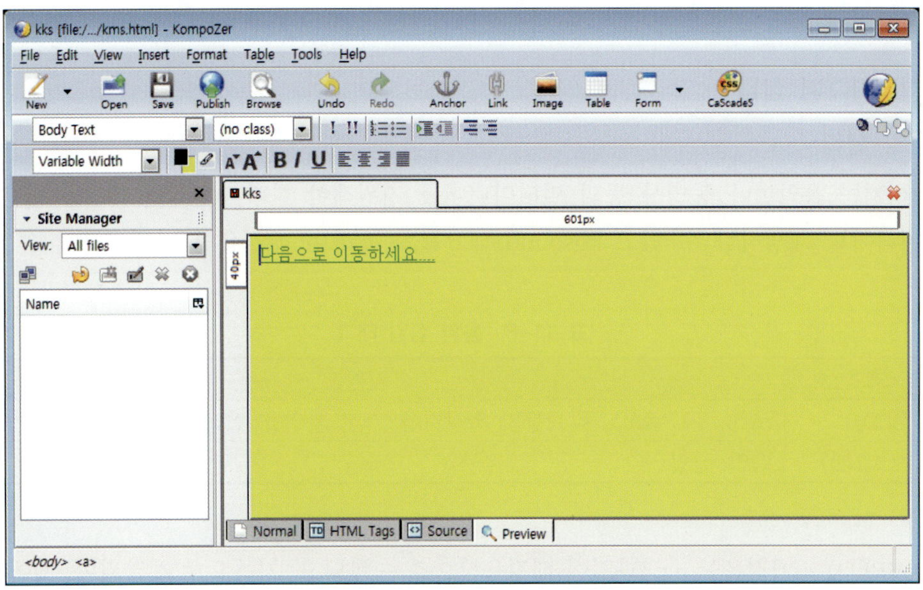

그림 11-17 문서의 백그라운드 속성

HTML 코드를 위와 같이 입력하여 실행했는데도, 백그라운드 색상이 바뀌지 않으면 웹 브라우저를 바꾸어 실행해보자.

국내에서 많이 사용되는 인터넷 익스플로러와, 크롬, 사파리 브라우저는 각각 백그라운드의 속성을 정의하는 태그와 속성이 조금씩 다르다. 현재 사용하고 있는 웹 브라우저에서 위 코드가 실행되지 않는다면, 그 이유는 웹 브라우저가 그 기능을 기원하지 않기 때문이다.

위에서 BGCOLOR="#FFFF00" 부분을 style="background-color: rgb(255, 255, 0);로 바꾸어서 실행해보자.

11.3 HTML 응용

지금까지 HTML 문자 및 문서와 관련한 가장 기초적인 태그를 비롯하여, 링크를 삽입하여 하이퍼링크를 구성하고 백그라운드의 속성을 바꾸는 태그를 알아보았다. 이 절에서는 멀티미디어, 즉, 음악과 동영상을 HTML 문서에 어떻게 표현하고 이미지를 어떻게 삽입하여 또 다른 html 문서와 링크 시키는지 알아보고, 표, 프레임, 양식(Form)도 학습한다.

가. 멀티미디어 삽입

(1) 음악 삽입

웹 페이지는 음악이나 동영상 등의 멀티미디어를 지원해야 한다. embed 태그를 사용하여 멀티미디어를 재생시킬 수 있고 bgsound 태그를 사용하여 배경음악을 재생시킬 수 있다.

표 11-8 음악 삽입 태그

태그	기능
〈EMBED〉	mp3, asf, wma, swf 등의 확장자를 가진 파일을 인터넷에서 재생시켜준다.
〈BGSOUND〉	음악 삽입

❶ 〈EMBED〉 : 배경음악.mp3파일이 배경음악으로 수행되고, 자동으로 시작되며, 제어판(재생, 일시정지, 이전 및 다음 노래 등의 재생버튼 창)은 보이지 않고 1회만 재생되고 정지되도록 실행된다.

```
〈EMBED SRC="배경음악.mp3" autostart= "true" HIDDEN= "false" LOOP= "1" 〉
```

❷ 〈BGSOUND〉 : 배경음악.mp3 파일이 배경음악으로 수행되고, 반복적으로 계속 재생되도록 실행한다.

```
〈BGSOUND SRC="배경음악.mp3" LOOP= "infinite" 〉
```

(2) 이미지 삽입

〈IMG〉 태그는 이미지를 HTML 문서에 연결할 때에 사용한다. 외부파일을 HTML에 불러들이는 형식이므로 사이즈가 큰 이미지의 사용이나 과도한 호출은 HTML의 검색을 더디게 한다. 이미지를 HTML 문서에 포함하는 IMG 태그에는 7개의 속성이 있다.

표 11-10 〈IMG〉의 속성값

속성값	기능
SRC	이미지의 위치
BORDER	이미지 테두리
HREF	이미지 클릭시 하이퍼링크 주소
ALIGN	병행되는 문자의 위치
WIDTH	이미지의 폭
HEIGHT	이미지의 높이
ALT	이미지의 캡션

이 속성을 설정하여 이미지를 문서 내에 삽입하는 과정을 아래 실습을 통하여 학습하자.

① 삽입하고 싶은 이미지를 html 문서에 넣어보자. 여기서 사용하는 이미지는 한빛미디어 자료실에 있는 apple.jpg이지만 자신만의 이미지를 다운로드 받거나 제작하여 사용해도 된다.

```
〈img src="apple.jpg"〉
```

그림 11-18　이미지 삽입

② 이미지의 테두리를 나타내어보자. 아래와 같이 border 속성을 이용한다. border="숫자"의 크기가 클수록 테두리 두께가 두꺼워진다.

```
〈img src="apple.jpg" border="1"〉
```

그림 11-19　이미지 테두리

③ 이미지 링크를 실습하자. 이미지 링크란 이미지를 클릭했을 때 특정 문서로 이동하게 하는 기능이다. 이미지에 링크를 걸면, 이미지 주위로 파란색 테두리가 생기게 된다.

이때 border="0"을 적어주면 파란색 테두리가 사라지게 된다.

```
〈a href="http://www.earth.com"〉〈img src="apple.jpg"〉〈/a〉
```

그림 11-20 이미지에 링크 걸기

④ 이미지 링크 옆에 글을 삽입해보자. 아래와 같이 html을 수정해본다.

- align 속성을 top로 주면 그림의 위쪽과 텍스트의 위쪽을 나란히 하여 한 줄의 텍스트만 삽입된다.

```
〈img src="global.jpg" align="top"〉지구사이트로 이동합니다.
```

지구사이트로 이동합니다.

- align 속성을 middle로 주면 그림의 중간 부분에 한 줄의 텍스트만 삽입된다.

```
〈img src="global.jpg" align="middle"〉지구사이트로 이동합니다.
```

지구사이트로 이동합니다.

⑤ 이미지의 크기를 조정할 수 있다. width, height 속성을 이용하여 이미지의 표현되는 가로 세로 길이를 조절해 보자.

```
〈img src="global.jpg" width="100" height="200"〉
```

⑥ 이미지에 마우스를 가져가면 설명글이 나타나게 해보자 .alt 속성에 필요한 텍스트를 지정하면 설명글이 나타난다. 브라우저에서 수행한 후 마우스를 그림 위로 가져가면 풍선 도움말로 이미지 설명을 나타낼 수 있다.

```
〈img src="global.jpg" alt="지구를 보호 합시다."〉
```

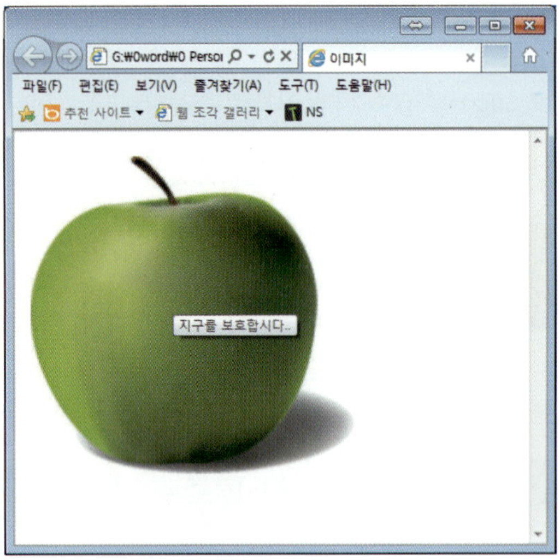

그림 11-21 이미지 설명글

나. 표(Cell)

표(Cell)는 HTML 코드에서 빈번하게 사용되는 테이블을 생성하는 태그이다. 이것은 텍스트와 이미지 등을 깔끔하게 화면에 정리해주는 역할을 한다. 여기서는 이 표를 만들기 위해 행(Row)을 만들고 열(Column)을 만드는 방법에 관하여 학습한다.

(1) 표 생성

표를 생성하는 태그는 TR, TD, TH 등이 있다. 이를 테이블로 정리해보면 다음과 같다.

표 11-11 표 생성 태그

기능	태그
테이블 작성	〈TABLE〉 〈/TABLE〉
행(줄)을 만드는 태그	〈TR〉
열(칸)로 만드는 태그	〈TD〉
헤더 셀을 만드는 태그	〈TH〉

표 테이블에서 행(Row)이란 '줄'이라고도 하며, 글이나 그림이 들어갈 수 있는 위에서 아래로 연결된 사각형 공간이고, 열(Column)이란 '칸'이라고도 하며, 좌측에서 우측으로 연결되는 공간을 말한다. 아래 실습을 통하여 자세히 알아보자.

표 테이블 생성과 제어

① 가장 먼저 표 테이블을 만들어보자. 표 테이블을 만드는 코드는 다음과 같다.

```
<table border>
<tr>
<td>
지구를 보호하면
</td>
</tr>
</table>
```

위와 같이 〈tr〉 태그 하나와 〈td〉태그 하나를 가지는 html코드를 입력하면 다음과 같은 모습의 표 테이블이 생성된다.

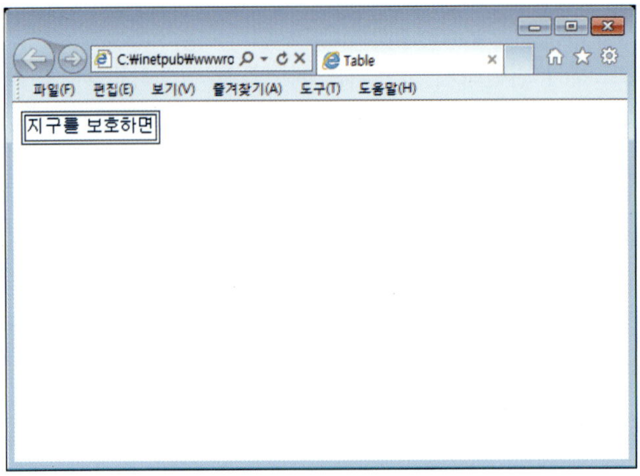

그림 11-22 표 테이블 생성

② 위와 같은 표 테이블에 칸(열)을 추가해보자. 기존의 〈td〉〈/td〉 태그 옆에 또 하나의 〈td〉〈/td〉를 추가한다.

```
〈table border〉
〈tr〉
〈td〉
지구를 보호하면
〈/td〉
〈td〉
인간이 보호된다
〈/td〉
〈/tr〉
〈/table〉
```

이 태그를 수행하면 다음 그림과 같은 표 테이블이 생성된다.

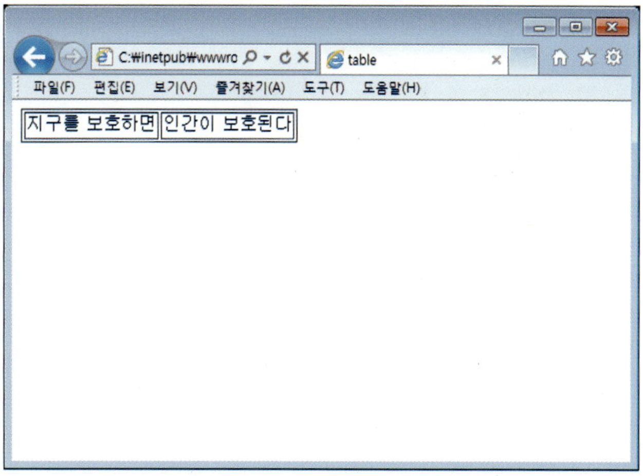

그림 11-23 Table 태그 – 행 추가

③ 표 테이블에 줄(행)을 추가한다. 다음 태그와 같이 또 하나의 <tr></tr>태그를 추가하여 2개의 줄(행)을 가지는 표 테이블이 완성된다.

```
<table border>
<tr>
<td>
지구를 보호하면
</td>
</tr>
<tr>
<td>
인간이 보호된다
</td>
</tr>
</table>
```

태그가 실행된 모습이다. 그림처럼 2개의 줄(행)로 구성된다.

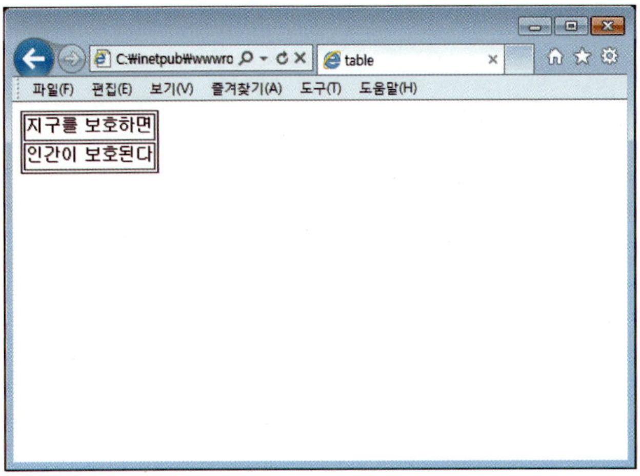

그림 11-24 Table 태그 - 줄 추가

(2) 표의 크기에 관련된 속성

표 테이블을 생성하는 태그도 매우 많은 속성을 가지고 있다. 아래와 같은 다양한 속성을 이용하여 html에서 표시하고자 하는 테이블을 만들 수 있다. 여러 속성 중에서 가장 중요하고 많이 사용되는 width 속성(표 테이블의 크기)과 height 속성(크기)을 정리하면 다음과 같다.

표 11-12 표 테이블 크기 관련 속성

기능	속성
테두리 설정	BORDER
폭	WIDTH
높이	HEIGHT

❶ BORDER 속성 : 표 테이블 테두리 지정

border="1" 과 같이 지정하면 1픽셀의 테두리선이 생긴다. border="0"이면 테두리선이 없어진다.

❷ WIDTH 속성 : 테이블의 폭을 설정

WIDTH=값, 또는 % (가로 길이를 지정)을 대입하여 크기를 지정한다.

예를 들어 width="400" 이라고 하면 400 픽셀 넓이의 표가 생성되고, width="50%"라고 하면 사용자 화면 크기의 절반 넓이만큼의 표가 그려진다.

❸ HEIGHT 속성 : 테이블의 높이를 설정

테이블의 높이를 성정하는 속성이다. 위의 WIDTH와 같은 방법으로 HEIGHT=값 또는 %으로 설정한다.

아래와 같은 태그로 테이블의 크기와 높이를 100과 300으로 조정하였다.

```
<table border="1" height="100" width="300">
    <tr>
      <td>
지구를 보호하면
      </td>
    </tr>
    <tr>
      <td>
인간이 보호된다
      </td>
    </tr>
</table>
```

그 결과를 다음과 같이 확인할 수 있다.

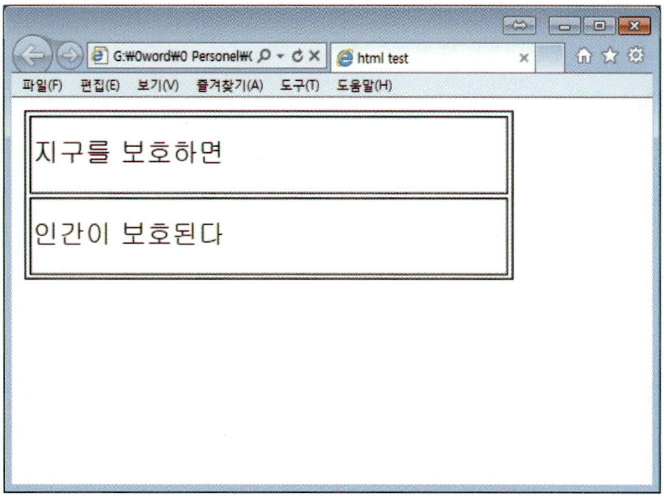

그림 11-25 표 테이블의 크기와 높이

표의 배경에 관련된 속성

표 테이블의 배경색이나 셀 사이의 공간을 설정하는 속성을 다음 표와 같이 정리하였다. 주요 속성은 bgcolor, cellspacing과 cellpadding이 있다.

표 11-13 표 테이블 배경관련 속성

기능	속성
표 전체에 배경색을 설정한다.	bgcolor
각각의 표 사이공간을 설정한다.	cellspacing
표와 내용사이의 여백을 지정한다.	cellpadding

❶ bgcolor 속성 : 표 전체에 배경색을 설정

예) bgcolor="red“

❷ cellspacing 속성 : 각각의 표 사이공간을 설정

이 속성의 초기값은 2이다. cellspacing="5"와 같이 지정하면 칸과 칸 사이에 5픽셀만큼의 공간이 벌어진다.

예) 〈TABLE BORDER="0" CELLSPACING="0" CELLPADDING="0"〉

위처럼 하면, 테두리가 없으며, 모든 여백이 없는 표가 된다.

❸ cellpadding 속성 : 표와 내용사이의 여백을 지정

이 속성의 초기값은 1이다.

예) cellpadding="5"와 같이 지정하면 각 칸 안에 글자나 그림이 들어갈 때 경계선으로부터 5픽셀만큼 들어간 위치에 표시된다.

❹ 이 속성들을 이용하여 테이블의 배경색을 청색(cyan)으로 설정하는 코드를 아래와 같이 작성하였다.

```
<table bgcolor="cyan" border="1" height="100" width="300">
    <tr>
      <td>
지구를 보호하면
      </td>
    </tr>
    <tr>
      <td>
```

```
인간이 보호된다
        </td>
      </tr>
</table>
```

그 결과를 다음과 같이 확인할 수 있다.

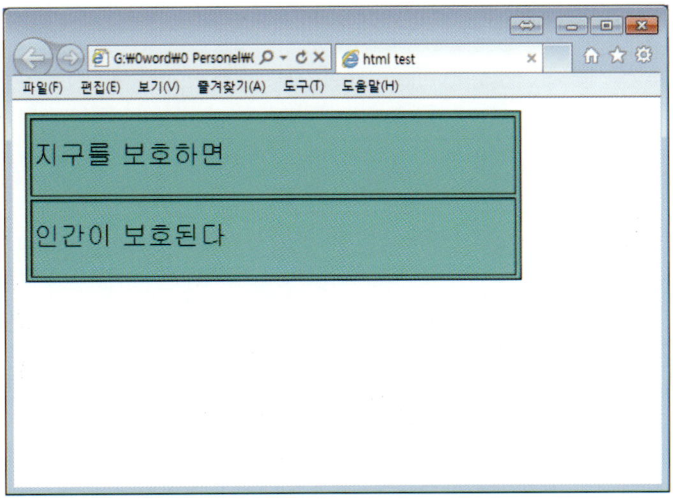

그림 11-26 표 테이블의 배경색 조정

(4) 표의 테두리에 관련된 속성

표 테두리를 바꾸는 속성은 bordercolor이다. bordercolor속성에 색상 이름을 넣어 테두리 색깔을 바꿀 수 있다.

표 11-14 표 테이블 테두리관련 속성

기능	속성
테두리 색	BORDERCOLOR (익스플로러전용)
테두리 그림자(우변 하변)	BORDERCOLORDARK (익스플로러전용)
테두리 그림자(좌변 상변)	BORDERCOLORLIGHT (익스플로러전용)

❶ BORDERCOLOR 속성 : 테두리 색 설정

테두리선 색을 빨강으로 설정하려면 BORDERCOLOR="RED" 하면 된다.

❷ BORDERCOLORDARK 속성 : 테두리 그림자 설정
셀의 우변과 하변에 지정한 색상의 그림자를 만든다.

❸ BORDERCOLORLIGHT 속성 : 테두리 그림자 설정
셀의 좌변과 상변에 지정한 색상의 그림자를 넣는다.

❸ 위와 같은 테두리 색 설정 속성을 이용하여 테이블의 배경색을 노랑색(yellow)으로 조정하여 보았다.

```
<table border="6" bordercolor="yellow" height="100" width="300">
      <tr>
         <td>
지구를 보호하면
         </td>
      </tr>
      <tr>
         <td>
인간이 보호된다
         </td>
      </tr>
</table>
```

그 결과를 다음과 같이 확인할 수 있다.

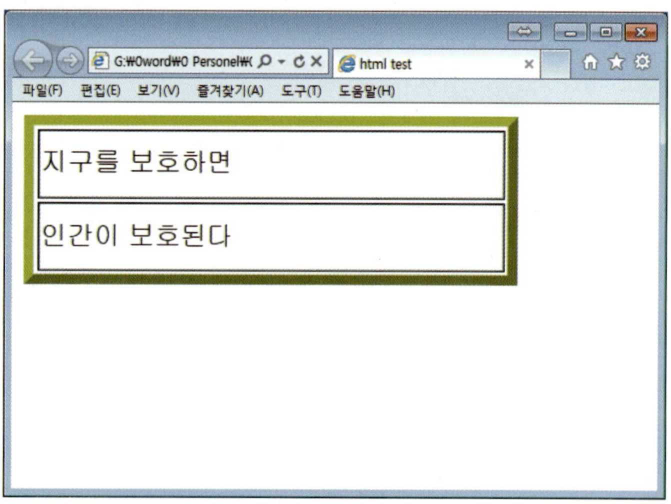

그림 11-27 표 테이블의 경계선 색깔

(5) 표 병합

표의 병합은 인접된 셀을 합하여 큰 셀을 만드는 속성이다. colspan은 가로로 셀을 병합하는 것이고 rowspan은 세로로 셀을 병합하게 한다.

표 11-15 표 병합 관련 속성

기능	속성
colspan은 가로로 열을 늘어나게 한다.	COLSPAN
rowspan은 세로로 열을 늘어나게 한다.	ROWSPAN

❶ COLSPAN 속성 : 열 병합

인접된 열과 열을 합하여 병합한다.

예) colspan=2이면 셀 열의 너비를 2개만큼 늘려 합한다.

❷ ROWSPAN 속성 : 행 병합

인접된 행과 행을 합하여 병합한다.

예) rowspan=3이면 셀 행 높이를 3개만큼 늘려 합한다.

❸ TABLE 태그와 colspan, rowspan속성을 사용하여 표 테이블의 표를 병합하는 코드를 작성하여 보았다.

```
<table border=1>
<tr>
<td rowspan=3> 11 </td> <td> 12 </td> <td> 13 </td>
</tr>
<tr>
<td colspan=2> 22 </td>
</tr>
<tr>
<td> 32 </td> <td> 33 </td>
</tr>
</table>
```

위 코드가 실행된 모습이다.

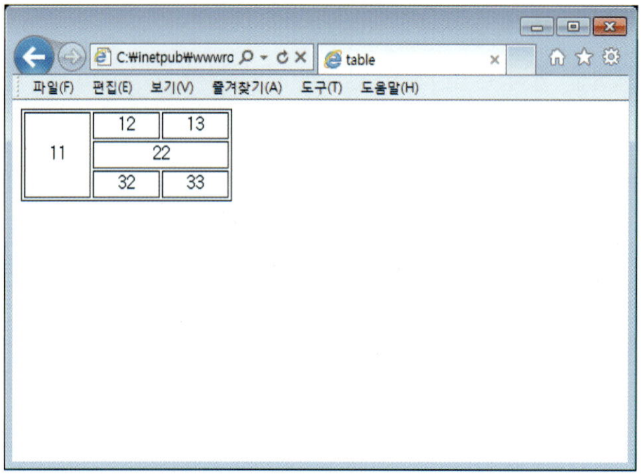

그림 11-28 Table 태그 - 표 병합

잠깐 ! **표의 칸과 줄의 내용을 가운데 정렬하기**

위 그림처럼 표의 각 칸과 줄에 들어가는 데이터가 가운데 정렬로 보이기 위해서는 다음과 같이 태그의 ALIGN 속성을 수정하면 된다.

```
<td rowspan=3 align="center">11</td>
<td align="center">12</td>
<td align="center">13</td>
```

다. 프레임

대부분의 웹 사이트는 웹 브라우저 전체화면을 몇 개의 수직/수평 영역으로 분리하여 각각의 영역에 서로 다른 html 문서나 글 또는 이미지가 나타나도록 구성된다. 이렇게 나누어진 각각의 영역을 프레임(frame)이라고 부른다. 그리고 이러한 프레임의 구조를 정의하여 놓은 것을 프레임셋(frameset)이라고 부른다.

(1) 프레임 문서 만들기

프레임셋은 프레임의 전체 구조를 설정하는 태그이다.

표 11-16 프레임 구조 태그

기능	태그
프레임의 전체구조 설정	〈FRAMESET〉 〈/FRAMESET〉

프레임을 만든다는 것은 다음과 같은 두 단계로 이루어진다. 일단 FRAMESET 명령을 사용하여 프레임의 큰 구조를 정의하고 FRAME명령을 사용하여 프레임의 자세한 속성을 정의한다. 이후 프레임을 수직과 수평으로 분할하는 방법에 관하여 알아보자.

표 11-17 FRAMESET의 속성

기능	속성
화면을 세로로 나눌 때 왼쪽과 오른쪽의 가로폭을 결정한다.	COLS
화면을 가로로 나눌 때 위쪽과 아래쪽의 높이값을 결정한다.	ROWS
프레임 경계선의 형태를 결정한다.	FRAMEBORDER

❶ COLS 속성 : 화면 분할폭을 설정

모든 프레임은 두 개 이상의 영역으로 나누어지는데, 이때 나누는 방향을 지정하기 위해 ROWS, COLS 속성을 사용한다. COLS속성은 화면을 세로로 나눌 때 왼쪽과 오른쪽의 가로폭 크기값을 쉼표로 구분하여 지정한다. 픽셀과 %로 표현한다. %는 화면의 상대적 비율이다(전체는 100).

아래 코드처럼 frameset태그에서 cols 속성을 200과 그 나머지로 분할하도록 지정하면 밑의 그림처럼 프레임이 수직 2개의 프레임으로 분할된다. 여기서 200이란 픽셀의 크기이다. 이 사이즈를 조절하여 적절한 크기를 가지는 프레임으로 분할하면 된다.

```
<HTML>
<HEAD> <TITLE>수직으로 나누기</TITLE>
</HEAD>
<FRAMESET cols="200,*">
<FRAME>
<FRAME>
</FRAMESET>
</HTML>
```

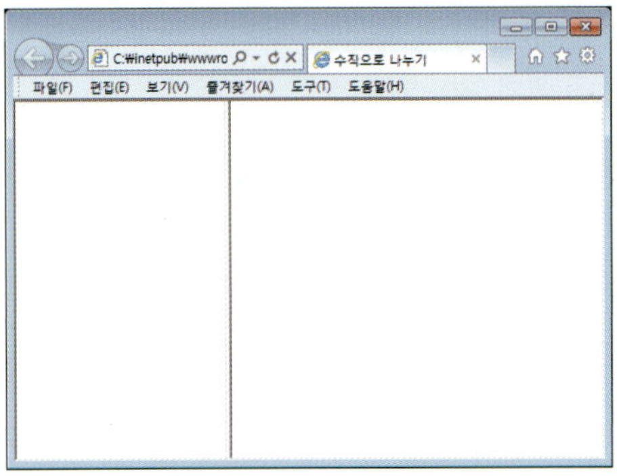

그림 11-29 프레임을 수직으로 나눈 실행모습

❷ ROWS : 화면 분할폭을 설정

화면을 가로로 나눌 때 위쪽과 아래쪽의 높이값을 쉼표로 구분하여 지정한다. 나머지는 COLS와 동일하다.

FRAMESET태그에서 rows속성을 200과 그 나머지로 분할하도록 지정하면 밑의 그림처럼 프레임을 수평으로 분할시킬 수 있다. 물론 사이즈는 위쪽 프레임의 사이즈가 200픽셀로 정의된다.

```
<HTML>
<HEAD> <TITLE>수평으로 나누기</TITLE>
</HEAD>
<FRAMESET rows="200,*">
<FRAME>
<FRAME>
</FRAMESET>
</HTML>
```

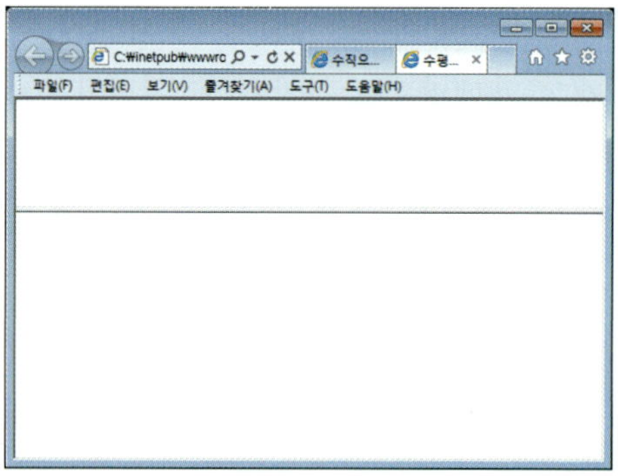

그림 11-30 프레임을 수평으로 나눈 실행모습

❸ FRAMEBORDER 속성 : 프레임 경계선의 두께를 지정

속성값이 no일때는 경계선을 표시하지 않고, 특정 숫자를 지정하면 선의 두께를 의미한다.
예) frameborder=30 선의 두께가 30

(2) 프레임 내에서 각각의 프레임 정의

윗 절에서처럼 프레임셋으로 프레임의 전체 구조를 정의하였다. 이후 프레임 태그를 이용하여 분할된 각 영역을 설정한다.

표 11-18 프레임 태그

기능	태그
각각의 프레임 설정	〈FRAME〉

프레임셋과 마찬가지로 프레임도 다양한 속성을 가지고 프레임을 표현하도록 되어있다. 주로 많이 사용되는 속성은 해당 프레임에 들어갈 html파일의 이름을 나타내는 src, 프로그램 수행시 참고되는 프레임의 이름을 나타내는 name 등이 있다. 자세한 내용은 아래 표를 참조하면 된다. 또한 프레임의 경계를 나타내는 속성값으로 SCROLLING과 NORESIZE가 있다.

표 11-19 FRAME의 속성

기능	속성
프레임에 적용되는 html파일의 이름을 정의한다.	SRC
프로그램 수행시 적용될 프레임의 이름을 정의한다.	NAME
프레임창의 왼쪽 여백을 지정	MARGINWIDTH
프레임창의 위쪽 여백을 지정	MARGINHEIGHT
프레임의 스크롤바를 정의한다.	SCROLLING
사용자가 프레임의 사이즈를 조정하지 못하게 한다.	NORESIZE

❶ SCROLLING 속성 : 스크롤바 설정

이 속성값으로는 yes, no, auto가 있다. 이것을 지정하여 창의 스크롤바를 지정한다.

예) scrolling=auto

❷ NAME 속성 : 프레임의 이름 설정

프로그램 수행시 적용될 프레임의 이름을 설정한다.

❸ MARGINWIDTH 속성 : 프레임의 여백을 설정

프레임창의 왼쪽 여백을 지정

❹ MARGINHEIGHT 속성 : 프레임의 여백을 설정

프레임창의 위쪽 여백을 지정

❺ SCROLLING 속성 : 스크롤바의 속성
프레임의 스크롤바를 정의한다.

❻ NORESIZE 속성
이것은 값이 없는 속성이다. 사용자가 프레임의 경계를 드레그(drag)하여 사이즈를 조정하지 못하게 한다.
예) scrolling=auto

(3) 프레임의 수직 수평 동시 분할

위에서 사용한 COLS와 ROWS속성을 이용하여 프레임을 수직과 수평으로 분할시켜보자. 이때는 cols와 rows속성을 모두 이용한다.

먼저 rows속성을 이용하여 100픽셀기준으로 분할하였고, cols속성으로 화면를 절반(50%)으로 분할하였다.

```
<HTML>
<HEAD> <TITLE>수직/수평으로 나누기</TITLE>
</HEAD>
<FRAMESET rows="100,*">
<FRAME>
<FRAMESET cols="50%,*">
<FRAME>
<FRAME>
</FRAMESET>
</FRAMESET>
</HTML>
```

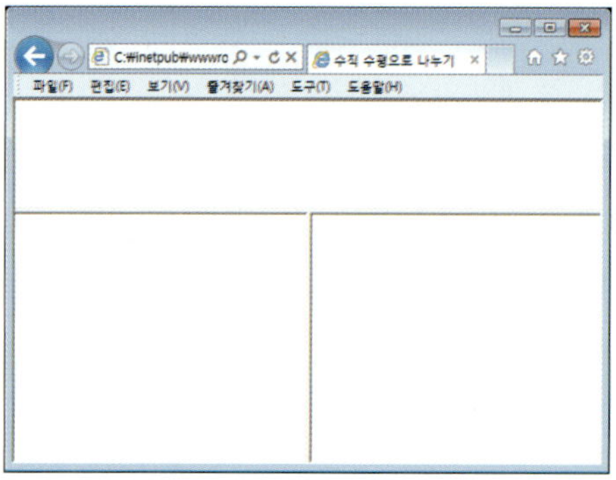

그림 11-31 프레임을 수직과 수평으로 나눈 실행모습

프레임 문서 만들기

다음과 같은 3개의 html파일을 만들어서 프레임문서로 완성시키는 과정을 실습을 통해 알아보자. 메모장을 이용하여 아래의 html코드와 내용을 정확히 입력하면 된다. 특히 프레임문서는 html파일을 상호 참조하므로 파일이름을 정확히 입력한다.

① 다음과 같이 html태그를 입력하고 left.html로 저장하시오.

```
<HTML>
  <head>
    <title> 연습문서 </title>
  </head>
  <body>
      왼쪽에 들어가는 문서
  </body>
</HTML>
```

② 다음 html태그를 입력하고 right.html로 저장하시오.

```
<HTML>
  <head>
    <title> 연습문서 </title>
  </head>
  <body>
      오른쪽에 들어가는 문서
  </body>
</HTML>
```

③ 다음 html태그는 앞에서 만든 html파일을 참조하는 프레임문서이다.
파일의 이름을 frame-t.html로 저장하시오.

```
<HTML>
  <head>
    <title>프레임 두 개 보이기</title>
  </head>
  <frameset cols="200,*">
    <frame src= “left.html” >
    <frame src= “right.html” >
  </frameset>
</HTML>
```

④ 입력이 끝나고 파일 탐색기에서 frame-total.html을 더블클릭하여 웹 브라우저로 결과를 확인한다. 다음과 같은 결과가 나오면 정상적으로 수행된 것이다.

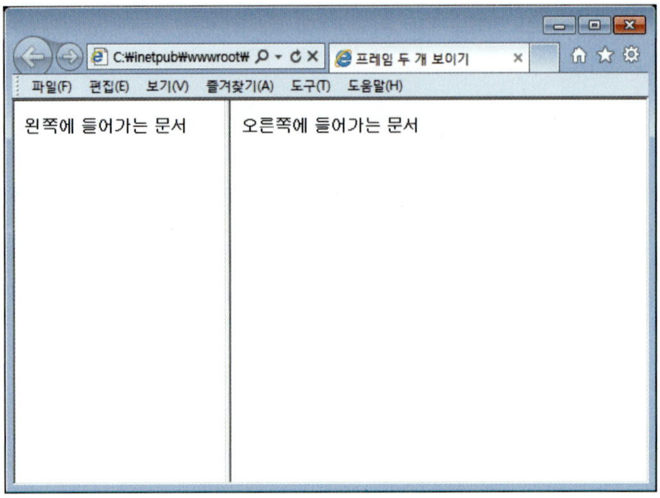

그림 11-32 프레임 실행 결과

(4) 다중 프레임 문서 만들기

프레임과 프레임셋의 의미를 정확히 이해할 수 있는 html코드를 실습 10-3에서 수행해 보았다. 여기서는 앞에서 작성한 html코드를 약간 변형하여 패스파인더(pathfinder.com, 미국 유명 방송/잡지를 제공하는 포털사이트)와 네이버 사이트를 동시에 보여주는 html코드를 작성해보자

다중 프레임 문서 만들기

다음과 같은 기능을 가진 html문서를 작성하자. 먼저 한 화면은 4개의 프레임으로 구성되어야 한다. 크게 왼쪽(left)와 오른쪽(right) 프레임으로 나누어지고, 다시 오른쪽 프레임은 위 프레임(up)과 아래 프레임(down)으로 구성된다.

왼쪽 프레임에는 네이버(naver.com)와 패스파인더(parhfindere.com)로 이동하는 2개의 하이퍼링크가 있어야하고, 여기에서 네이버 링크를 클릭하면 오른쪽 위 프레임에 네이버 사이트가 나타나면 되고, 패스파인더 링크를 클릭하면 오른쪽 아래 프레임에 패스파인더 사이트가 나타나면 된다.

① 앞 실습에서 저장한 left.html 코드를 아래와 같이 수정한 후, left1.html로 저장한다.

```
<HTML>
  <head>
    <title>Frame Exam</title>
  </head>
  <body>
      <p>
      <a href="http://www.naver.com" target="up">NAVER</a> <br>
      <a href="http://www.pathfinder.com" target="down">PATHFINDER</a>
      </p>
  </body>
</HTML>
```

② 앞 실습에서 저장한 frame-t.html 코드를 아래와 같이 수정한 후, frame-path.html로 저장한다.

```
<HTML>
  <head>
    <title>Frame Exam</title>
  </head>
  <frameset cols="200,*">
    <frame src="left1.htm">
    <frameset rows="50%,*">
        <frame name= "up" >
        <frame name= "down" >
    </frameset>
  </frameset>
</HTML>
```

③ 파일 탐색기에서 frame-path.html파일을 실행하고, 네이버 링크와 패스파인더 링크를 클릭했을 때, 결과가 다음과 같이 나오면 된다.

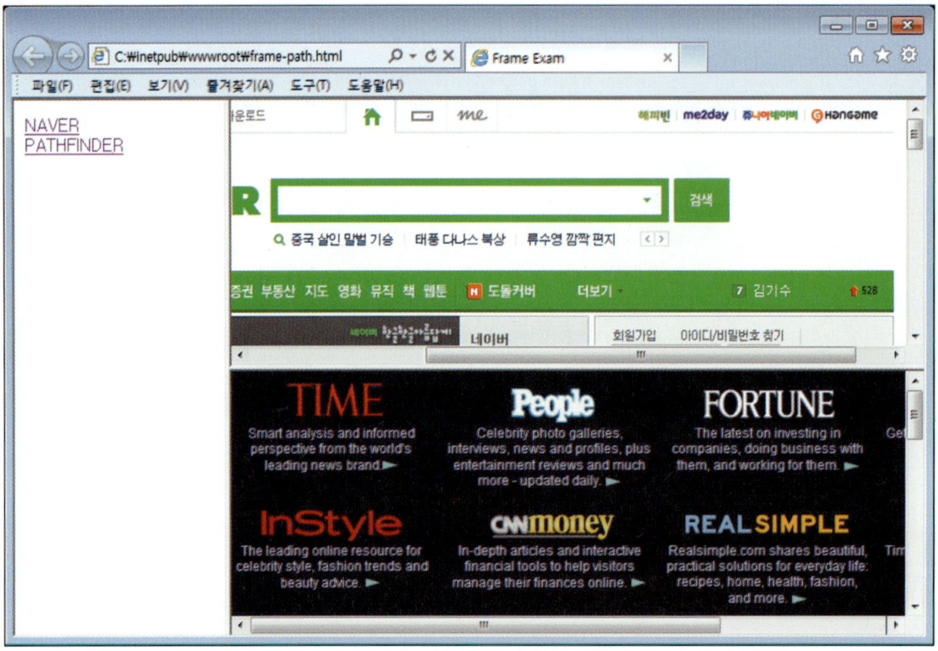

그림 11-33 다중프레임 실행 결과

(5) 플로팅 프레임(IFRAME) 만들기

플로팅 프레임은 아이프레임(iframe)이라고 불리어진다. 현재 조회하고 있는 웹 브라우저 속에서 또 다른 웹 브라우저가 실행되는 모습이기 때문에 플로팅 프레임이라고 이름 지어졌다.

표 11-20 플로팅 프레임

기능	태그
플로팅 프레임 작성	〈IFRAME〉 〈/IFRAME〉

플로팅 프레임을 만드는 IFRAME태그는 다음과 같은 속성을 가지고 있다.

표 11-21 플로팅 프레임

기능	속성
플로팅 프레임의 문서이름	SRC
폭	WIDTH
높이	HEIGHT

❶ SRC 속성 : 문서이름

프레임 내에 새로운 프레임으로 들어가는 플로팅 프레임의 문서 주소를 값으로 가진다.
예) 〈iframe src="http://www.daum.net"〉 〈/iframe〉 은 다음넷의 화면이 현재의 웹 브라우저 내에서 나타나도록 하는 코드이다.

❷ WIDTH 속성 : 폭 설정

플로팅 프레임의 폭의 길이를 설정한다.
예) 〈iframe src="http://www.daum.net" width=600 height=300〉 〈/iframe〉 은 다음넷의 화면이 현재의 웹 브라우저 내에서 폭 600 높이 300픽셀 값으로 나타나도록 하는 코드이다.

❸ HEIGHT 속성 : 높이 설정

플로팅 프레임의 높이를 설정한다.

플로팅 프레임 문서 만들기

내 홈페이지에 다음(daum.net)사이트가 iframe 형태로 표시되도록 html문서를 작성해보자.

① 다음과 같이 html태그를 입력한 후, frame-iframe.html로 저장하시오.

```
〈HTML〉
  〈head〉
    〈title〉iframe 이란?〈/title〉
  〈/head〉
  〈body〉
    여기는 iframe태그를 이용한 새로운 프레임입니다.〈br〉
    〈iframe src="http://www.daum.net" width=600 height=300〉
    〈/iframe〉
    〈br〉여기까지가 iframe영역입니다.
  〈/body〉
〈/HTML〉
```

② 아래 그림이 위의 frame-iframe.html 코드가 잘 수행된 모습이다. 단, iframe태그는 마이크로소프트 익스플로러에서만 수행된다. 크롬이나 사파리 브라우저에서는 작동하지 않는다.

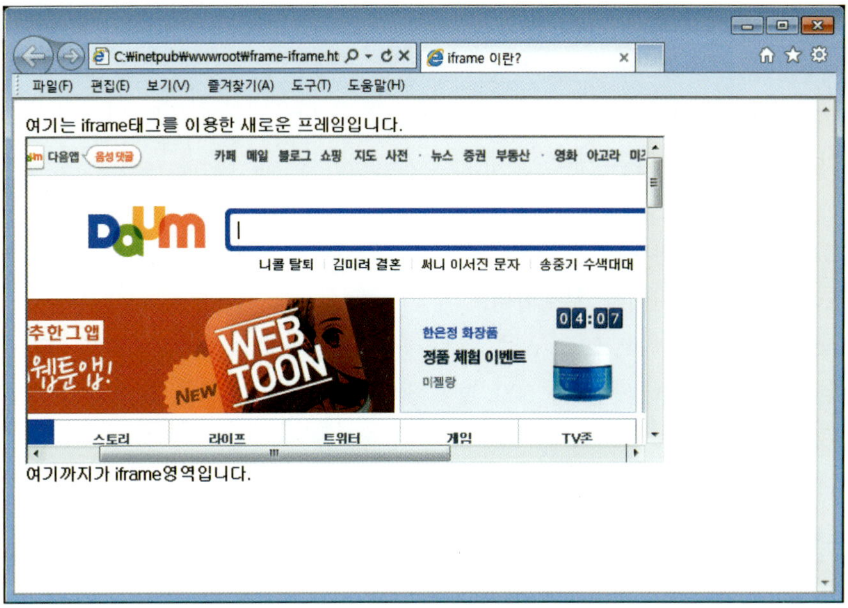

그림 11-34 플로팅 프레임 실행 결과

라. 사용자 입력양식(Form)

인터넷을 사용하다보면 아이디와 패스워드를 입력하는 화면에 자주 만나게 된다. 이렇게 사용자에게 무엇인가를 입력하게 하는 것을 폼(Form)이라고 부른다. 여기서는 input태그를 사용하여 사용자의 입력을 받아들이는 방법에 관하여 알아보자.

(1) 입력양식 작성

사용자의 키보드 입력을 받아드리는 input태그의 활용에 관한 내용이다. 텍스트, 비밀번호, 체크박스, 라디오버튼 등의 type 속성으로 구성된다.

표 11-22 입력양식 태그

기능	태그
입력양식 작성	〈INPUT〉

이 태그는 아래와 같은 여러 개의 속성을 조합하여 다양한 입력방법을 제공한다. 그 종류로는 일반 텍스트, 비밀번호, 체크박스형태 입력, 라디오버튼 형태 입력이 있다.

표 11-23 INPUT의 속성

기능	속성
일반 문자 입력 속성, value속성을 이용하여 초기값을 줄 수 있다.	TEXT
비밀번호 문자 입력 속성. 문자가 보이지 않게 처리되고 value속성을 이용하여 초기값을 줄 수 있다	PASSWORD
checked 속성으로 초기값 설정가능. 여러 개의 항목을 체크하여 복수 선택가능	CHECKBOX
checked 속성으로 초기값 설정가능.	RADIO
입력화면에 나타나는 글 크기를 설정	SIZE
- 텍스트 입력란에 기본적으로 나타나는 텍스트 문장 체크박스나 라디오버튼에서 입력값이 임시저장되는 곳	VALUE

❶ TEXT 속성 : 텍스트 입력양식

텍스트 입력양식 TEXT는 사용자의 문자입력을 받아들이는 속성이다. 아래와 같은 html코드를 사용하여 사용자가 문자를 입력하는 화면을 만들 수 있다.

```
<HTM
  <head>
    <title>문자(Text) 입력</title>
  </head>
  <body>
      이름 : <input type="text" size=25 value="당신의 이름을 입력하세요.">
  </body>
</HTML>
```

여기에서 size는 글자의 크기, value는 최초 문자입력창에 나타나는 문장의 기본값이 들어간다.

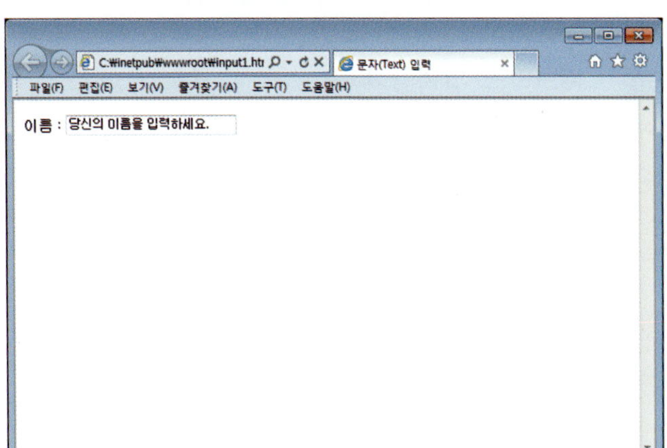

그림 11-35 텍스트 입력 양식(Form) 화면

❷ PASSWORD 속성 : 비밀번호 입력양식

비밀번호는 텍스트와 한 종류이나 화면에 입력될 때 글자가 보이지 않는 속성이다. type속성에 password가 설정되면 사용자가 화면에 입력할 때 글자가 표시되지 않는다.

```
〈HTML〉
  〈head〉
    〈title〉패스워드 입력(초기값은 7777)〈/title〉
  〈/head〉
  〈body〉
      비밀 번호 : 〈input type="password" size=25 value="7777"〉
  〈/body〉
〈/HTML〉
```

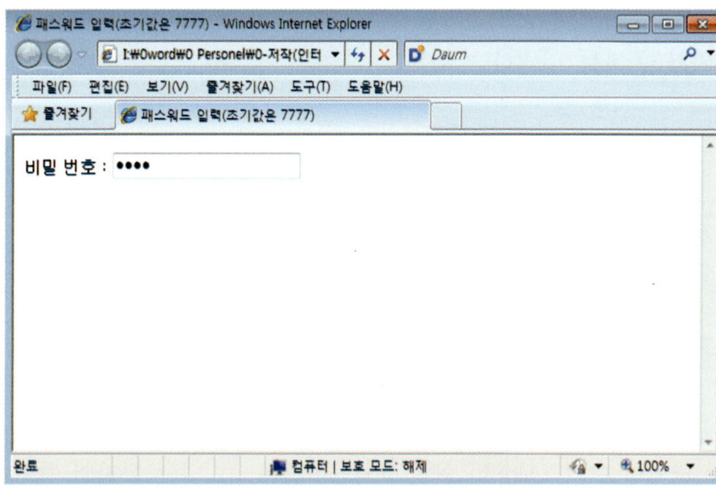

그림 11-36 비밀번호 입력 양식

❸ CHECKBOX 속성 : 체크박스 입력양식

체크박스는 사용자에게 복수 개의 체크를 입력하는 화면을 제공되는 속성이다. type에 checkbox가 설정되면 사용자가 체크한 결과가 value로 지정된 변수에 저장되고 이 변수값은 프로그램에서 사용된다.

```
<HTML>
  <head>
    <title>체크박스(CheckBox) 입력</title>
  </head>
  <body>
      좋아하는 과목을 선택하세요. <br>
      <INPUT TYPE="checkbox" NAME="check" VALUE="item1" CHECKED> 미적분학
        <br>
      <INPUT TYPE="checkbox" NAME="check" VALUE="item2"> 정치경제학 <br>
      <INPUT TYPE="checkbox" NAME="check" VALUE="item3"> 세계사 <br>
      <INPUT TYPE="checkbox" NAME="check" VALUE="item4"> 논리학입문 <br>
  </body>
</HTML>
```

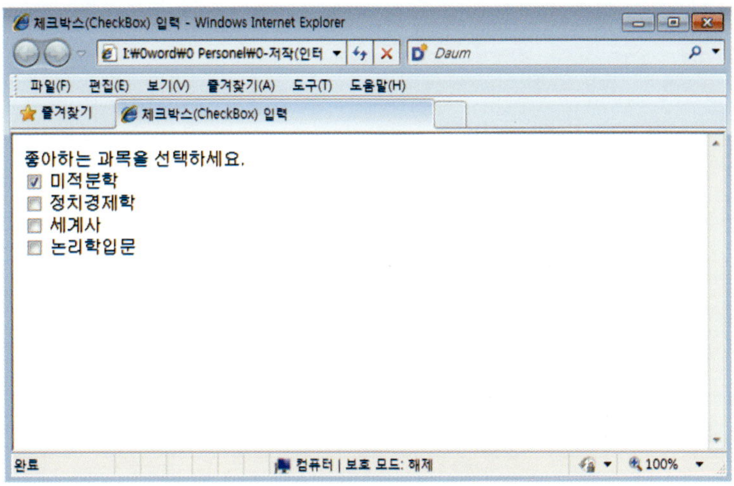

그림 11-37 체크박스 입력 양식

❹ RADIOBUTTON 속성 : 라디오버튼 입력양식

라디오 버튼은 제공되는 여러 개의 선택사항 중 오직 1개의 체크만을 받아들일 때 사용되는 입력속성이다.

```
〈HTML〉
  〈head〉
    〈title〉라디오버튼(RadioButton) 입력〈/title〉
  〈/head〉
  〈body〉
      좋아하는 과목을 하나만 선택하세요. 〈br〉
      〈INPUT TYPE="radio" NAME="radio_btn" VALUE="item1" CHECKED〉 미적분학
        〈br〉
      〈INPUT TYPE="radio" NAME="radio_btn" VALUE="item2"〉 정치경제학 〈br〉
      〈INPUT TYPE="radio" NAME="radio_btn" VALUE="item3"〉 세계사 〈br〉
      〈INPUT TYPE="radio" NAME="radio_btn" VALUE="item4"〉 논리학입문 〈br〉
  〈/body〉
〈/HTML〉
```

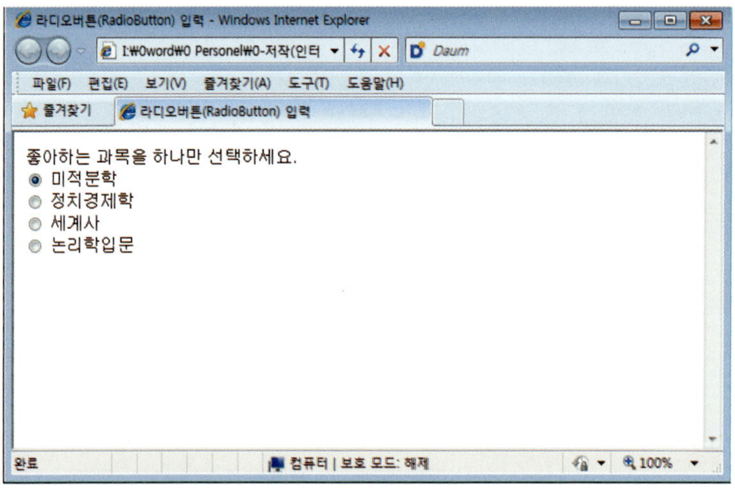

그림 11-38 라디오버튼 입력 양식 화면

(2) 풀다운 메뉴

사용자의 입력을 받아들이는 방식에는 앞 절에서 배운 텍스트박스, 비밀번호, 체크박스, 라디오버튼 이외에도 풀다운 방식과 리스트 방식 등과 같은 다양한 형태의 메뉴 방식이 가능하다. 풀다운 방식과 리스트방식은 화면에 여러 개의 항목을 포함하는 콤보박스가 나타나고 그 나타난 내용 중에 원하는 것을 마우스로 선택하여 입력하는 방식이다.

이 풀다운 메뉴는 SELECT태그와 OPTION태그를 이용하여 구현한다. 말 그대로 SELECT는 사용자가 선택할 복수개의 정답이 풀다운 방식으로 화면에 나타내 주는 태그이고, OPTION은 그 SELECT 태그로 나타낼 각각의 항목을 정의하는 태그이다.

표 11-24 풀다운 메뉴

기능	태그
항목 나열 태그	〈SELECT〉
선택 항목 내의 옵션 리스트	〈OPTION〉

❶ 풀다운 메뉴 입력양식

아래 태그처럼 SELECT태그에 이 메뉴방식의 이름을 지정하고, OPTION태그에는 풀다운 메뉴에 나타나는 각각의 항목을 정의하면 된다.

```
〈HTML〉
  〈head〉
    〈title〉풀다운 메뉴 : 서울 주소〈/title〉
  〈/head〉
  〈body〉
      〈SELECT NAME="list1"〉
                〈OPTION〉 강남고 〈/OPTION〉
                〈OPTION selected〉 강동구 〈/OPTION〉
                〈OPTION〉 송파구 〈/OPTION〉
                〈OPTION〉 은평구 〈/OPTION〉
                〈OPTION〉 노원구 〈/OPTION〉
      〈/SELECT〉
  〈/body〉
〈/HTML〉
```

이 태그를 수행하면 화면에 다음과 같은 풀다운 메뉴가 나타난다. 사용자는 마우스를 이용하여 화면에 나타난 항목 중에 하나를 선택하면 된다.

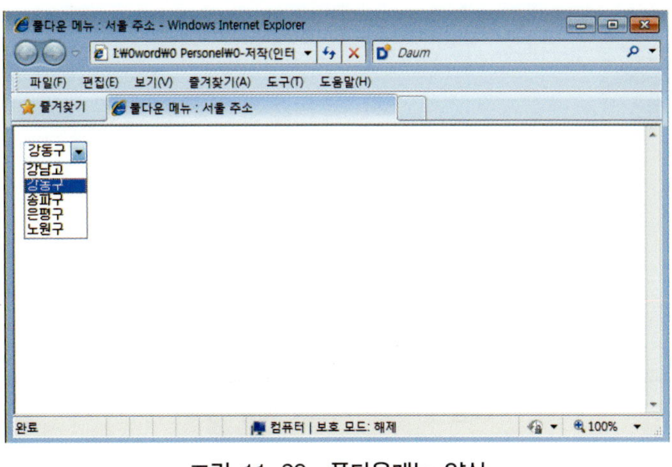

그림 11-39 풀다운메뉴 양식

❷ 리스트 메뉴 입력양식

리스트 메뉴는 풀다운 메뉴 화면에 스크롤바가 더해진 메뉴 방식이라고 이해하면 된다. 사용자는 이 스크롤바를 이용하여 화면을 위 아래로 이동하면서 자신이 선택한 내용을 클릭하면 된다.

```
<HTML>
  <head>
    <title>리스트 메뉴 : 서울 주소</title>
  </head>
  <body>
      <SELECT NAME="list1" size=5>
              <OPTION> 강남구 </OPTION>
              <OPTION selected> 강동구 </OPTION>
              <OPTION> 송파구 </OPTION>
              <OPTION> 은평구 </OPTION>
              <OPTION> 노원구 </OPTION>
              <OPTION> 영등포구 </OPTION>
              <OPTION> 금천구 </OPTION>
      </SELECT>
  </body>
</HTML>
```

이 태그를 실행하면 다음 그림과 같은 모습의 리스트메뉴가 나타난다.

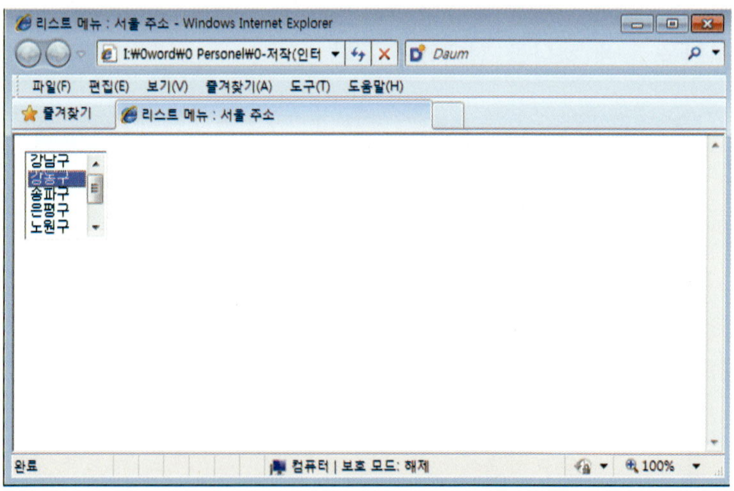

그림 11-40 리스트 메뉴 양식

(3) 메모 입력 양식

메모입력은 홈페이지에서 나만의 메모장이나 낙서장을 만들어서 단문이나 장문의 글을 쓰는 용도로 사용하는 입력 양식이다. 이때 사용되는 태그가 TEXTAREA이다. 이 태그를 활용하여 메모 텍스트를 입력해보자.

표 11-25 메모입력 양식

기능	태그
메모 텍스트 입력 태그	〈TEXTAREA〉 〈/TEXTAREA〉

이 태그의 속성으로는 다음 표와 같이 INPUT TYPE과 NAME, ROWS, COLS가 있다.

표 11-26 메모입력 양식의 속성

기능	속성
명령을 입력하는 버튼의 타입을 설정	INPUT TYPE
메모 텍스트 박스의 이름	NAME
텍스트 박스의 줄 수	ROWS
텍스트 박스의 열 수	COLS

❶ INPUT TYPE 속성 : 명령버튼 설정

메모필드를 다 입력한 후 사용하는 확인버튼과 재입력 버튼을 설정하는 속성이다.

예) INPUT TYPE="submit"은 메모필드 입력 후 확인 버튼을 보이는 것이고,
INPUT TYPE="reset"은 메모필드 입력 중에 재입력 버튼을 보이게 하는 속성이다.

❷ NAME 속성

〈TEXTAREA NAME ="memo"〉

이 속성은 memo라는 이름의 메모장을 화면에 표시한다.

❸ COLS 속성

메모박스의 열의 수를 설정한다.

〈TEXTAREA NAME ="memo" ROWS=12 COLS=50〉

이 속성은 memo라는 이름의 12줄, 50칸을 가지는 메모장을 화면에 표시한다.

❹ ROWS 속성

메모박스의 줄의 수를 설정한다.

```
<HTML>
  <head>
    <title>메모 입력 상자 : 독후감</title>
  </head>
  <body>
    독후감 입력란<P>
    <TEXTAREA NAME ="memo" ROWS=12 COLS=50>
      최근 읽은 책의 독후감을 여기에 적습니다.
    </TEXTAREA>
    <P>
    <INPUT TYPE="reset" VALUE="재입력">
    <INPUT TYPE="submit" VALUE="저장">
  </body>
</HTML>
```

이 태그를 수행하면 아래 그림과 같이 메모를 입력할 수 있는 메모장과 2개의 버튼을 가지는 화면이 실행된다.

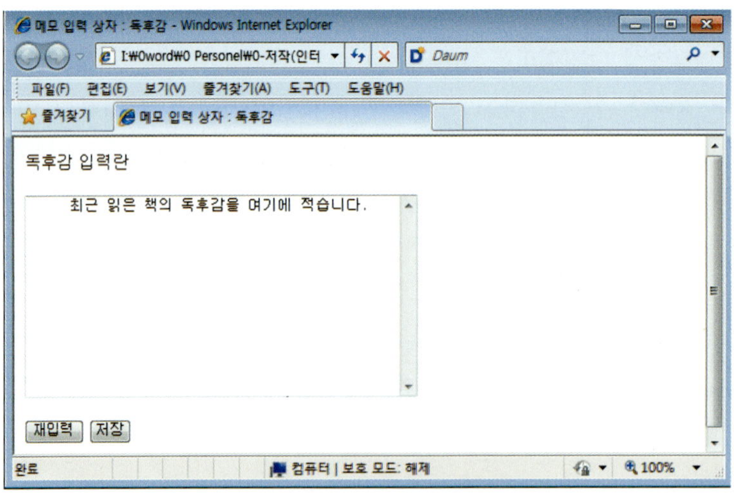

그림 11-41 사용자 메모 입력 화면

12 도메인, 호스팅 그리고 홈페이지 구축

CHAPTER

클라우드와 데이터베이스 시스템을 개발하고 제작할 때 반드시 인터넷 공간상의 서버와 클라우드 그리고 데이터베이스가 들어가야 한다. 그러기 위해서는 도메인과 호스팅이라는 개념이 필요하다. 도메인은 인터넷 공간상에서 어느 위치를 정할 수 있는 주소이고 호스팅은 일종의 비용을 지불함으로써 도메인주소와 서버의 내용이 거주하는 장소를 일컫는 말이다. 최근에는 내가 구매하거나 제작한 리얼머신을 인터넷 상에 위치시켜서 사용하는 방식보다 호스팅회사의 제품을 이용하는 것이 더 일반화 되었다.

12.1 도메인 등록

호스트가 인터넷에 접속하기 위해서는 유일한 IP 주소를 가져야 한다. 그러나 IP 주소는 최대 12자리의 아라비아숫자로만 구성되어 있어 사용하기가 쉽지 않다. 예를 들어 네이버 사이트에 접속할 때 네이버 서버의 IP 주소 202.131.30.11을 키보드로 입력해야 한다고 가정해보자. 숫자를 외우기도 어렵고 또한 입력하기도 어려울 것이다. 따라서 이런 IP 주소 대신에 우리는 영문으로 된 도메인주소를 사용한다. 여기서는 도메인 관련 지식에 관해 학습한다.

가. 도메인 네임 시스템(DNS)

도메인은 숫자로 이루어진 컴퓨터 주소를 사람이 이해하기 쉬운 영문으로 만든 이름(주소)을 의미한다. 인터넷 초기에는 숫자로 된 컴퓨터 IP 주소를 이용하여 사이트에 접속했지만 인터넷이 복잡해지고 접속된 컴퓨터의 수가 많아지면서 컴퓨터 이름, 조직, 조직의 종류, 국가의 이름순으로 계층적으로 구분된 도메인을 사용하기 시작했다. 국내에서 가장 많이 사용되는 도메인은 www.naver.com과 www.daum.net 등이 있고, 세계적으로는 www.google.com이나 www.facebook.com, www.youtube.com 등이 있다.

도메인을 컴퓨터가 이해 가능한 숫자로 된 주소(IP 주소)로 바꾸어주는 서비스를 DNS(Domain Name System)라고 한다. DNS가 있기 때문에 인터넷에 연결된 수많은 컴퓨터 중에서 내가 원하는 서버에 쉽게 접속할 수 있는 것이다. 도메인은 계층적으로 구성된다. 최상위 도메인은 '국가'를 의미하며, 미국의 경우에는 기관의 성격을 나타내는 .com이나 .gov를 사용한다.

그림 12-1 도메인 네임

(1) DNS 서비스의 구조

앞에서 말한 것처럼 호스트 컴퓨터의 도메인 네임을 실제 주소(숫자로 구성)로 변환해주는 서비스를 DNS(Domain Name System)라고 한다. 모든 호스트 컴퓨터는 자신의 도메인 네임을 영문자와 숫자(alpha-numeric)를 사용하여 구성해야 한다. 예를 들어 rose.first.co.kr과 같은 도메인 네임은 다음과 같은 의미를 가지고 있다.

〈TIP〉 **호스트(Host) 또는 호스트 컴퓨터(Host Computer)**
인터넷을 통해 다른 컴퓨터들과 쌍방향 통신이 가능한 컴퓨터로, 네트워크상의 다른 컴퓨터에 특정 서비스를 제공할 수 있는 컴퓨터

rose.first.co.kr

그림 12-2 도메인 구조

따라서 도메인 네임을 보면 해당 호스트가 어떤 기관에 소속되어 있고 또 어느 나라에 소속된 시스템인지 쉽게 파악할 수 있다. 표 12-1은 여러 가지 최상위 도메인 형태를 보여준다.

표 12-1 최상위 도메인

도메인	기관명	도메인	기관명
com	회사, 상업적 기관	kr	한국
edu	교육기관	jp	일본
gov	정부, 기관	uk	영국
net	네트워크 관련	cn	중국
org	비영리조직	ca	캐나다
mil	군	de	독일

표 12-2는 최상위 도메인의 하위 도메인인 서브 도메인이다. 주로 이 도메인이 어떤 기관(회사, 정부, 대학, 조작 등)인지 나타낸다.

표 12-2 서브 도메인

도메인	기관명
co	회사, 상업적 기관
ac	대학
go	정부, 기관
or	비영리조직
mi	군
seoul	서울지방 자체 도메인(국내)
hs	고등학교(국내)

DNS는 각 기관이 자율적으로 호스트에 이름을 할당할 수 있도록 설계되어 있으며, 권위가 있는 최상위 DNS 기관에 알리지 않고도 자기 예하의 도메인 네임을 교환할 수 있도록 구성되어 있다. 즉 'first'라는 회사 도메인을 만드는 것은 해당 도메인의 자유이고, 또한 다른 이름으로 마음대로 변경할 수도 있다.

(2) DNS의 구조

DNS는 계층적으로 구성되며, DNS를 구성하는 각 단계별 기관에는 자율성이 보장된다. 최상위 도메인은 DNS의 최상위 계층에 있으면서 바로 아래 서브 도메인과 거기에 소속된 호스트의 이름을 자율성을 가지고 관리(도메인의 추가/삭제/변경)한다.

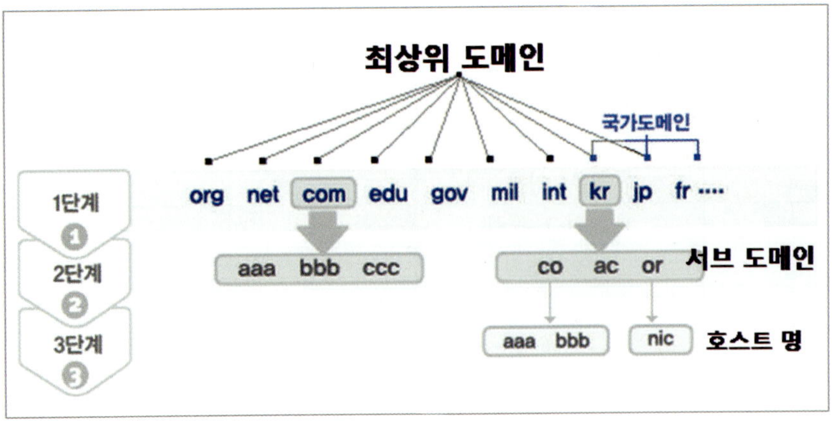

그림 12-3 DNS의 계층 구조

그렇다면 자율성을 가지고 도메인 네임을 구성한다는 것은 무슨 의미일까? 그림 12-3을 보면 최상위 도메인 중에 kr이 보이는데, 이것은 대한민국을 대표하는 최상위 도메인이다. 이 kr도메인의 관리기관은 한국인터넷진흥원(www.kisa.or.kr)으로 이름만 중복되지 않으면 aaa, bbb라는 회사의 도메인이나 nic라는 기관의 도메인을 마음대로 생성할 수 있다.이것이 자율성이다.

이렇게 계층화된 DNS 구조에서 인터넷 주소의 변환을 요청하는 컴퓨터는 클라이언트가 된다. 클라이언트는 주소 변환 요청을 메시지에 담아서 자기 상위의 DNS 서버에게 전송을 하고, 상위의 DNS 서버는 이러한 결과에 대해서 메시지 형태로 클라이언트에게 전송한다.

그렇다면 DNS의 구조는 어떻게 만드는 것이 가장 효과적일까? 네트워크 시스템을 관리하는 사람의 입장에서는 전 세계 도메인을 아우르는 단일 도메인 서버를 두는 것이 효과적이다. 그러나 이러한 단일 시스템의 구성은 네트워크의 성능 저하를 초래하는 요인이 될 수도 있다. 전 세계에 있는 수많은 인터넷 사용자가 DNS 서비스를 요청할 경우 하나의 서버로 이를 감당한다는 것은 불가능하기 때문이다.

또한 도메인 내에서 새로운 호스트에 대한 변경된 정보가 있을 때마다 데이터베이스가 업데이트되어야 하는데, 전 세계의 수없이 많은 호스트를 업데이트하는 것 또한 불가능하기 때문이다. 이런 이유로 DNS는 계층적으로 분산되도록 설계되었다. 즉 하나의 도메인 서버는 자신에게 포함되어 있지 않은 도메인 네임을 찾기 위해, 또 다른 도메인 서버에게 연결되어 있는 것이다. 이 서버 간의 상호작용이 DNS 시스템이다.

(3) DNS 서버의 형태

DNS 서비스를 제공하는 서버를 'DNS 서버' 혹은 '네임 서버'라 한다. 네임 서버는 IP 주소와 도메인 네임을 1:1로 연결시켜 저장해두었다가 클라이언트가 도메인 주소를 통해 접근할 때 이를 IP주소로 해독하여 원하는 컴퓨터에 접근할 수 있도록 해준다. 네임 서버는 제1서버, 제2서버, 캐시서버로 구분한다.

제1서버는 해당 도메인을 관리하는 주네임 서버이고, 제2서버는 특정 도메인에 대한 백업을 유지하는 서버이다. 제2서버는 다수가 존재할 수 있으며 제1서버가 비정상 운행될 때 또는 부하를 분산시킬 때 운영된다. 보통 도메인을 관리하기 위해서는 제1서버, 제2서버가 필요하다.

제2서버는 제1서버가 다운되었을 때를 대비하여 운영된다. 그렇기 때문에 도메인을 운영하기 위해서는 최소 2대(제1서버, 제2서버) 이상의 네임서버가 요구된다. 기술적으로 고장이 나지 않는다면 제1서버만으로도 운영이 가능하므로, 인터넷 주소의 변환 서비스를 요청하는 클라이언트에서는 제1서버와 제2서버를 구분하지 않고 서비스를 요청한다.

한편 캐시서버는 도메인에 대한 총괄적인 데이터는 관리하지는 않고, 주소 변환만을 처리해준다. 만약 어느 회사의 제1서버와, 제2서버가 모두 본사에 위치한다고 할 때, 지사에 위치한 네트워크 사용자들의 도메인 주소변환 요청까지 본사에 있는 서버로 하게 되면 상당한 지연(delay)이 발생한다. 또 본사 네트워크가 고장 나면 지사에서도 인터넷 사용이 불가능해진다. 따라서 이런 경우에는 지사에 캐시서버를 운용함으로서 보다 더 효과적으로 네트워크를 활용할 수 있게 된다.

나. 도메인 구매

기관이나 개인의 홈페이지나 쇼핑몰을 만들려면 먼저 도메인을 구매해야 한다. 예를 들어 지금 만들고 있는 쇼핑몰의 이름을 bestshop.com으로 하고 싶다면 bestshop.com이라는 도메인을 구매해야 된다. 도메인을 판매하는 회사는 많지만 그중에서 많은 사람들이 사용하는, 후이즈(Whois), 카페24(Cafe24) 가비아(Gabia) 등이 있다. 이 절에서는 후이즈 사이트에서 유료로 도메인을 구매해 볼 것이다.

도메인 네임을 지을 때는 다음과 같은 규칙을 지켜야 한다.

- 영문자[A-Z][a-z], 숫자[0-8], -(하이픈) 기호만 사용할 수 있다.
- 영어 대소문자를 구별하지 않으며 이름은 -(하이픈)으로 끝날 수 없다.
- 각 도메인 네임에서 각 항목 길이는 최소 2자에서 최대 63자이다.
- 도메인 네임 최대 길이는 구분자인 점(.)을 포함하여 255자이다.

최근에는 국제 시장을 겨냥해 국제 쇼핑몰을 개설하는 경우가 많아지고 있다. 이때 COM, NET 등 특정 국가에 속하지 않은 도메인은 해외나 국내의 도메인 판매회사를 통해 구매가 가능하다. 그러나 해외 도메인회사를 통해 등록할 경우 등록비와 매년 납부할 도메인 유지비가 외국으로 빠져나가게 되고, 특히 영어에 익숙하지 않다면 세부 정보를 변경할 때 어려울 수 있으므로 되도록 국내 도메인회사의 이용을 권한다.

잠깐 !

Q : 도메인을 등록할 때 IP 주소가 필요한가?

A : 도메인을 등록할 때 IP 주소를 부여할 필요는 없다. 해당 도메인 사용 권한만을 구매하는 것이므로, IP 주소는 이후 인터넷 회선을 임대할 때 ISP(인터넷 회선 임대 회사)에서 할당받으면 된다.

Q : 등록한 도메인에 홈페이지를 어떻게 연결하나?

A : 도메인 네임은 인터넷상의 특정 컴퓨터를 찾아가기 위한 주소이다. 그러므로 도메인을 이용하여 나의 홈페이지를 구축하려면 우선 홈페이지를 구성하는 HTML 프로그램을 인터넷에 연결된 서버 컴퓨터에 전송해야 한다. 이를 위해 서버를 구축하고 인터넷 전용선에 접속해야 하는 등의 추가 작업이 필요하다. 대부분 직접 서버를 구축하기보다는 서버의 일정 공간을 임대 받아 자신의 홈페이지를 올리게 되는데 이를 '웹 호스팅'이라고 한다. 다음 절에서 자세히 설명할 것이다.

(1) 주요 도메인 구매 업체

이제 도메인 구매 업체를 통해 구매하는 절차에 대하여 알아본다. 먼저 대표적인 도메인 구매 업체인 후이즈, 카페24, 가비아에 대해 간단히 살펴보자.

후이즈(http://whois.co.kr)

후이즈는 대표적인 국내 도메인 구매업체로 신규 도메인 등록에서부터 호스팅, 홈페이지 제작, 쇼핑몰 제작 등을 제공하는 종합적인 인터넷 기업이다. 홈페이지에 들어가면 구매를 원하는 도메인을 검색하는 메뉴가 있으며, 검색해서 즉시 도메인을 구매할 수 있다.

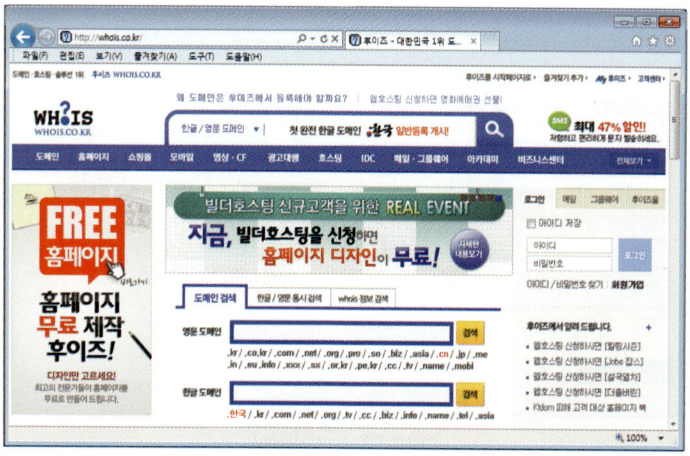

그림 12-4 후이즈

카페24(http://www.cafe24.com)

카페24는 도메인 등록, 쇼핑몰 제작과 운영, 호스팅, 쇼핑몰 마케팅을 제공하는 종합 인터넷 기업이다. 아주 저렴한 비용에 쇼핑몰과 홈페이지용의 서버 호스팅을 제공하기 때문에 많은 쇼핑몰 운영자가 애용하고 있다.

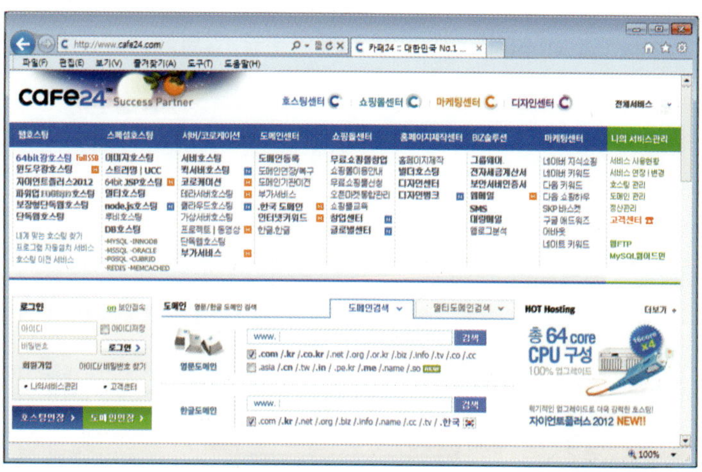

그림 12-5 카페24

가비아(http://www.gabia.com)

가비아는 카페24나 후이즈와 동일하게 도메인을 등록해주고, 메일이나 홈페이지 서비스를 제공한다. 마찬가지로 도메인의 등록, 홈페이지 구축 그리고 쇼핑몰과 서버 호스팅을 제공한다.

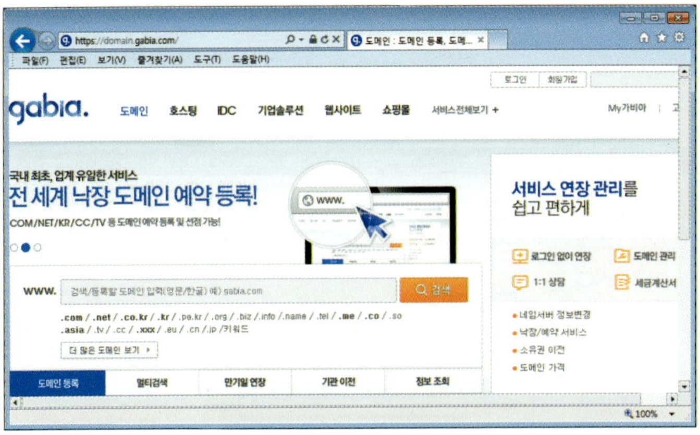

그림 12-6 가비아

(2) 유료 도메인 구매

도메인 구매업체 중에서 어느 것을 이용해도 상관없으나, 여기서는 후이즈 사이트를 이용하여 도메인을 구매하는 절차를 알아본다. 도메인 구매와 등록 절차는 거의 모든 회사가 동일하다.

① 인터넷 브라우저 주소창에서 whois.co.kr을 입력하고 후이즈 사이트로 이동한다.

② 구매를 희망하는 도메인 네임을 후이즈에서 검색한다. 중앙의 [영문 도메인] 검색창을 이용하면 된다. 'bestshop.com'이라는 이름의 도메인명을 입력하고 〈검색〉 버튼을 클릭한다.

그림 12-7 도메인 검색

③ 검색한 결과 구매를 원하는 도메인이 등록 불가 상태이다. 이미 누군가가 이 도메인을 소유하고 있는 것이다. 해당 도메인의 〈정보보기〉 버튼을 클릭하면 누가 이 도메인을 이용하고 있는지 알 수 있다.

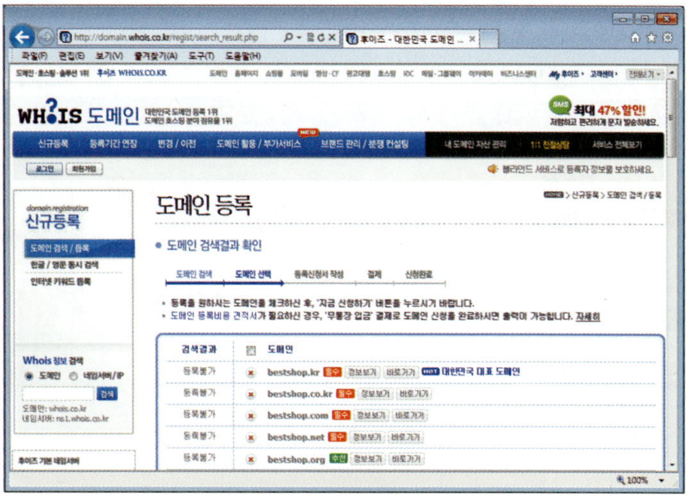

그림 12-8 도메인 검색 결과

④ 〈정보보기〉 소유자는 NETWORK SOLUTIONS, LLC이고, 소유권 만료일은 2014년 6월 23일인 것을 알 수 있다.

그림 12-9 도메인 소유자 정보 보기

⑤ 이처럼 갖고 싶은 도메인이 이미 사용 중이라면 다른 도메인을 이용해야 한다. bestshop.com을 구매할 수 없으니, bestshop365라는 도메인 네임으로 다시 검색해보자.

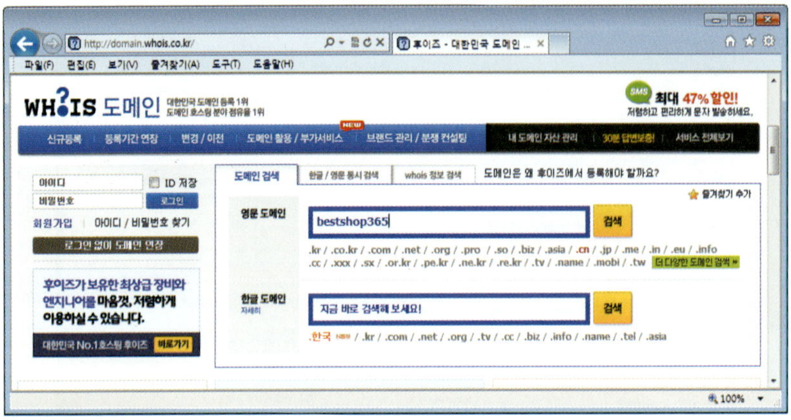

그림 12-10 도메인 재검색

⑥ bestshop365.com의 상태는 [등록가능]이다. 아래 그림을 보면 bestshop365.com뿐만 아니라 우리나라 도메인 bestshop365.co.kr, 중국 도메인 bestshop365.cn 그리고 일본 도메인 bestshop365.jp까지 지금 구매가 가능한 상태라는 것을 알 수 있다.

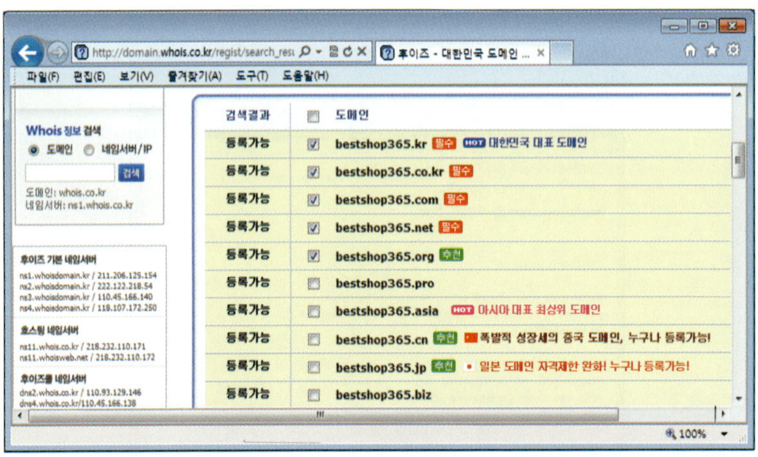

그림 12-11 도메인 재검색 결과

⑦ 구매를 원하는 bestshop365.com에 체크박스를 클릭하고, 화면을 가장 아래 부분으로 이동하여 〈지금신청하기〉 버튼을 클릭하면 이 도메인 네임을 구매하기 위한 페이지로 이동한다.

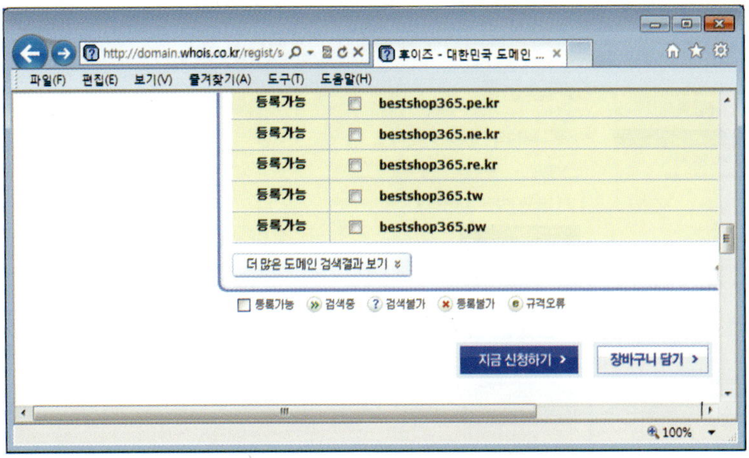

그림 12-12 도메인 등록

⑧ 이제 도메인 등록신청서를 작성해야 한다. 도메인 등록(소유)기간을 1년, 2년, 혹은 10년으로 정할 수 있다. 등록 기간을 결정한 후 화 하단에 등록자 정보와 연장책임자 정보도 같이 수정한다. 선택이 끝나면 〈다음단계로〉 버튼을 클릭한다.

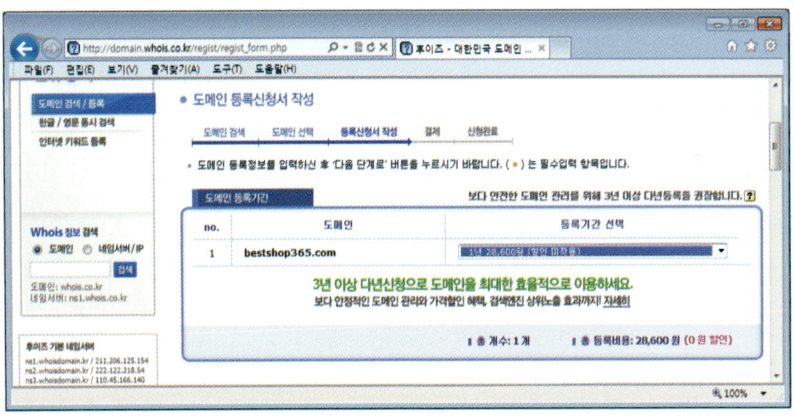

그림 12-13 도메인 소유 기간 설정

⑨ 이어서 소유한 카드정보나 기타 결재수단 정보를 입력 하면 해당 도메인의 소유권을 도메인 신청기간 만큼 소유할 수 있다.

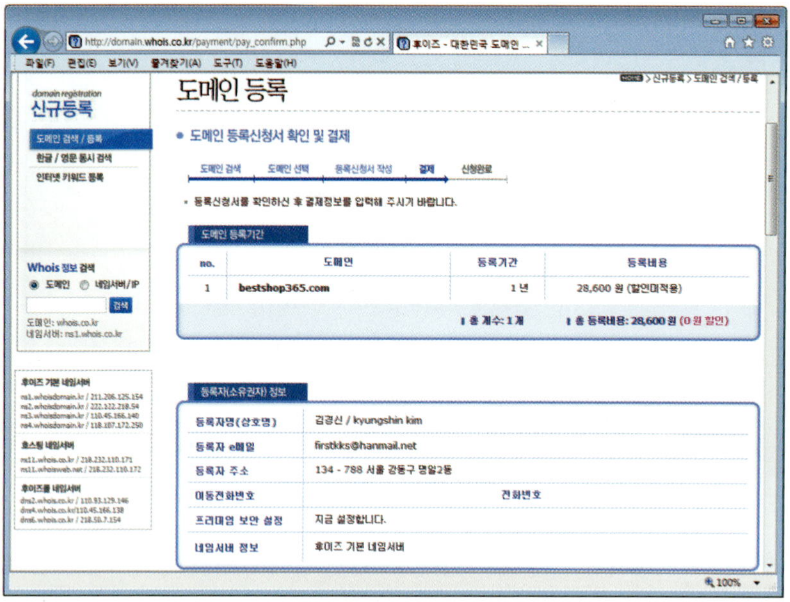

그림 12-14 도메인 결재

(3) 무료 도메인 구매

위에서 실습한 것처럼 상용(business)으로 사용할 도메인은 후이즈나 카페24등에서 유료로 구매하여 사용한다. 그러나 개인적으로 사용하거나 비영리 목적의 홈페이지를 만들 경우에는 무료 도메인을 구입하여 사용하는 경우가 많다. 단 무료 도메인의 경우 인터넷 접속 상태가 고르지 않을 경우도 있고, 또 다른 불안정한 요소가 발생할 수 있다는 단점이 있다. 무료 도메인은 dot.tk, co.cc, wo.to 등이 대표적인데 한글 도메인을 제공하는 회사도 있다. 이 실습에서는 사용하는데 큰 문제가 없고, 지속적으로 안정적인 서비스를 받을 수 있는 대표적인 무료도메인 서비스인 dot.tk에서 도메인 네임을 등록해보겠다.

① 무료 도메인 서비스 회사인 http://www.dot.tk에 접속하고, 화면 우측 상단의 〈나의 Freenom에 로그인〉 버튼을 클릭하여 계정을 등록하고 로그인한다. 만일 영어로 보인다면 한국어로 변경하면 된다.

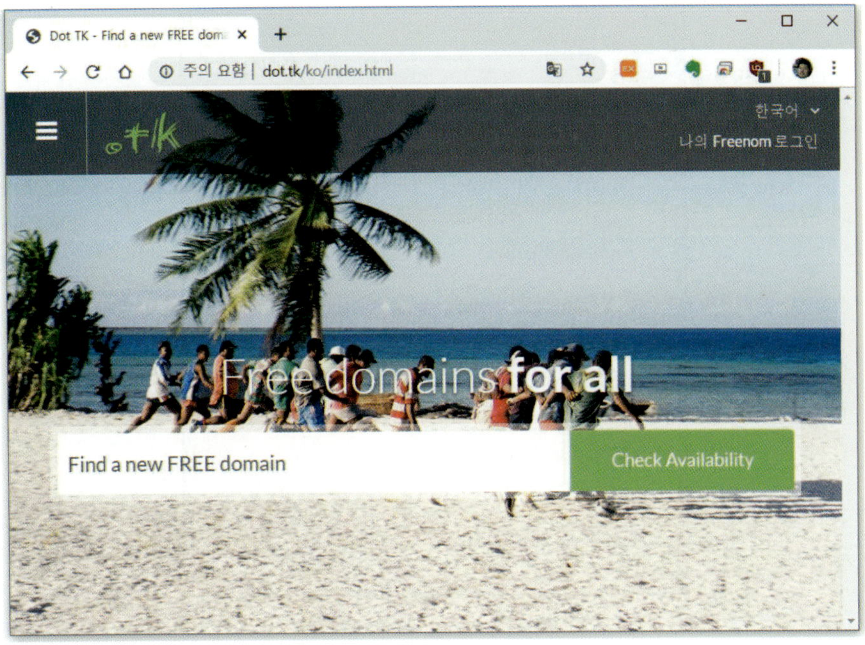

그림 12-15 dot.tk 홈페이지

② dot.tk는 회원가입이 필요 없다. 구글, 페이스북 그리고 야후 등의 계정으로 로그인이 가능하기 때문이다. 계정이 없다면 구글 등에 가입한 뒤 진행한다. 여기서는 구글 계정으로 로그인 한다. [Google]을 클릭하면 구글 계정으로 〈Sign in〉을 할 수 있는 창이 나타난다.

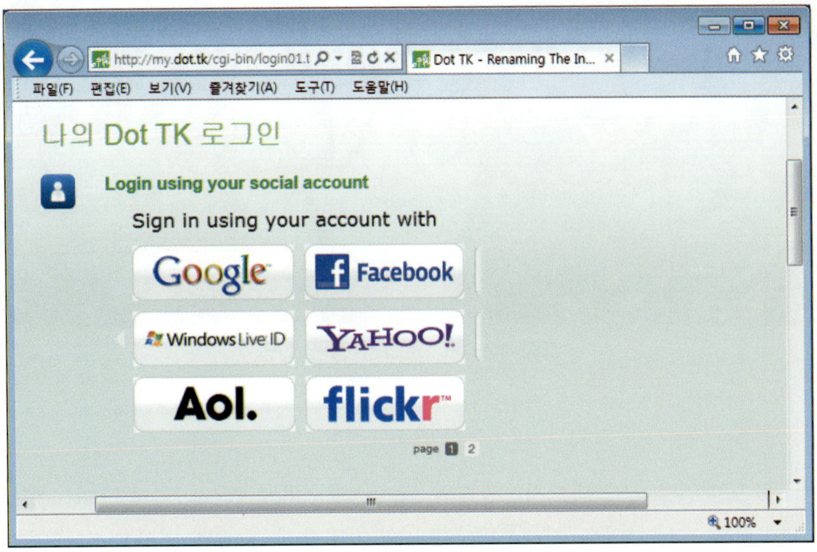

그림 12-16 소유하고 있는 계정으로 로그인

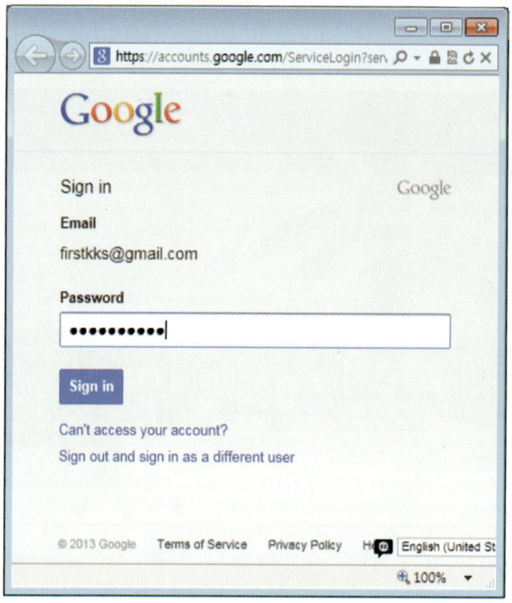

그림 12-17 구글 계정으로 로그인

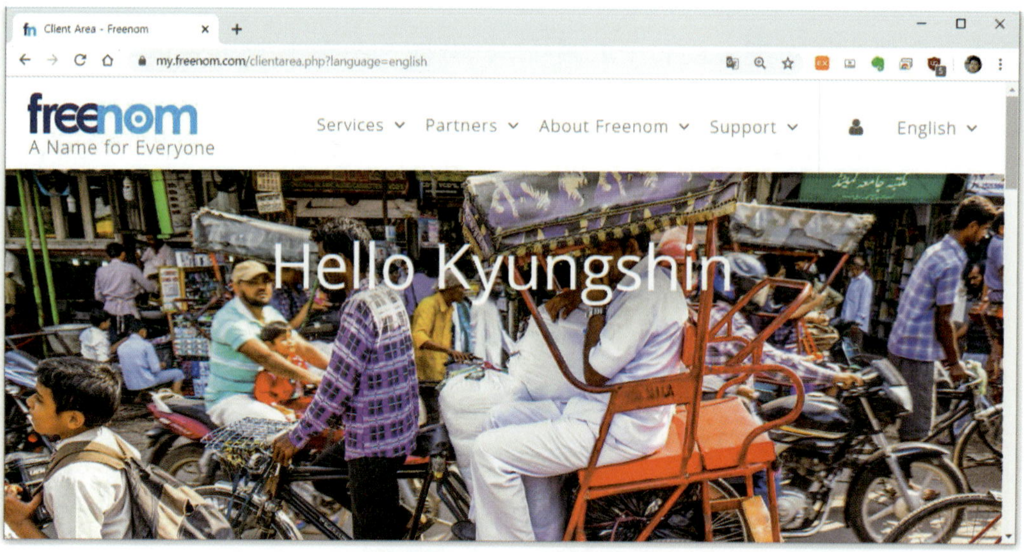

그림 12-18 로그인 성공 화면

③ 이제 무료로 도메인을 구입해보자. 메뉴의 [Services] - [Register a New Domain]을 선택하고, 소유를 희망하는 도메인명을 검색한다. 텍스트 입력란에 구매를 원하는 도메인명을 입력하고 [Check Availability] 버튼을 클릭하면 된다.

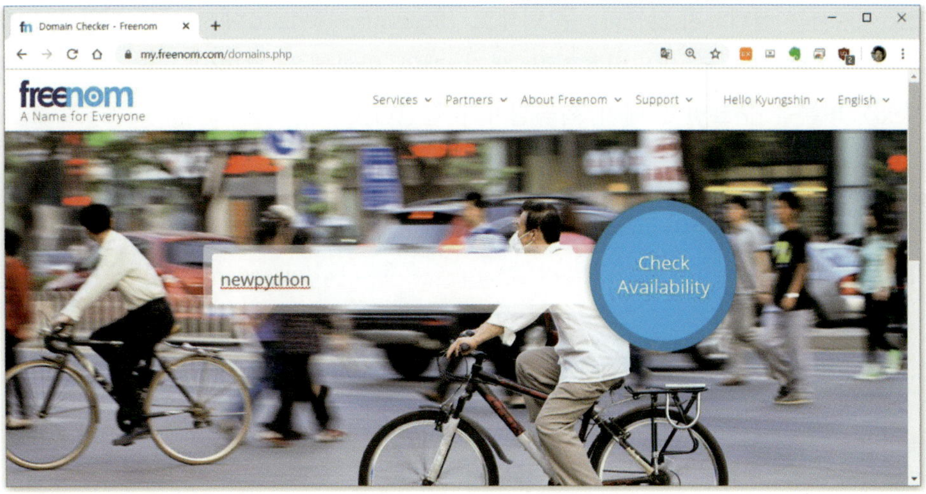

그림 12-17 도메인 검색

④ 이제 원하는 도메인을 검색해보자. 'newpython'를 검색했더니 아직 사용 중이지 않은 도메인으로 등록이 가능했다. [Free Domain]은 무료이고 [Paid Domain]은 유료이다. 여기서는 [Free Domain]을 선택하고 〈Next〉 버튼을 클릭해서 무료로 도메인을 획득한다.

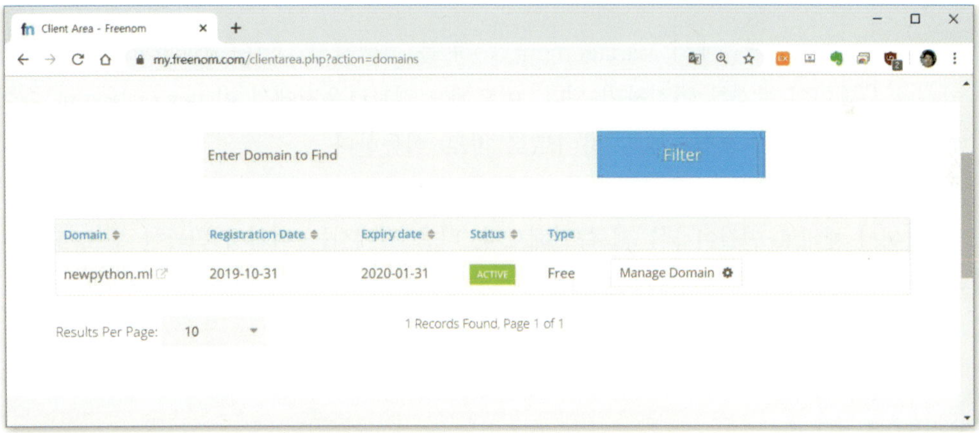

그림 12-18 Free Domain 성공화면

⑤ 도메인 연결 절차 화면을 살펴보자. 〈Manage Domain〉은 무료 도메인에 기존의 웹 사이트를 연결한다는 뜻이다.

여기서는 저자의 네이버 블로그(mobile.ck.ac.kr)를 연결했다. 만일 개인 홈페이지나 유료 도메인주소가 있다면 그 주소를 입력하면 된다. [Use DNS for this domain]와 [Use this domain for TK Mailias only]는 기존에 알고 있는 도메인 서버에 연결할 때 사용하는 기능이므로 여기서는 선택하지 않는다. 두 번째로 〈Registraion length〉에서 사용 기간을 12개월로 설정한다. 마지막으로 비밀번호처럼 생긴 랜덤 알파벳을 화면에 나온 대로 입력하고 〈Next〉 버튼을 누르면 도메인 획득절차가 끝난다.

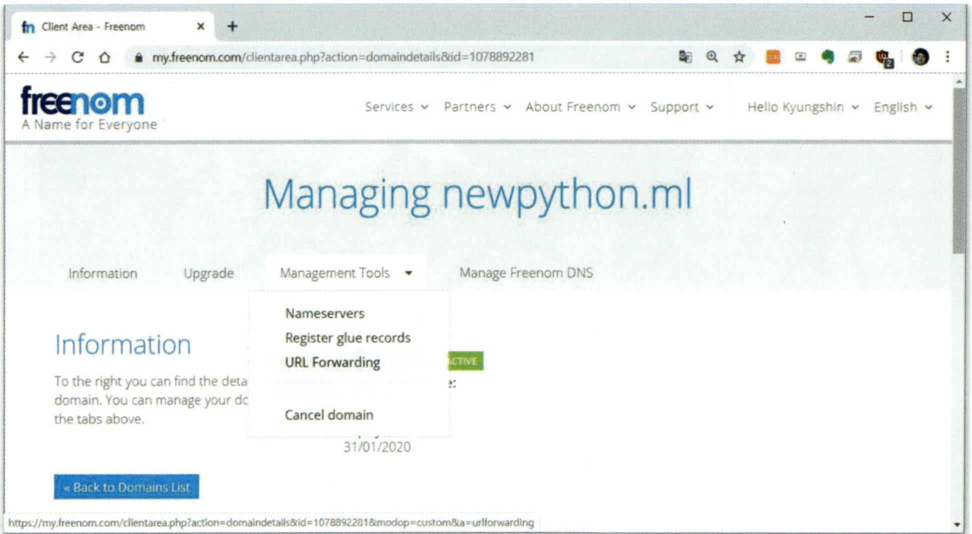

그림 12-19 도메인 등록 정보 입력

⑥ Manage Domain 메뉴에서 Management Tools를 선택하고 URL Forwarding을 선택하여 카페나 도메인의 주소를 연결하면 된다. 이후에는 웹브라우저에서 이 newpython.nl 주소를 입력하면 자신이 연결시켜놓은 사이트로 바로 이동한다.

브라우저에서 제대로 연결이 되는지 확인해보자. 다음 절에서는 여기서 획득한 무료 도메인을 이용하여 개인 홈페이지를 만들어보자.

연습문제 12-1

(1) 도메인 정책에서 최상위도메인(Top Level Domain)은 무엇이 있나요?

(2) 도메인 중에서 서브도메인은 무엇인가요?

연습문제 12-2

(1) 대한민국의 인터넷 도메인 정책을 수립하고 관리하는 기관은 어디인가요?

(2) 도메인관리를 위한 서버 중에서 네임서버와 캐시서버의 차이점에 관하여 설명하세요.

12.2 호스팅

현대의 인터넷 비즈니스 환경에서는 회사 홈페이지와 메일 계정이 반드시 필요하다. 독자적인 홈페이지 주소가 없다면 홍보가 불가능해지고 신뢰감도 얻을 수 없기 때문이다. 호스팅 서비스는 인터넷 홈페이지와 서버를 대신 운영해주는 서비스로, 별도로 서버나 홈페이지를 장만하기 어려운 개인이나 개인 사업체가 많이 이용한다. 그러나 이러한 것을 갖추는 것은 말처럼 쉽지가 않다. 이때 필요한 것이 호스팅 서비스다. 이 절에서는 이러한 호스팅의 정의와 종류 그리고 무료로 도메인 호스팅 서비스를 받는 방법에 관하여 학습한다.

www.도메인.co.kr이나 www.도메인.com 등의 사이트 중 약 90% 가량이 호스팅 서비스를 이용한다는 통계가 있다.

가. 호스팅 서비스란?

호스팅이란 인터넷 사업자가 자신이 소유한 대용량의 서버 중의 일부를 고객에게 할당하고, 사용자가 이를 이용하여 홈페이지를 운영할 수 있도록 해주는 서비스를 말한다. 이를 통해 사용자는 웹 서버의 관리는 물론 초고속 전용선까지 저렴하게 이용할 수 있으므로 서버 구매비와 회선 사용료의 부담을 줄일 수 있다. 최근에는 도메인 등록의 대행이나 전자우편 계정, FTP와 텔넷(telnet) 계정 그리고 각종 데이터베이스를 제공하는 것은 물론 게시판과 방명록, 웹 프로그램 등도 지원하고 있다.

대용량의 고속 인터넷 접속 전용 회선을 가진 호스팅 서비스 업체는 직접 서버와 전용회선을 운영하기 어려운 개인이나 업체에게 홈페이지 공간을 주고 자체 도메인을 쓸 수 있도록 해준다. 호스팅 서비스의 유형에 대해서 살펴보자. 가장 널리 사용되는 웹 호스팅에서부터 사용자 소유의 서버를 위탁 운영하는 서버호텔을 하나씩 알아보자.

(1) 웹 호스팅

웹 호스팅은 자기 도메인을 이용하여 홈페이지를 운영하고 싶은데 서버 컴퓨터가 없는 사람들을 위해 생겨난 서비스이다. 사용자는 웹 호스팅 업체에 매월 일정액을 내고 서버의 일부 공간을 빌려 사용한다. 이는 사용자 입장에서는 저렴한 가격에 홈페이지를 관리할 수 있고 게시판, 방명록 등 어려운 기능을 쉽게 구현할 수 있도록 해주며 서버 제공업체의 홈페이지를 통해 방문객도 늘릴 수 있는 장점을 가지고 있다.

(2) 서버호텔(Server Hotel)

서버호텔은 기업의 인터넷 서버컴퓨터를 한곳에 유치하여 관리해주는 서버 입주 공간 임대서비스를 말한다. 대규모 인터넷 데이터센터를 설립한 뒤 호텔처럼 SOHO(Small Office Home Office) 사업자나 기업의 서버를 입주시켜 대신 관리해주는 서비스이다. 서버호텔은 기업들의 서버 컴퓨터를 맡아 대신 관리해주는 코로케이션(CoLocation)과 서버를 통째로 빌려주는 전용서버 호스팅으로 나눌 수 있다.

▍코로케이션(CoLocation)

코로케이션이란 자신이 소유한 서버를 위탁, 관리할 수 있는 전산소 내의 공간을 임대받는 서비스를 말한다. 이를 통해 비용을 절감하면서 자체 전산실을 운영하는 것처럼 자신의 서버를 직접 운영할 수 있는 장점을 가지고 있다.

▍전용 서버 호스팅

전용서버 호스팅은 데이터센터 소유의 서버를 통째로 임대받는 서비스이다. (코로케이션은 내 서버를 사용하고, 서버를 위치시키는 공간만을 빌리는 것이다) 하나의 서버를 여럿이 사용하는 웹 호스팅에 비해 비용은 비싸지만 서버의 응답속도와 데이터 전송 속도도 뛰어나다. 따라서 서버 호스팅은 서버를 직접 운용하는 것과 비교했을 때 경제성이 높고 컴퓨터의 유지보수비용과 네트워크 서비스 비용을 절약할 수 있다.

이러한 서버호텔 방식을 이용하면 기업에서 직접 서버를 관리할 때보다 회선 비용이 저렴하고 전기 및 온도와 습도 관리 등의 유틸리티 비용도 절약되므로 기업 고객에 매우 유리하다. 또한 외부의 해킹 등으로부터 보호하고 관리해주는 보안 기능, 정전시에도 고품질의 인터넷 서비스를 계속 제공할 수 있고 특히 서버를 기간망에 직접 연결하기 때문에 홈페이지의 접속속도도 훨씬 빠르다는 장점이 있다.

나. 주요 호스팅 서비스 업체

호스팅을 제공해주는 서비스 업체는 매우 많다. 이 중에서 개인 또는 기업의 홈페이지와 쇼핑몰을 위한 웹 호스팅, 서버 호스팅, 코로케이션을 저렴하고 안정적으로 제공하는 국내 대표 업체는 카페24, 가비아, 정보넷에 대해 간단히 알아보자.

▌카페24

카페24(http://www.cafe24.com)는 개인이 창업하거나 개설하는 쇼핑몰과 홈페이지 분야에 매우 많은 사용자를 가지고 있는 국내 대표적인 종합 인터넷 기업이다. 도메인 획득, 호스팅, 사이트구축 등 종합적인 인터넷 사업을 위한 각종 서비스를 제공한다.

그림 12-21 카페24 호스팅

▌가비아

가비아(http://www.gabia.com)는 카페24, 고도몰 등과 같이 중소규모 쇼핑몰, 홈페이지 구축, 그리고 호스팅을 서비스하는 대표적인 인터넷 서비스 업체다. 호스팅에서도 윈도우즈, 리눅스 등의 다양한 서버를 단독이나 공용으로 제공하고 있고 보안 서비스와 트래픽에 따른 유연한 네트워크 서비스도 제공한다.

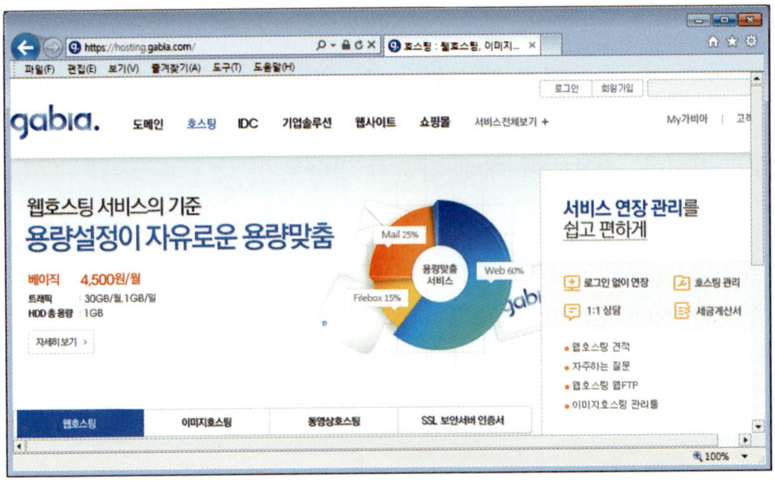

그림 12-22 가비아 호스팅

▌정보넷

정보넷(http://www.jungbo.net)은 중소규모 호스팅 서비스를 제공하는 사이트다. 그러나 다양한 부가서비스와 보안서비스를 갖추고 있고 쇼핑몰과 홈페이지를 구축하는 서비스도 제공한다.

그림 12-23 정보넷 호스팅

다. 호스팅 서비스를 이용한 서버구축

앞에서 설명한 국내 호스팅 업체 등은 모두 유료 서비스로 매월 일정액의 비용을 지불해야 한다. 여기서는 무료 서비스를 제공하고 있는 미국의 프리호스팅 사이트에서 도메인을 등록하고 개인 서버를 구축해보자.

무료 호스팅 서비스의 대표 사이트인 프리호스팅은 미국 업체이다. 무료임에도 불구하고 유료와 손색없는 도메인 서비스와 매우 안정적인 FTP 서비스, MySQL 데이터베이스 서비스까지 제공하고 있다.

① 프리호스팅 사이트(http://www.1freehosting.com)에 접속한 뒤 화면 왼쪽 하단의 〈Get Free Hosting〉 버튼을 클릭하여 무료회원으로 가입한다. 외국 사이트는 대개 이메일 주소와 비밀번호만으로 회원가입이 가능하다.

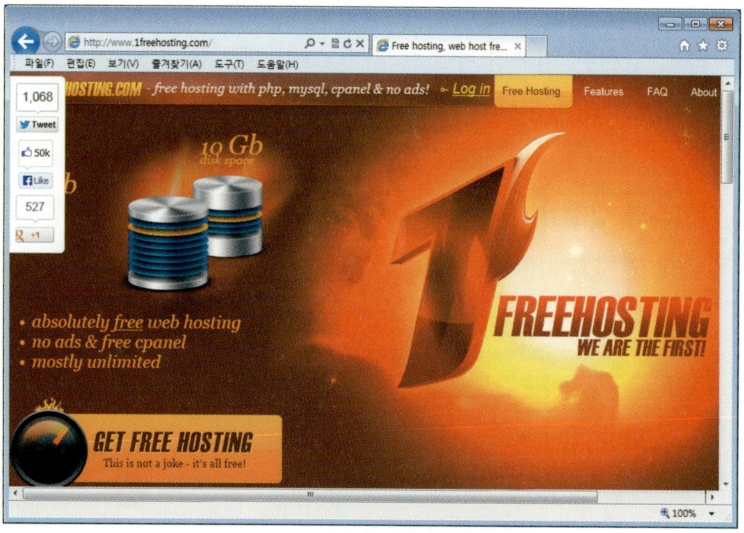

그림 12-24 프리호스팅 홈페이지

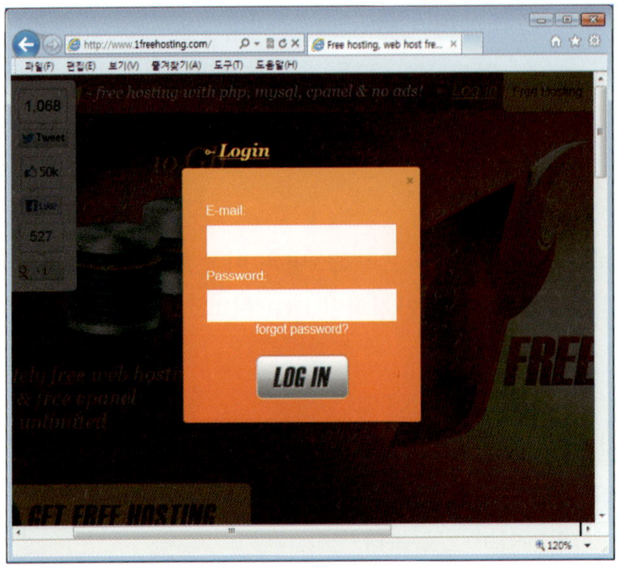

그림 12-25 프리호스팅 로그인

② 회원가입을 하면 입력한 이메일 주소로 가입 확인 메일을 받게 된다. 수신한 메일에서 가입을 확인하는 링크를 클릭하면 가입이 완료된다. 화면의 상단의 〈Log in〉을 클릭하여 로그인한다.

③ 웹 호스팅 서비스를 신청하는 화면에서 메인 메뉴의 [Hosting]을 선택하고 〈Create new account〉 버튼을 클릭한다.

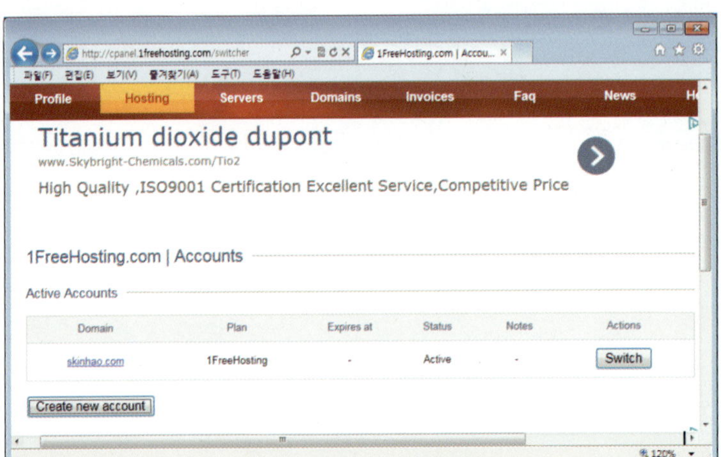

그림 12-26 프리호스팅 도메인 신청

그러면 〈Select Hosting Plan〉 페이지로 이동하는데, 여기서 〈Select〉 버튼을 클릭한다.

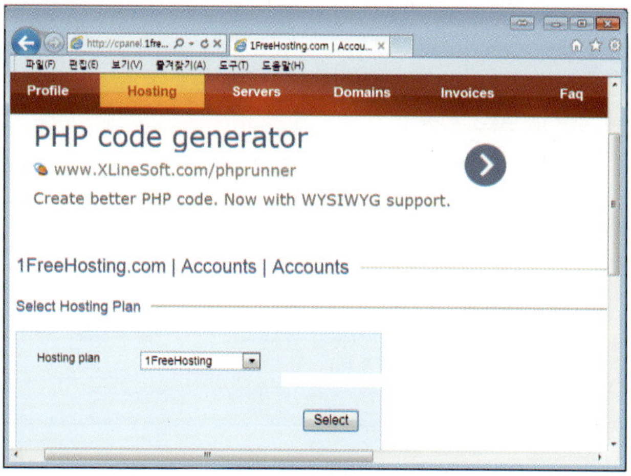

그림 12-27 호스팅 플랜 입력

④ 만약 본인의 상용 도메인을 가지고 있다면 [Domain]을 선택한 뒤 입력하고, 그렇지 않고 무료 도메인을 신청하려면 [Subdomain]을 선택한다. 여기서는 [Subdomain]을 선택하고, 무료 도메인인 fulba.com의 서브 도메인을 만들어보자. 각자 원하는 서브도메인명(mypage)입력하고 〈Create〉 버튼을 누른다.

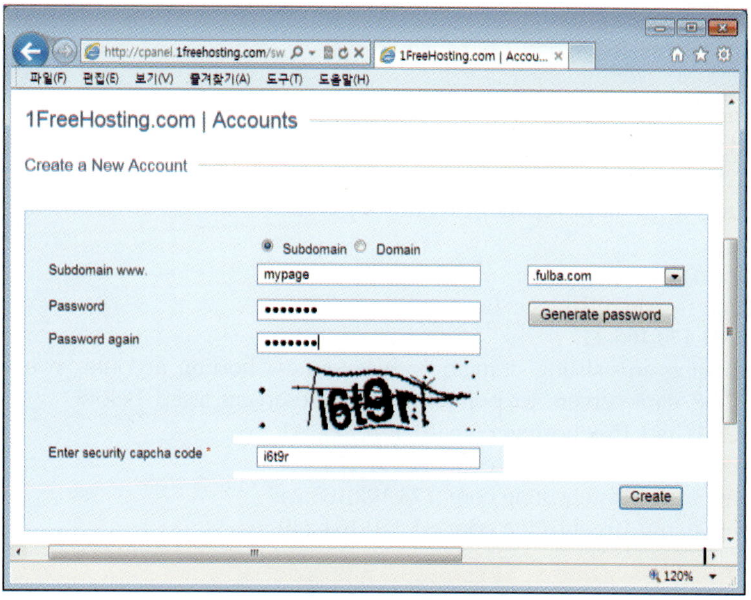

그림 12-28 프리호스팅 서브 도메인 신청

⑤ 다음과 같이 신청한 도메인 정보가 나타난다. mypage.fulba.com 주소를 갖는 나만의 홈페이지를 갖게 되었다.

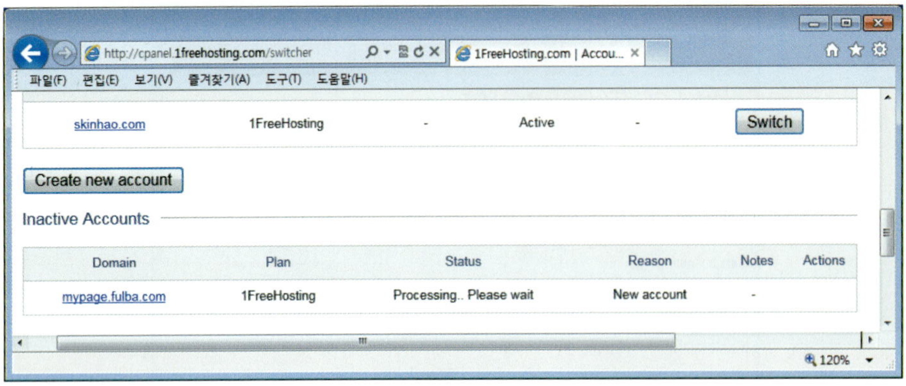

그림 12-29 프리호스팅 서브도메인 확인

⑥ 가입 신청할 때 등록한 이 메일을 열어보면 도메인 정보를 자세히 확인할 수 있다. 다음은 이 메일로 도착한 mypage.fulba.com 사이트의 정보이다. 이 사이트의 관리자로서 알아야 할 도메인 서비스 정보와 FTP 정보, 데이터베이스 정보 등이 적혀 있다.

New Account Information

Hosting Package: 1FreeHosting
Domain: **mypage.fulba.com**
IP Address: **93.188.160.3**

Control Panel Login Details
Email Address: update@ckuniv.ac.kr
Password: ●●●●●●●●●●
Control Panel URL: http://cpanel.1freehosting.com

Server Information
Server Name: server20.1freehosting.com
Server IP: 31.170.166.24
If you are using an existing domain with your new hosting account, you will need to update the nameservers to point to the nameservers listed below.
Nameserver 1: ns1.1freehosting.com 31.170.163.241
Nameserver 2: ns2.1freehosting.com 64.191.115.234
Nameserver 3: ns3.1freehosting.com 173.192.183.247
Nameserver 4: ns4.1freehosting.com 31.170.164.249

You may use one of the addresses given below manage your web site:

Temporary FTP Hostname: 93.188.160.3
Full FTP Hostname: **ftp.mypage.fulba.com**
FTP Username: **u551353397**
FTP Password: ●●●●●●●●●●●

⑦ 도메인 정보로 자신의 홈페이지를 관리할 수 있다. 다음은 파일질라 FTP를 이용하여 이 사이트에 접속 정보를 입력한 모습이다.

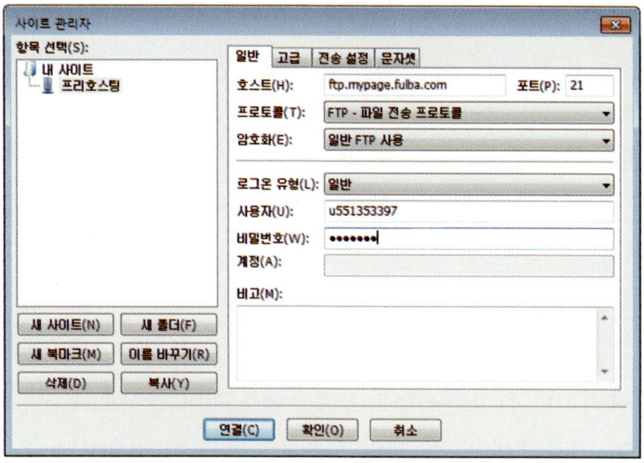

그림 12-30 프리 호스팅 인터넷 공간 접속

⑧ 각자 무료로 획득한 도메인 정보를 다음 표에 기록해보자.

표 12-3 프리호스팅 도메인 접속 정보

구분	실습 내용	내 정보
도메인(Domain)	mypage.fulba.com	
서버IP	93.188.160.3	
FTP 주소	ftp.mypage.fulba.com	
FTP 사용자명	u551353397	
FTP 비밀번호	●●●●●●	
FTP 포트번호	21	21

홈페이지를 표현하는 HTML이나 파일 송수신을 위한 FTP에 대해서는 다음 절에서 설명할 것이다. 특히 위의 과정처럼 임대받은 무료 호스팅 서버 공간에 접속하여, 필요한 파일을 송신하고 수신하는 방법에 관하여는 [실습 12-4]에서 자세히 설명할 것이다.

연습문제 12-3

서버호스팅 중에서 코로케이션과 전용서버호스팅의 차이점에 관하여 자세하게 설명하세요.

12.3 호스팅공간 홈페이지 구축

도메인이 어떻게 구성되는지 알아보고 도메인 호스팅 서비스를 이용하는 방법을 실습했다. 이 절에서는 앞서 획득한 도메인과 무료 호스팅 서버 공간을 활용하여 개인 홈페이지를 구축하는 방법을 알아본다. 그리고 무료로 획득한 도메인 주소에 간단한 HTML 프로그램을 입력하여 자신의 홈페이지를 구축해본다.

가. FTP 접속

개인 홈페이지를 구축하려면 작성한 HTML 프로그램을 서버 공간으로 전송시켜주는 FTP 프로그램과 간단한 HTML 프로그래밍, 웹 에디터 프로그램 등이 필요하다. FTP 프로그램으로는 '알FTP'와 '파일질라'가 널리 쓰인다. 그중 파일질라는 사용이 간편한 무료 소프트웨어이면서도 그 기능은 유료 상용 프로그램과 차이가 없을 정도로 매우 우수하기 때문에 사용자가 가장 많다.

FTP 프로그램인 파일질라를 이용하여 FTP 서버에 접속한 후 파일을 송신하는 과정을 실습해보자. 표 12-1에 기록한 도메인 접속 정보를 이용한다.

① 파일질라 공식 사이트(http://filezilla-project.org)에 접속한 뒤 메뉴의 [FileZilla]-[Download]를 클릭하여 클라이언트 다운로드 페이지로 이동한다. 화면 중앙의 녹색 〈Download Now〉 버튼을 클릭하면 파일질라 프로그램을 다운로드받을 수 있다.

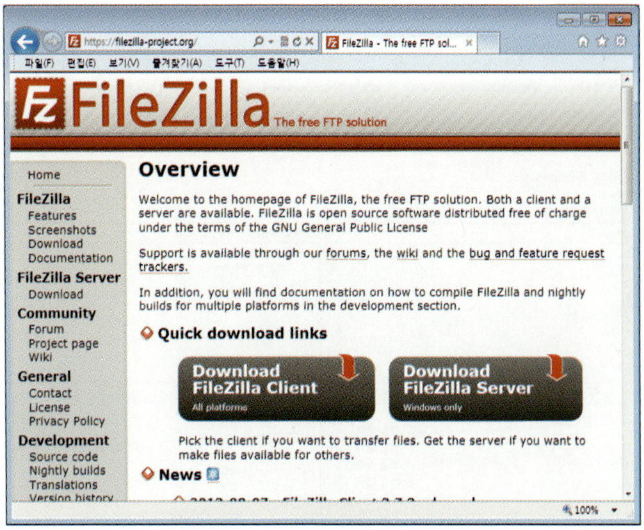

그림 12-31 파일질라 공식 사이트

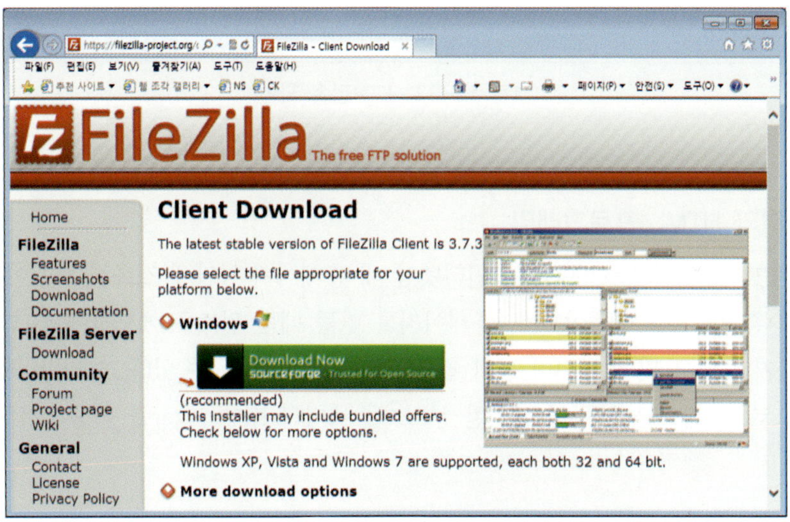

그림 12-32 FTP 접속 파일질라 사이트

② 다음은 정상적으로 설치된 파일질라 FTP 프로그램으로 서버에 접속한 모습이다. [표 12-1]에 작성한 도메인 접속 정보로 호스팅한 나의 공간에 접속할 수 있다. FTP 주소와 사용자명, 비밀번호를 올바르게 입력한 뒤 〈빠른연결〉 버튼을 클릭한다. 화면 오른쪽 창이 인터넷상의 내 서버 공간이고, 왼쪽 창이 작업하고 있는 PC이다.(public_html은 웹 서버의 시작 폴더명이다.)

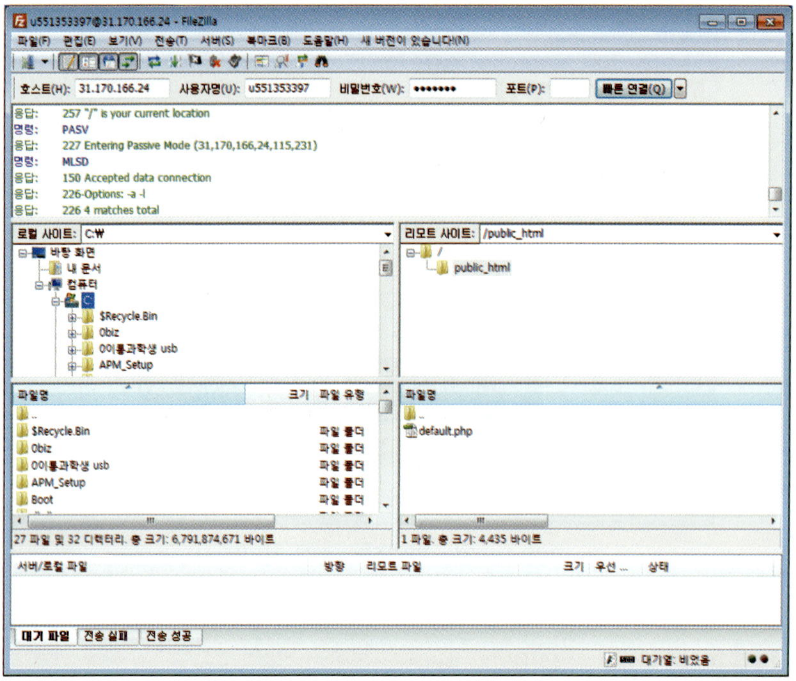

그림 12-33 FTP접속 확인

나. 웹에디터와 HTML 프로그래밍

정상적으로 FTP 프로그램을 이용하여 인터넷상 내 홈페이지 공간에 접속했다면 이제는 HTML을 작성해서 홈페이지를 만들어보자. 홈페이지를 만들 때는 윈도우 메모장에서 HTML 코드를 직접 작성하거나 나모 및 드림위버 등의 전용 에디터를 이용할 수 있다. 하지만 초보자에게는 쉽지 않으므로, 여기서는 앞에서 설치한 무료 웹 에디터 Kompozer를 이용해서 홈페이지를 만들어보자.

(1) 웹 에디터 실행

다음은 콤포저를 실행한 모습이다. 화면 오른쪽 창에 HTML 코드 혹은 일반 텍스트로 홈페이지를 작성할 수 있고, 미리보기를 통해 HTML이 실행된 모습을 미리 확인할 수 있다.

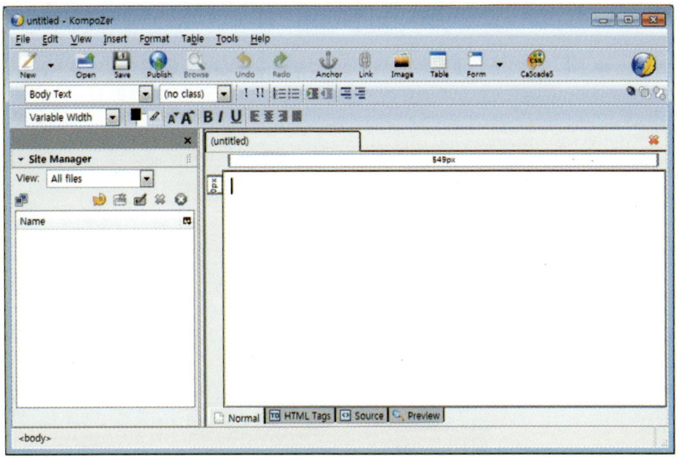

그림 12-34 KompoZer 실행

(2) HTML 프로그래밍

간단하게 텍스트를 입력하여 홈페이지의 메인 페이지를 작성해보자. 홈페이지에 접속하면 다음과 같은 인사말이 나타나도록 작성해보겠다.

안녕하세요. 여기는 김경신의 홈 페이지입니다. 이 페이지는 무료 호스팅공간을 이용했고 kompoZer를 이용하여 제작되었습니다.

① KompoZer 화면 하단에 [Normal] 탭을 클릭해서 인사말 텍스트를 입력한다.

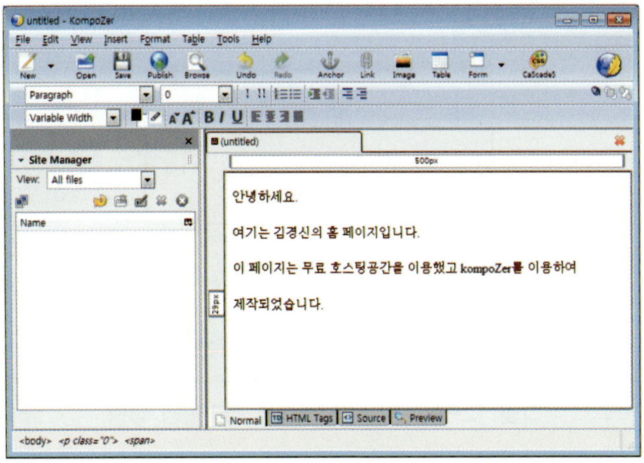

그림 12-35 KompoZer에서 텍스트 입력

② 텍스트를 입력한 뒤 [Source] 탭으로 이동하면 입력한 문장을 HTML 코드로 확인할 수 있다. 반대로 [Normal] 탭에서 HTML로 작성한 문장을 확인할 수도 있다.

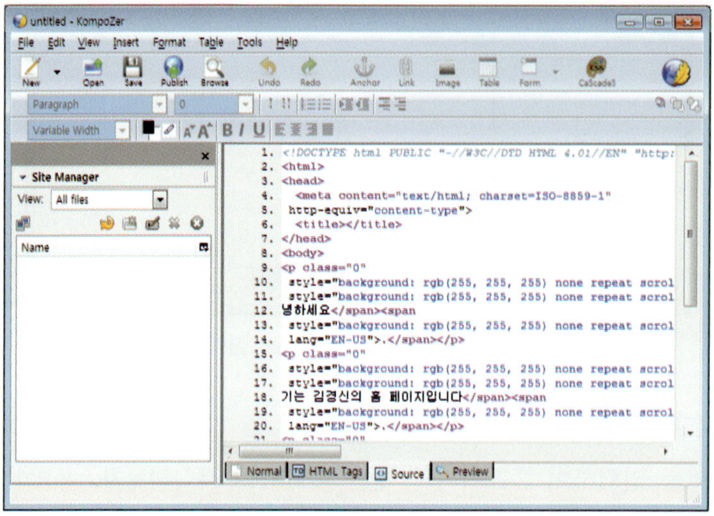

그림 12-36 KompoZer에서 html source 확인

③ 파일을 저장할 컴퓨터의 위치는 c:₩inetpub₩wwwroot로 파일명은 index.html로 파일을 저장한다.

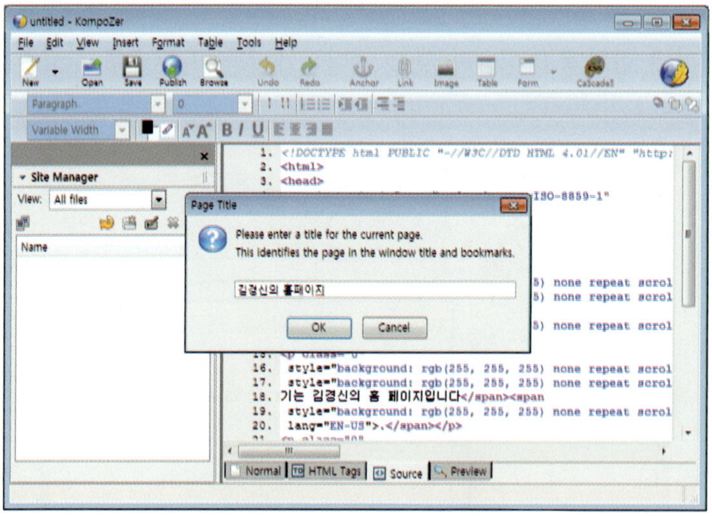

그림 12-37 KompoZer에서 타이틀명 입력

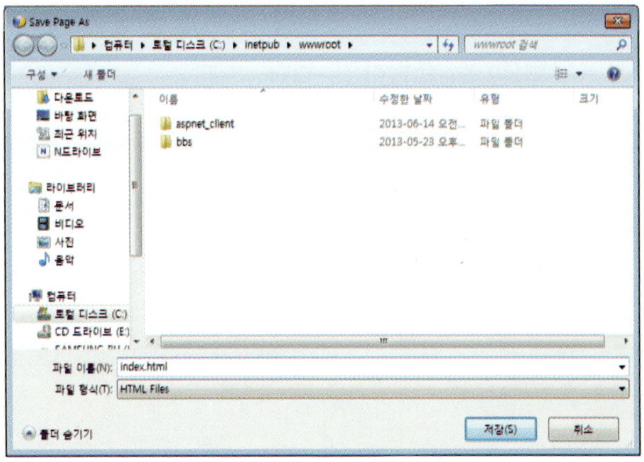

그림 12-38 KompoZer에서 html 파일 저장

(3) 서버로 HTML 전송

작성한 HTML 파일을 FTP 프로그램을 이용하여 홈페이지 서버로 전송하고, 웹 브라우저에서 확인해보자.

① FTP 프로그램인 파일질라를 실행하고 [실습 9-4]와 마찬가지로 FTP 접속 정보를 이용하여 서버에 접속한다. 웹 서비스 홈 디렉터리인 [public_html] 폴더로 이동한다.

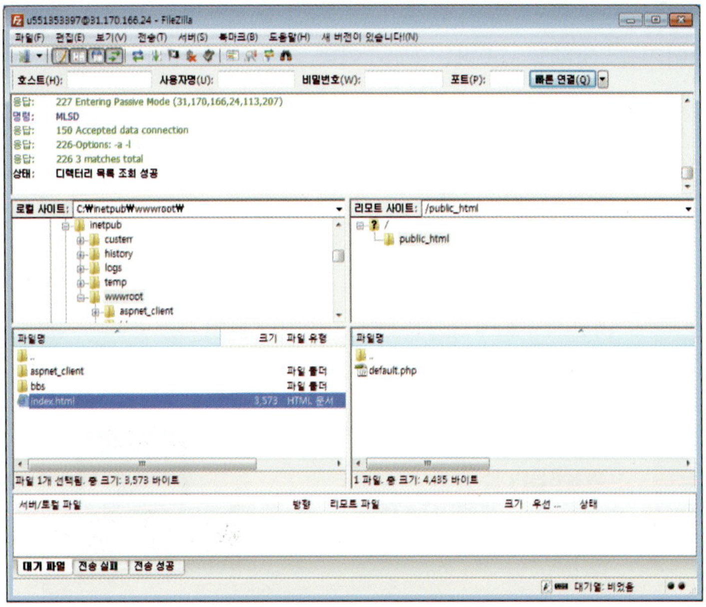

그림 12-39 FTP 서버 접속

② 앞서 작성한 HTML 파일인 index.html 파일를 서버로 전송해보자. 왼쪽 창에서 오른쪽 마우스로 선택하고 〈업로드〉를 클릭하면 된다.

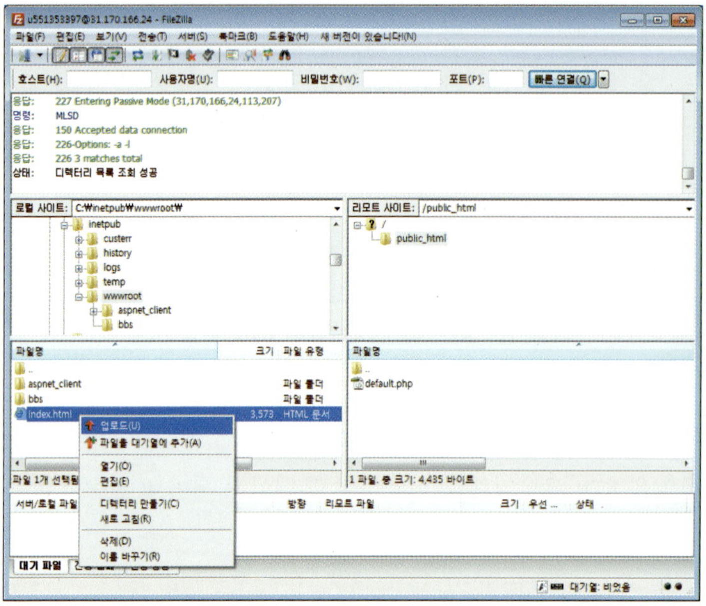

그림 12-40 HTML 파일을 호스팅 공간으로 업로드

③ 이제 내가 작업한 홈페이지가 정상적으로 작동하는지 확인해보자.

웹 브라우져의 주소창에 자신이 위에서 제작한 홈페이지의 도메인을 입력한다. 여기서 작업한 홈페이지는 〈mypage.fulba.com〉이다.

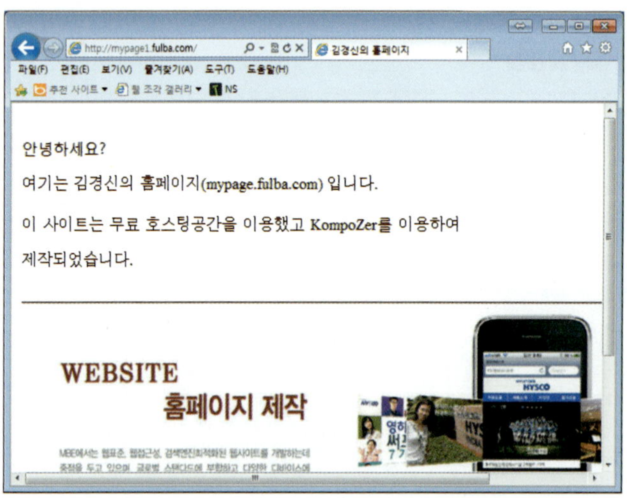

그림 12-41 제작된 웹 페이지 확인

④ 이제 정상적으로 작업과 FTP업로드가 이루어졌다면 위와 같은 형태로 홈페이지가 출력되어야 한다. 각자 자신이 작업한 사이트를 확인한다.

연습문제 12-4

여기서 작성한 간략한 자신의 홈페이지 HTML을 앞장에서 학습한 플라스크 서버를 이용하여 웹 서비스하는 플라스크 앱 프로그램을 작성하여 정상적으로 서비스 되는 것을 보여주세요.

note

CHAPTER 13

Thingspeak를 활용한 클라우드 접속

아두이노 디바이스에서 와이파이를 통해 웹서버와 데이터베이스에 접속하여 데이터를 전송하고, PC나 휴대폰의 웹 브라우저를 통해 그 데이터를 조회하고 역방향으로 명령을 내리는 사물인터넷 시스템은 교과서적이면서도 가장 전통적인 개발 방식이다. 여기서는 Thingspeak 사이트를 이용하여 보다 더 간편한 사물인터넷 데이터 송수신 방식을 알아본다.

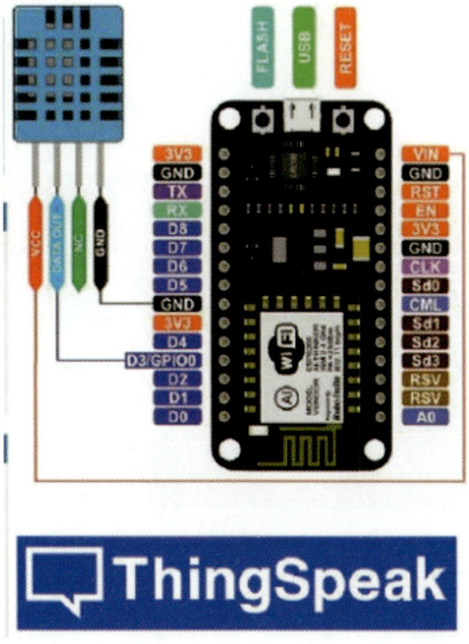

그림 13-1 센서와 노드MCU 그리고 Thingspeak

13.1 Thingspeak 설정

아두이노의 각종 센서값들을 인터넷을 이용하여 PC나 휴대폰 등에서 확인하려면, 인터넷을 연결하고, 플라스크, HTML, CSS 등의 웹 프로그래밍이 필요하고, 서버를 구축해야만 한다. 그런데 이것은 관리도 힘들뿐 아니라 보안문제도 신경써야 하고, 특히 24시간 가동하므로 소음이 발생하고 냉난방 등의 전기료 문제도 발생한다.

이런 문제를 해결하기 위해, 웹 호스팅으로 서버를 빌려 홈페이지와 쇼핑몰 등을 구축하듯, 사물인터넷을 위한 데이터베이스 호스팅 서비스가 등장했는데 그중 대표적인 것이 여기서 소개할 ThingSpeak이다.

가. 계정 생성

먼저 thingspeak.com에 접속하고 Sign Up 버튼을 눌러 회원 가입을 해야 한다.

나. 채널 생성

New Channel 버튼을 클릭하여 채널을 생성한다. 채널은 센서나 액추에이터를 가지고 있는 아두이노, 라즈베리파이 같은 IoT 장비를 말한다. 각 채널은 8개의 필드를 가질 수 있어 8개의 센서나 액추에이터를 등록할 수 있다.

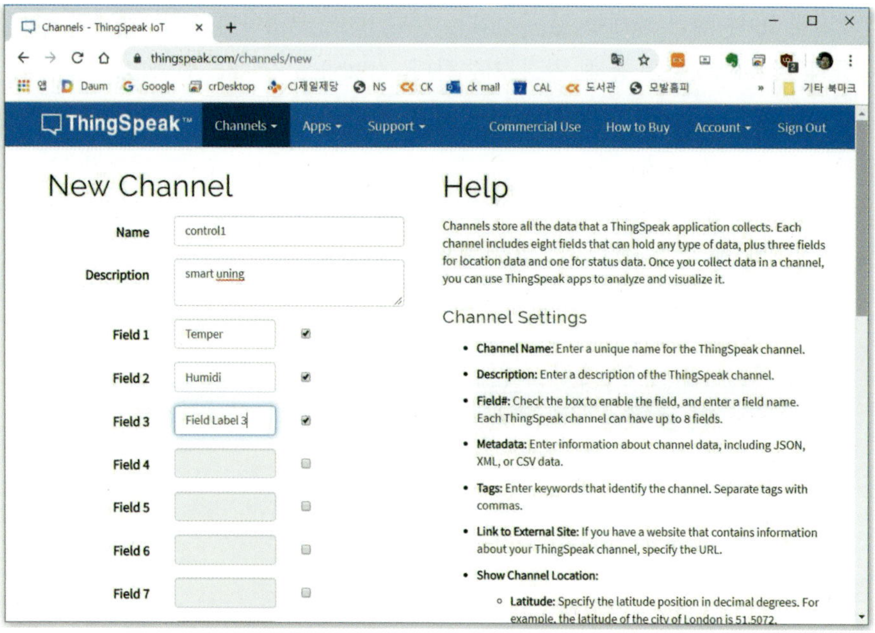

채널 생성 시 해당 채널의 Name과 설명, 데이터를 보관할 Field들을 설정하면 된다. 설정이 완료되면 해당 페이지의 하단에 Save 버튼을 누르면 된다.

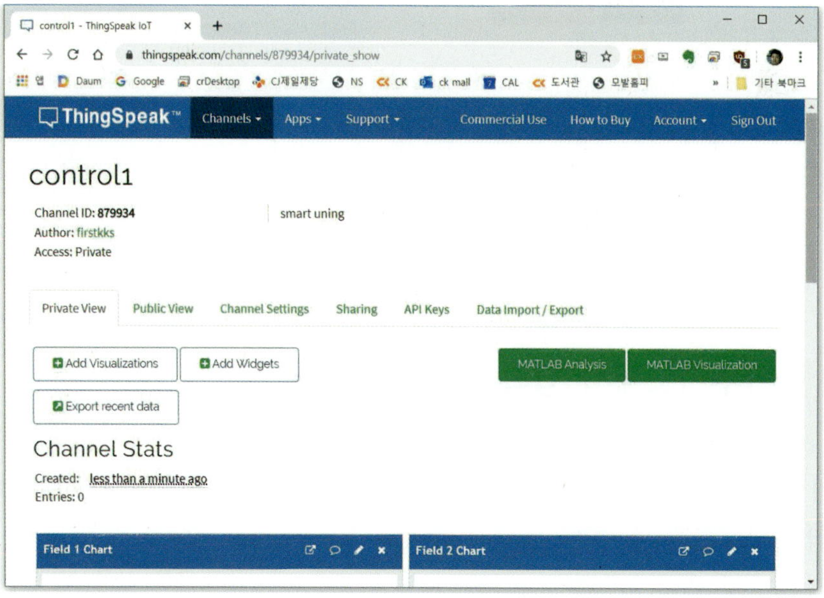

채널이 생성이 정상적으로 완료되면 위 내용을 확인할 수 있다.

생성된 채널의 ID와 접근 형태를 알 수 있다. 채널 ID는 고정이며, 해당 채널의 접근 형태는 화면 중앙의 PublicView를 통해 변경 가능하다. (Public, Private 선택)
해당 채널의 Status도 확인 및 변경이 가능하고 APIKey도 확인할 수 있다.

그리고 아래 부분 Channel Status라는 부분은 웹 클라우드에 저장된 데이터를 보여주는 창이다.

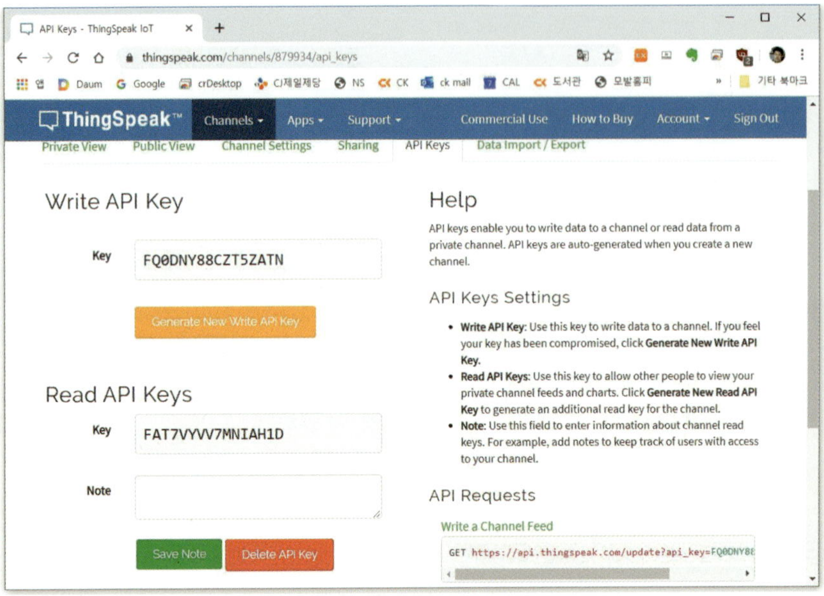

해당 Channel의 탭 중 API Keys 탭으로 이동하면 Write & Read API Keys를 확인 가능하다. Write 용도는 해당 채널의 Field에 데이터를 쓰기용도로 사용하는 것이고, Read는 해당 채널 Field의 데이터를 읽어올 때 사용한다.

13.2 아두이노에서 접속 및 양방향 통신

앞 장에서 학습한 2개의 와이파이 접속 방법 중 여기서는 PHPoC 실드를 사용하여 Thingspeak에 접속하는 프로그래밍을 한다.

다음 코드를 자세히 살펴보자.

```
#include <Phpoc.h>
#include <ThingSpeak.h>
#include <DHT.h>
#include <SPI.h>
#define DHTPIN 2
#define DHTTYPE DHT11
DHT dht(DHTPIN, DHTTYPE);  //DHT 참조 클래스 선언

#define WriteAPI "FQ0DNY88CZT5ZATN"    //쓰기 전용 APIKEY
#define ReadAPI "FAT7VYVV7MNIAH1D"    //읽기 전용 APIKEY
unsigned long ChannelNumber = 879934;     //ThingSpeak 채널 ID
PhpocClient client;

void setup() {
  Serial.begin(9600);
  while(!Serial)
  ;
  Phpoc.begin(PF_LOG_SPI | PF_LOG_NET | PF_LOG_APP);
  Serial.println(Phpoc.localIP());
  ThingSpeak.begin(client);
}

void loop() {
  int h = dht.readHumidity();
  int t = dht.readTemperature();

// 각 field의 업로드 데이터 설정
  ThingSpeak.setField(1, h);
  ThingSpeak.setField(2, t);
//writeFields() 함수를 이용하여 ThingSpeak 서버에 데이터 쓰기
  ThingSpeak.writeFields(ChannelNumber, WriteAPI);

//readLongField() 함수를 이용하여 해당 채널의 field 데이터 읽기
  long thingspeak_data_field1 = ThingSpeak.readLongField(ChannelNumber, 1, ReadAPI);
  long thingspeak_data_field2 = ThingSpeak.readLongField(ChannelNumber, 2, ReadAPI);

  Serial.print("Humidity is ");
  Serial.println(x);
  Serial.print("Temperature is ");
  Serial.println(y);
}
```

가. 아두이노 PHPoC에서 접속

PJPoC실드와 Thingspeak를 사용하도록 선언하는 부분이다. 만일 Wemos나 기타 다른 와이파이 실드를 사용하려면 저 부분만 바꾸면 된다.

```
#include <Phpoc.h>
#include <ThingSpeak.h>
```

이후 다음처럼 Thingspeak에 생성해 놓은 채널에 접속하는 부분이 나온다.

```
#define WriteAPI "FQ0DNY88CZT5ZATN"    //쓰기 전용 APIKEY
#define ReadAPI "FAT7VYVV7MNIAH1D"    //읽기 전용 APIKEY
unsigned long ChannelNumber = 879934;    //ThingSpeak 채널 ID
```

이처럼 쓰기API, 읽기API 키값을 아두이노 코드에 삽입하여 채널에 접속이 가능하다.

나. 아두이노와 Thingspeak 양방향 통신

아두이노에 부착된 DHT-11 센서에 의해 수집된 h 값과 t값을 Thingspeak 필드에 설정한 후, ThingSpeak.writeFields() 명령에 의해 송신한다.

```
// 각 field의 업로드 데이터 설정
  ThingSpeak.setField(1, h);
  ThingSpeak.setField(2, t);
//writeFields() 함수를 이용하여 ThingSpeak 서버에 데이터 쓰기
  ThingSpeak.writeFields(ChannelNumber, WriteAPI);
```

아래 부분은 Thingspeak에서 데이터를 읽어오는 부분이다.
thingspeak_data_field1 변수를 long 타입으로 선언하고 ThingSpeak.readLongField() 명령에 의해 데이터를 가져온다.

```
//readLongField() 함수를 이용하여 해당 채널의 field 데이터 읽기
  long thingspeak_data_field1 = ThingSpeak.readLongField(ChannelNumber, 1, ReadAPI);
  long thingspeak_data_field2 = ThingSpeak.readLongField(ChannelNumber, 2, ReadAPI);
```

이 변수 값을 사용하여 역방향으로 아두이노가 GPIO 핀을 제어할 수 있다.
이같은 방식으로 양방향 통신이 이루어진다. 이 데이터를 적절히 사용하면 된다.

연습문제 13-1

위 아두이노 소스코드를 활용하여 thingspeak.com과 연동하는 시스템을 구축합니다.
온도와 습도는 온습도 센서 DHT-11을 사용하고 실제로 본인의 휴대폰에서 온도와 습도가 잘 확인되는지 확인해 주세요.

연습문제 13-2

여기서는 thingspeak를 활용하여 디바이스와 클라우드간의 통신과 데이터의 저장, 조회 방법에 관하여 학습하였습니다.
이러한 사물인터넷 클라우드 서비스가 또 어떤 것들이 있는지 조사하여 자세히 기록하세요.

note

14 사물인터넷 개발용 CAD : fritzing

CHAPTER

사물인터넷 개발용 CAD라고 불리우는 fritzing은 디자이너, 예술가, 연구원 등 컴퓨터 전문가가 아닌 사람들이 보다 더 쉽게 사용할 수 있도록 고안된 CAD이다. 사실 아두이노나 라즈베리파이를 처음 접하는 사람들은 브레드보드에 센서나 부품을 꽂는 동작 하나하나도 부담스러워한다. 이 fritzing은 이 경우에도 어떻게 부품을 조립하고 어떻게 라즈베리파이와 연결하는가를 쉽게 깨우칠 수 있다.

그림 14-1 IoT CAD fritzing 로고

14.1 fritzing 설치

가. 다운로드

fritzing을 다운로드해서 설치해보자.

다운로드 사이트는 http://fritzing.org/download/ 이다. 2019년 11월 현재 최신버전의 fritzing은 유료로 다운로드가 가능하다.

이전 버전은 아직 무료로 사용이 가능하다. 구글이나 네이버 등을 이용하여 검색한 후 PC에 설치해서 사용하면 된다. 여기서는 fritzing 0.9.2와 0.9.3버전을 중심으로 사용법을 학습한다.

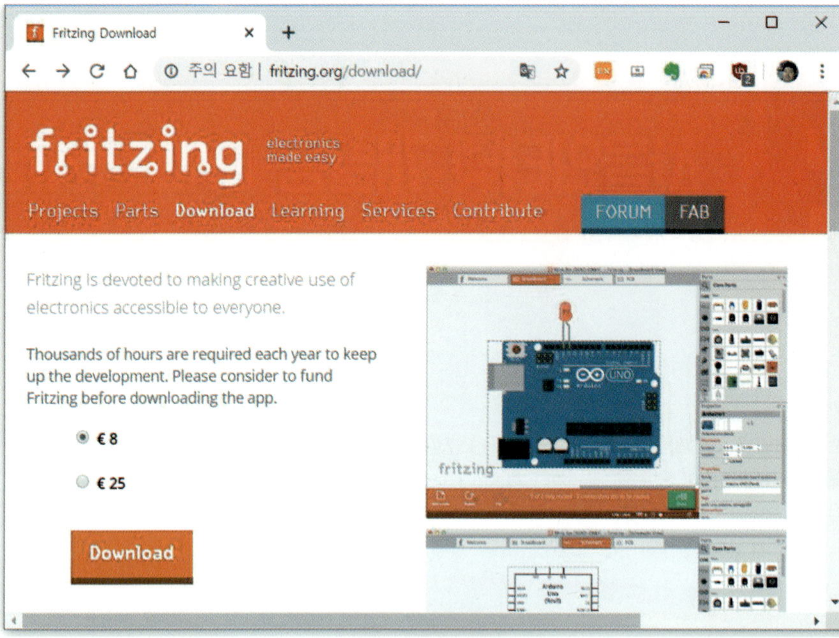

그림 14-2 fritzing 다운로드

비용을 지불하고 다운로드 버튼을 클릭하면 다운받고자 하는 파일의 형태를 물어보는 화면이 뜬다. 이때 윈도우즈 64비트(사용하는 PC가 윈도우즈 32비트일 경우에는 윈도우즈 32비트)를 클릭하면 된다.

위 그림처럼 fritzing의 무료버전이 제공되지않고 반드시 비용을 지불하라는 메시지가 뜬다면, 네이버나 구글등의 포털사이트에서 무료버전(0.9.2 혹은 0.9.3)을 다운로드받아 사용이 가능하다. 복두출판사의 홈페이지 혹은 저자의 홈페이지를 통해서도 제공하고 있다.

나. 설치

다운로드한 파일의 압축을 풀고 이 폴더 전체를 적절한 곳에 옮기고 Fritzing.exe파일을 실행하면 바로 frizing이 실행된다. 따로 설치단계를 거치지 않는 Portable Excutable파일이므로 간편하게 사용가능하다.

아래 그림은 정상적으로 실행된 frizing화면이다. 메인 메뉴 바로 아래의 메뉴탭을 보면 브레드보드, 스케메틱, PCB, Code가 보인다. 브레드보드는 아두이노 혹은 라즈베리파이에서 사용할 부품과 센서 회로를 구성하는 메인 화면이고, 스케메틱과 PCB는 이렇게 구성한 화면을 전자공학적인 회로도로 자동으로 구성해주는 화면이다. Code는 아두이노와 라즈베리파이 코드를 작성하는 탭이다.

여기서는 브레드보드 메뉴위주로 설명한다.

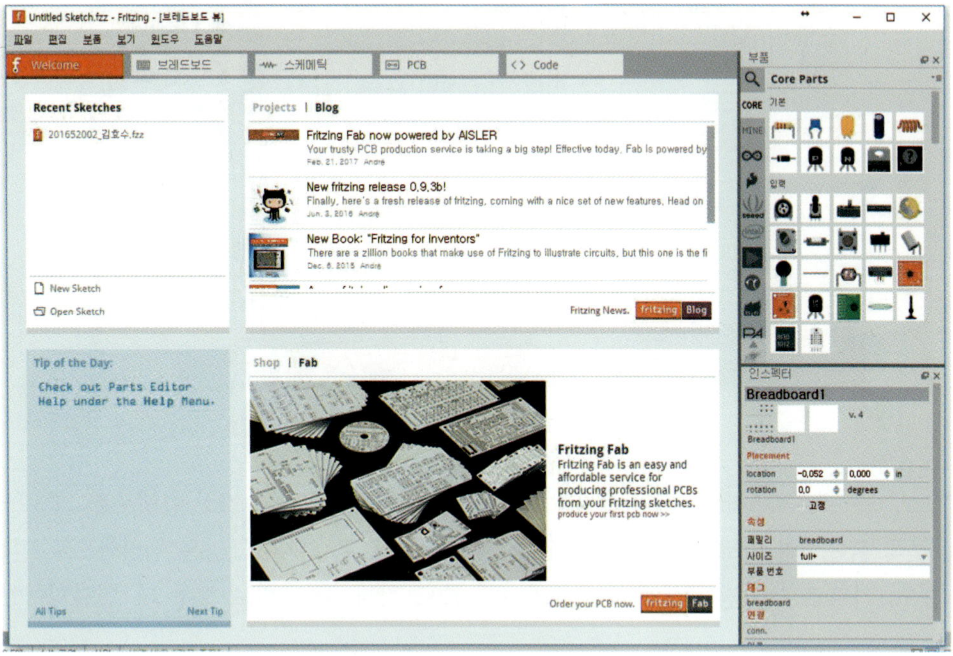

그림 14-3 frizing 실행화면

14.2 fritzing 실행

가. 브레드보드

브레드보드 탭을 클릭하면 다음 그림처럼 실물과 똑같은 모양의 브레드보드가 보인다. 화면의 우측에는 이 보드에 결합할 라즈베리파이, 아두이노, 각종 센서, 부품을 선택하는 윈도우가 보인다.

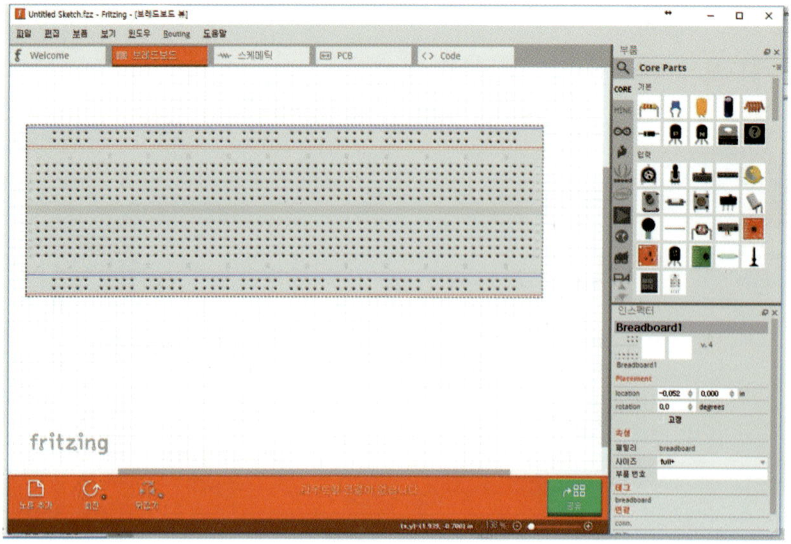

그림 14-4 fritzing 브레드보드 구성 시작화면

브레드보드는 세로로 5개씩의 구멍이 있는 세로열과 가장 윗부분 2줄, 가장 아랫부분 2줄로 구성된 푸른색 붉은색의 가로줄 4개로 구성된다. 당연히 세로로 5개의 구멍은 구리선으로 연결이 되어있고, 가로로 그어진 푸른색 붉은색의 4개 줄도 각각 줄 단위로 모두 다 연결되어있다.

이 브레드보드도 사이즈별로 바꿀 수 있다. 화면 우측 부품창의 검색버튼을 누르고 half breadboard라고 입력해보자.

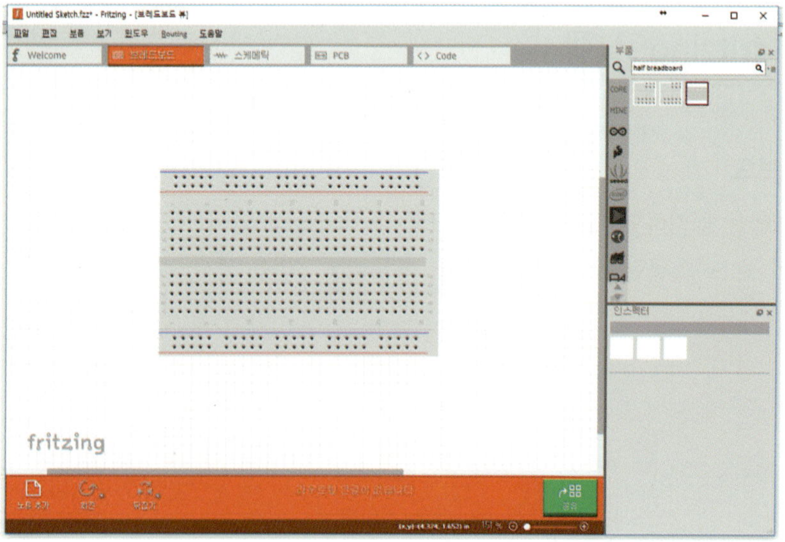

그림 14-5 Half size breadboard를 사용

검색창에 뜬 3개의 Half size 브레드보드 중에서 맨 오른쪽 브레드보드를 마우스로 드래그하여 메인화면으로 가져오면 위 그림처럼 설정이 된다. 이 브레드보드를 이용하여 회로를 구성해 보자.

나. 회로 구성

이 브레드보드에 아두이노와 LED를 결선하여 1초에 한 번씩 깜빡이는 회로를 구성해 보자. 필요 부품 리스트는 다음과 같다.

- 아두이노 UNO
- LED 1개
- 저항 1개

검색창에서 Arduino uno를 입력하여 아두이노 우노를 화면에 배치하고, 이어서 LED를 입력하고 빨간색 LED, resistance를 입력하여 저항을 브레드보드에 배치한다.

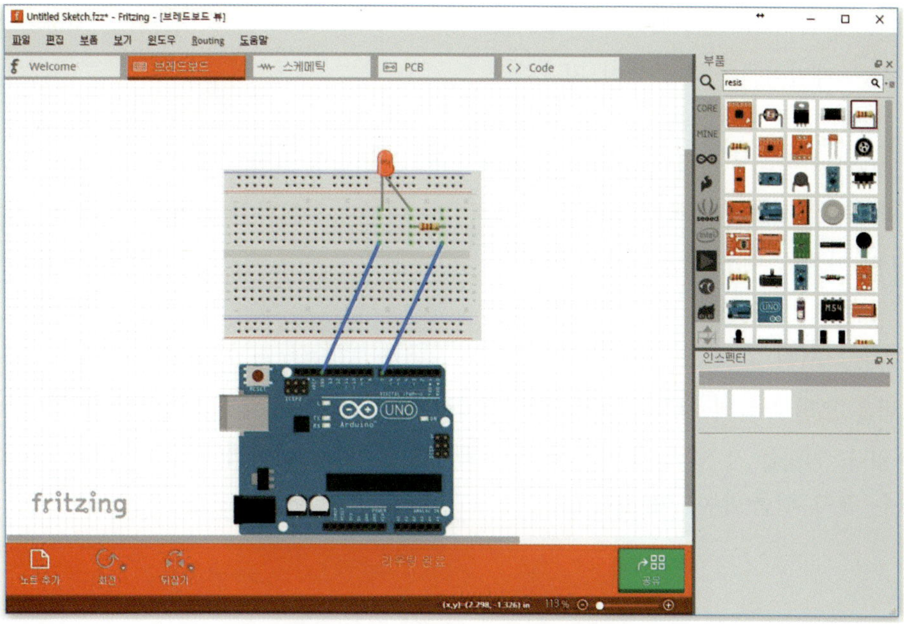

그림 14-6 부품과 아두이노 배치

부품의 배치가 끝나면 LED의 짧은 다리에서 아두이노 GND 핀으로 점퍼선을 연결하고 그 점퍼선을 오른쪽 버튼으로 클릭한 후, 와이어 색상을 검정색으로 바꾼다. 마찬가지 방식으로 LED의 긴다리에서 연결된 저항의 끝열에 빨간색 점퍼선을 추가하고 아두이노 7번 핀에 연결한다.

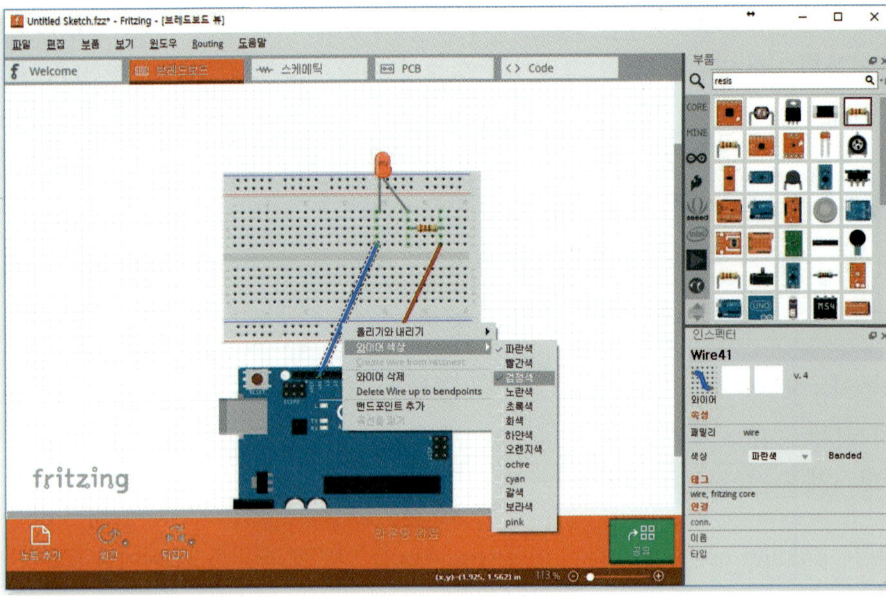

그림 14-7 와이어 색 변경

이제 기본 깜빡이(블링크) 회로가 완성되었다. fritzing 메뉴에서 다른 이름으로 저장을 선택하고 적절한 파일이름을 입력하여 저장한다.

이때 코드까지 입력을 했다면 같이 저장을 해야 한다. 회로도 파일은 .fzz 이고 코드는 아두이노와 동일하게 .ino이다. 주의할 점은 회로도 파일의 이름과 코드파일의 이름을 정확히 일치시켜야 한다. 이점은 매우 중요하다.

다. 점퍼선 처리

위 그림을 보면 부품과 보드를 연결하는 점퍼선이 시각적으로 자연스럽지 못해 보이는 것을 알 수 있다. 이것을 자연스럽게 보이게 하기 위해 인위적으로 늘이거나 줄여서 점퍼선을 수정하는 것은 결코 쉬운 일이 아니다.

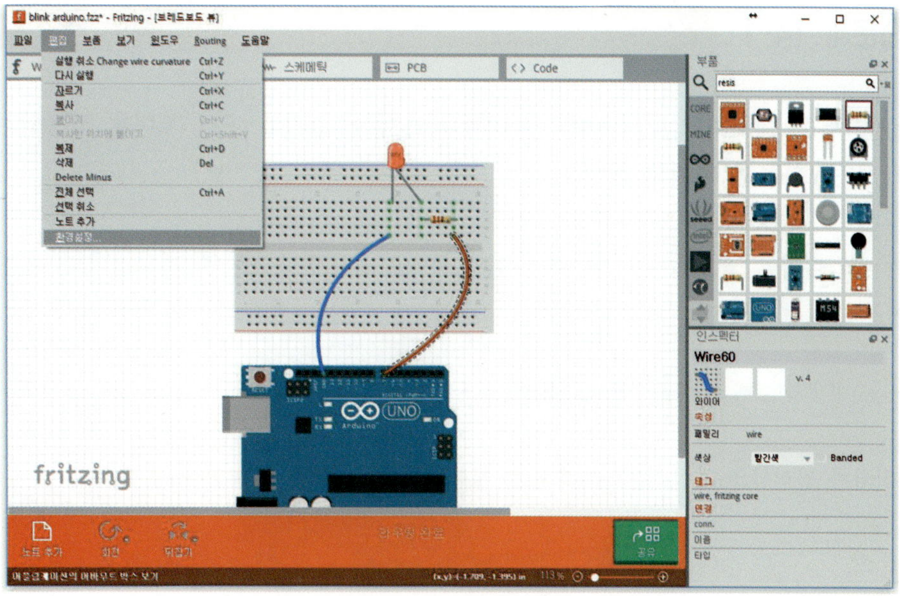

그림 14-8 환경설정

이것을 해결하기 위해서는 다음 그림처럼 메뉴의 편집-환경설정-브레드보드 뷰 탭에 있는 〈Curvy wires and legs〉 항목을 선택해주면 된다.

처리된 그림을 보면 보다 더 자연스러운 점퍼선 처리가 된 것을 확인할 수 있다.

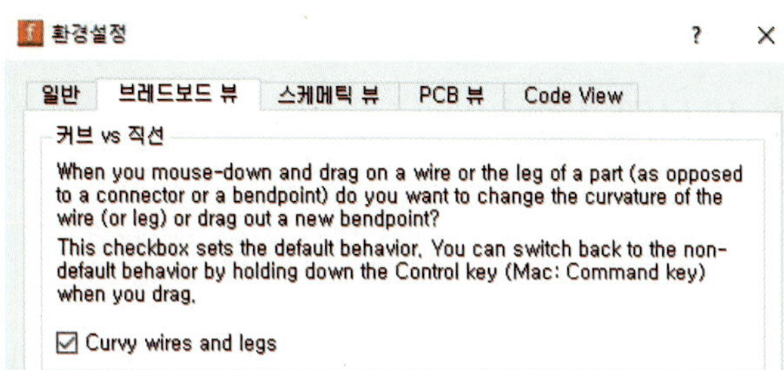

그림 14-9 Curvy wires and legs

이상과 같이 fritzing을 가지고 보드와 부품을 배열하고 점퍼선을 결선하여 회로도를 구성하는 과정에 관하여 알아보았다.

연습문제 14-1

fritzing을 PC에 설치하고 브레드보드와 아두이노 우노 그리고 LED, 저항을 이용하여 다음 조건에 맞는 회로를 설계해 봅니다.

(1) 아두이노 디지털 7번포트에서 저항 100오옴을 통해 LED의 긴다리를 연결하고, LED의 짧은다리는 GND에 연결합니다.

(2) fritzing의 Code 탭을 이용하여 이 LED가 3초에 한번씩 점멸 하도록 소스코드를 작성해 주세요.

(3) 연결되는 점퍼선은 자연스럽고 부드럽게 보이도록 Curvy wires 처리해주세요.

연습문제 14-2

fritzing은 다음과 같은 4개의 탭 브레드보드, 스케메틱, PCB, Code로 구성되어있다.
각각의 기능에 대하여 조사하고 그 결과를 자세히 기록해보세요.

14.3 보드와 센서의 배치

가. 객체의 회전

fritzing에서 적절한 시각화를 위해 브레드보드, 각종부품, 아두이노, 라즈베리파이3와 같은 모든 객체의 회전이 가능하다. 물론 복사, 삭제도 가능하므로 적절하게 사용하면 된다. 아래 그림은 라즈베리파이3를 우측으로 90도 회전시키고, Half size 브레드보드를 좌측으로 45도 회전시킨 모습이다.

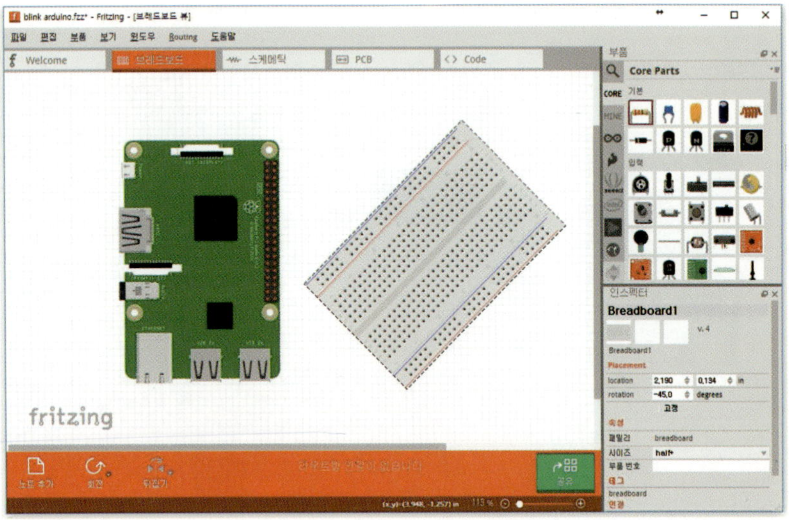

그림 14-10 보드의 회전

나. 라즈베리파이3 배치

화면의 우측 부품 창에서 검색창을 이용하면 가장 빠르게 부품을 검색할 수 있다. 검색창에서 raspberry를 키인하면 라즈베리파이의 버전별 아이콘이 다양하게 나타난다. 마우스를 각 아이콘에 가져다 대기만 해도 버전과 이름이 나타난다.

이 책에서는 라즈베리파이3가 대상이므로 〈Raspberry Pi 3〉 아이콘을 드레그하여 화면에 구성하면 된다.

다. 초음파 센서 SR-04

센서중에서 가장 많이 사용되는 초음파센서 SR-04를 검색하고 fritzing화면에 구성해 보자. 부품창의 검색에서 sr04라고 키인하면 된다.

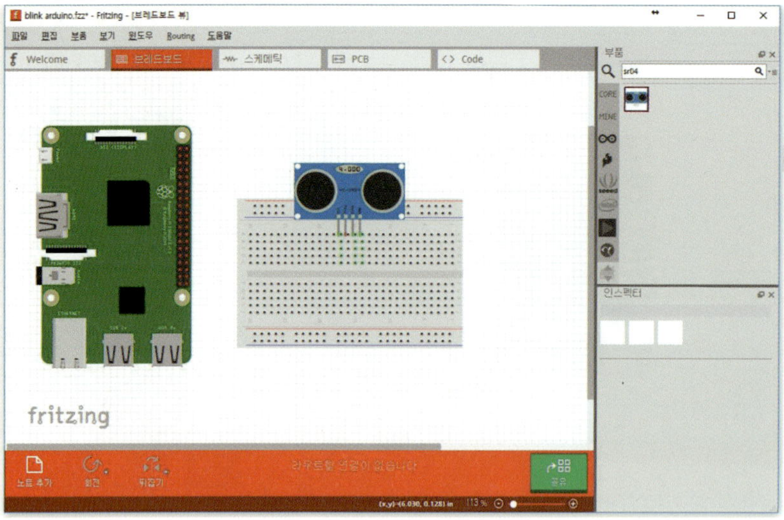

그림 14-11　초음파센서 SR-04 배치

라. 스위치

부품창 검색에서 switch라고 입력하면 매우 많은 스위치 부품들이 나타난다. 여기서 적절한 스위치를 선택하면 된다.

초기의 회로구성을 위한 기본적 스위치로는 pushbutton switch가 있다. 검색에서 push switch 라고 입력해도 된다. 브레드보드에 버튼의 구성을 생각하면서 적절히 배치하면 된다.

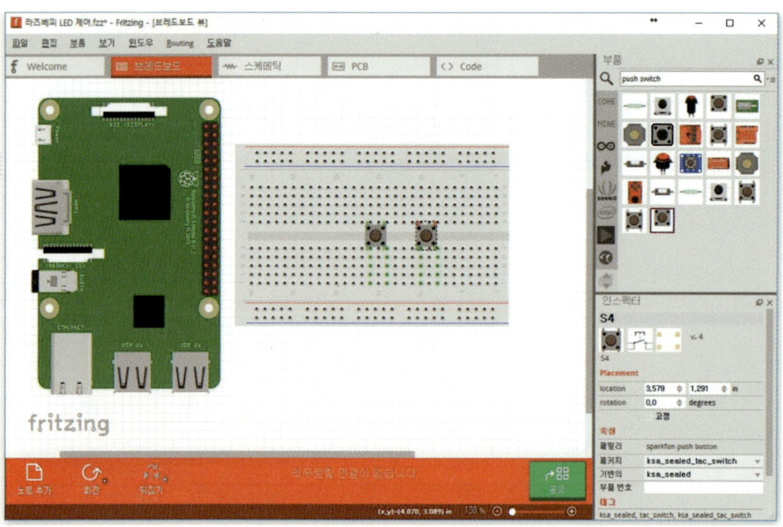

그림 14-12　푸시버튼 스위치 배치

14.4 새로운 부품의 추가

fritzing에서 디바이스와 회로를 설계하기 위해 부품 윈도우에서 필요한 부품을 검색해야 한다. 그런데 이때 필요한 부품이 안 보인다면 매우 당황스럽다. 이 경우, 인터넷을 이용하여 필요한 부품을 다운로드 후 사용하는 방법을 학습한다.

먼저, 부품 윈도우에서 라즈베리파이3를 검색해 보자.

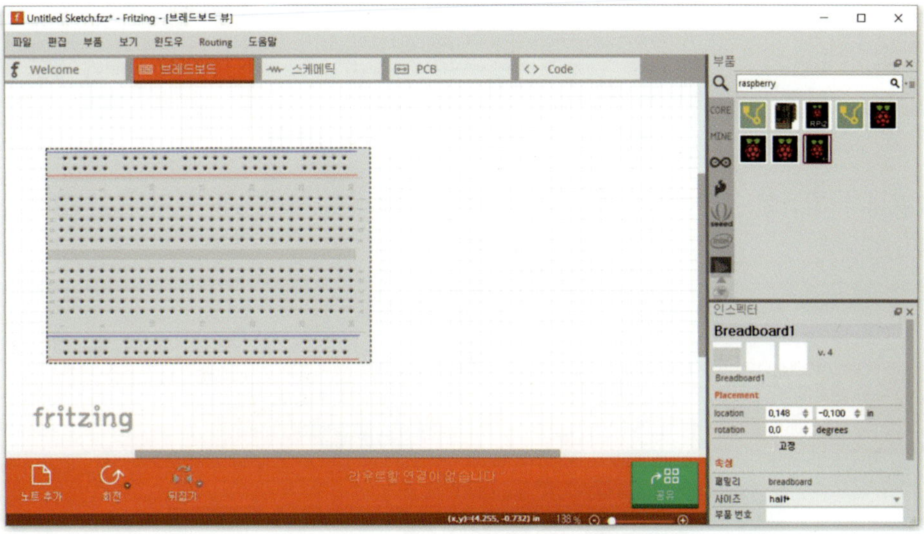

그림 14-13 라즈베리파이3 부품 추가

0.9.2와 0.9.3버전에서는 위 그림처럼 부품 윈도우에 라즈베리파이3가 없다. 이때는 fritzing .org 사이트 화면의 오른쪽 검색창에서 부품을 검색하면 된다.

구글과 연관된 검색이 이루어지고 나서, 다음 그림처럼 fritzing 포럼이나 깃허브 등에서 검색된 결과가 출력 된다.

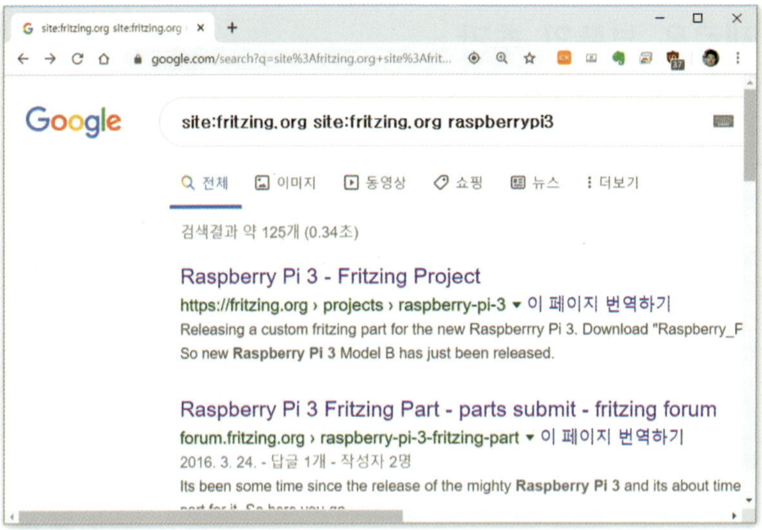

그림 14-14 라즈베리파이3 부품 검색창

위 그림에서 검색된 구글 창의 첫 번째 fritzing 프로젝트 사이트를 클릭하면 된다.

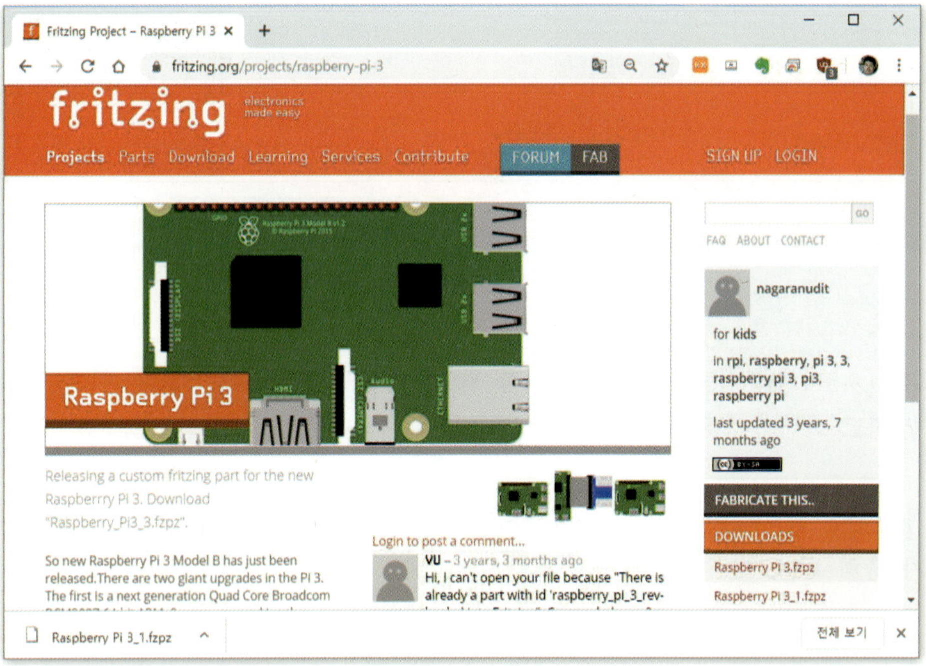

그림 14-15 라즈베리파이3 부품 검색과 다운로드

위 그림의 오른쪽 맨 아래 부분을 보면 라즈베리파이3 부품 파일인 검색된 Raspberry Pi 3_1.fzpz 파일 두 개가 보인다. 이중에서 적절한 것을 클릭하여, 다운로드 하면 된다.

다운로드가 완료되면 이 fzpz 파일을 fritzing 브레드보드 화면에서 open하거나, 마우스로 드래그&드롭하여 fritzing화면으로 옮기면 다운로드한 부품이 윈도우에 추가된다.

이후 회로구성과 설계에 사용하면 된다.

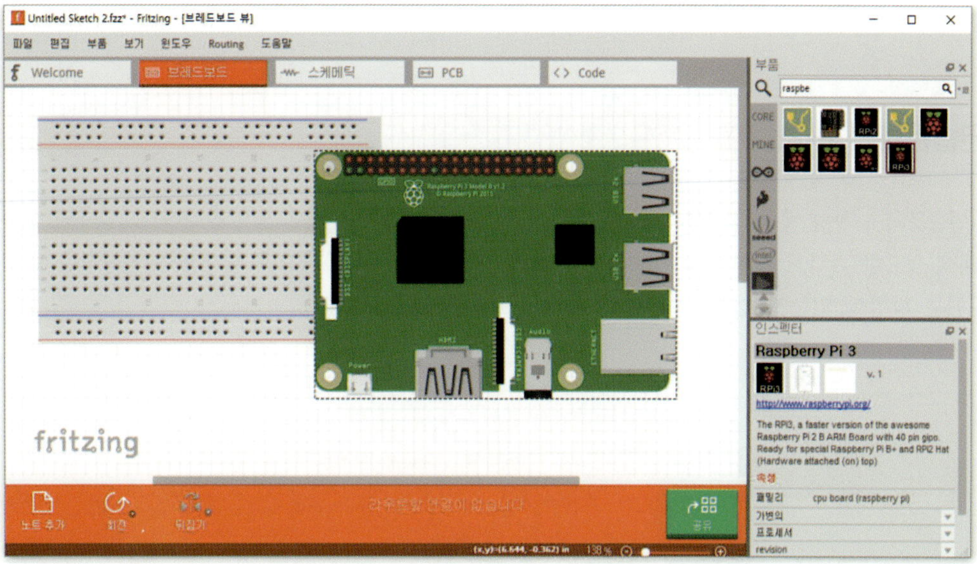

그림 14-16 라즈베리파이3 부품삽입 및 사용

연습문제 14-3

PC에 설치한 fritzing에는 가장 기본적인 보드와 부품만 제공됩니다. 앞에서 학습한대로 다음 부품을 검색하여 fritzing에 새로 추가해 주세요.

(1) 라즈베리파이3 Raspberry3
(2) 초음파센서 SR04
(3) 근접(PIR)센서 PIR
(4) 릴레이 Relay 1ch
(5) 온습도센서 DHT11
(6) 소형 아두이노 nodeMCU ESP8266 NodeMCU LoLin
(7) 모터구동제어기 L298N
(8) 모터구동제어기 L9110s

(9) LCD 디스플레이 LCD
(10) 서보모터 Servo Motor
(11) DC 모터 DC Motor
(12) 스테퍼 모터 Stepper Motor
(13) 조도센서 Light Sensor
(14) 블루투스 Bluetooth HC-06

연습문제 14-4

앞 연습문제를 통해 우리가 원하는 모든 부품을 추가할 수 있다는 것을 알았습니다. 그렇다면 실습과 설계에 필요한 각각의 저항(Resistance)을 추가하거나 혹은 기존 부품으로 들어있는 저항값을 변경할 수 있는 방법이 있는지 검색해보고, 그 결과를 보여주세요.

저자 소개

저자 김경신 교수

ibugmaker@gmail.com

i버그메이커

저자 **김경신**은 스마트콘텐츠(Smart Contents), 아두이노, 라즈베리파이, 데이터베이스 개발자이자 국가급 연구소의 프로젝트 매니저이다. 스마트콘텐츠는 Dynamic 콘텐츠 혹은 Intelligence 콘텐츠라고도 부르며, 스스로 생각하고 움직이는 인공지능 로봇을 의미한다.

직접 키보드를 붙들고 코드와 씨름하고 라즈베리파이를 이용하여 움직이는 장난감을 만드는 것이 취미생활이다. 스마트팜과 스마트팩토리 등과 같은 AIoT와 이것을 침해하는 해킹, 안티해킹에도 관심이 높다.

주요 저서로는 "MySQL 데이터베이스와 클라우드(복두출판사, 2021)", "정보보안과 사이버해킹의 기초(복두출판사, 2021)", "파이썬으로 시작하는 라즈베리파이 3(복두출판사, 2018)", "정보보안 인터넷해킹과 방어(복두출판사, 2015)", "New 인터넷 이해와 활용(한빛미디어, 2014)", "컴퓨터정보통신과 프로토콜(대영사, 2004)", "데이터베이스 설계 구축(대광서림, 2001)", "정보처리기사 실기시험(대광서림, 2000)" 등이 있다.

저자 하성재 교수

hasungjae75@gmail.com

저자 **하성재**는 현재 광운대학교 교수로 재직 중이며, ICT와 3D 실감미디어관련 융합을 위한 센서 신호처리시스템, 데이터보안 연구와 학생지도를 하고 있다.

주요 관심 분야는 머신러닝 기술과 센서 신호 탐지 시스템 , 데이터처리 알고리즘, 데이터 보안방안을 융합하는 연구이다. 또한, 군용 고출력마이크로웨브 및 광학신호를 활용한 레이더 및 전자전시스템을 연구 중이다.

주요 저서로는 "마이크로프로세서 응용 로봇 제작기술(청문각, 2015)", "정보통신기기와 정보전송공학개론(도서출판박성, 2017)" 등이 있다.

본 도서에서 사용된 소스코드와 유틸리티 그리고 설치파일은 본사 홈페이지 자료실에서 제공합니다.

www.bogdoo.co.kr

인공지능 사물인터넷을 위한

MySQL 데이터베이스와 클라우드

2021년 2월 5일 2판 1쇄 발행

저자 김경신, 하성재
발행인 송광헌
편집 한승희
표지 문한나

펴낸곳 복두출판사
출판등록 | 1993년 11월 22일 제10-902호
주소 | 서울 영등포구 경인로82길 3-4 807호(문래동 센터플러스)
전화번호 | 02-2164-2580 팩스 | 02-2164-2584
이메일 | info@bogdoo.co.kr
홈페이지 | www.bogdoo.co.kr

ISBN 979-11-6675-004-5 93000

값 22,000원